Hideharu Fujita 藤田英治 編著

研究授業を成功させるための算数授業づくり

Effective Mathematics Lesson Planning
for Research Lessons

授業研究・研究授業を成功させよう！
―カリキュラムレベルで創造する算数科「豊かで確かな授業力」―

はじめに

1 「豊かで確かな授業力」について

　本書の副題にある「豊かで確かな授業力」に込めた思いは，大きく三つあります。
　一つ目は，子どもたちが，「主体的・対話的で深い学び」に向かう過程で，「豊かなイメージや発想をはじめ多様な考え」を発揮し，それを交流（対話）しながら学びを深め，学んだことを振り返りながら自分のものにしていき，子ども一人ひとりが「確かな学力」を獲得してほしいという願いです。
　二つ目は，教師が子どもたちの「情意面を重視した問題解決的な学習」を推進するために，一人ひとりの感じ方や考え方，解決方法等を形成的に評価し，子どもたちに個別最適な指導・支援ができるようにすることです。そのためには，算数・数学の内容や指導法を研究し，子どもたちのよさや可能性を豊かに受け止めることのできる「豊かな授業力」と，子どもたちの居場所と出番をつくり，学力を伸ばしていくことのできる「確かな授業力」を獲得してほしいと考えています。
　三つ目に，「カリキュラムレベル」の意味は，情意面を重視した問題解決的な学習を単元レベルだけでなく，単元間から中学校の内容も含め第1学年から第6学年のつながり（系統性）を明確にしながら研究・実践していく。さらに，領域間の関係や他教科等との関連についても考え研究・実践し「豊かで確かな授業力」を獲得してほしいということです。

> 「カリキュラムレベル」とは，学習内容の系統性や関係性等の「見えるカリキュラム」だけではなく，そのカリキュラムを成立させるための学校の研修及び指導計画の実行状況，さらに教師の子ども理解や研究力・授業力等の書面にない「見えにくいカリキュラム」についても考えていくという意味である。

2 本書を活用される皆さんへ

　本書は新任から中堅，ベテラン，算数主任や研修（研究）主任，指導教諭や主幹教諭，そして管理職の先生方にも読んでもらいたい書籍です。
　「理論編」は，段階を追って書いていますので，それぞれのニーズに合ったところを参考にしていただければと思っています。
　「実践編」は，指導案や資料をデータとしてとれるので，先生方の経験を発揮され，自分自身が納得できる授業「豊かで確かな授業」を行えるようにしています。
　そして，それぞれの学校等における研修にも活用していただき，研究テーマに応じた計画や先生方が納得できる授業研究・研究授業を深めていただければ幸いです。

目　　次

はじめに ……………………………………………………………………………………………………… 1
1　「豊かで確かな授業力」について ……… 1 　　　2　本書を活用される皆さんへ ……………… 1

第1部　「豊かで確かな授業力」を培うために　　　5

第1章　算数・数学教育がめざすもの …………………………………………………………… 6
1　算数・数学教育の意義 ………………… 6 　　　3　人間が創り出した知恵や文化としての
2　人間形成としての算数・数学教育 …… 6 　　　　　算数・数学教育 ………………………… 8
　　　　　　　　　　　　　　　　　　　　　　　4　実用的な役割としての算数・数学教育 …… 8
　　　　　　　　　　　　　　　　　　　　　　　5　資質・能力の育成としての算数・数学教育 …… 9

第2章　「豊かで確かな授業力」を培うために …………………………………………… 10
1　「授業力を向上させたい」と願うすべての教師の思い …… 10 　　　4　「主体的・対話的で深い学び」の
　　　　　　　　　　　　　　　　　　　　　　　　　成立をめざす問題解決的な学習 ……… 12
2　「授業は，教師の命！」 　　　　　　　　　　5　各学校や研究団体等の研究の意義 …… 12
　　そして，「研究授業は，宝物！」 …… 10 　　　6　授業研究・研究授業の重要性 ………… 13
3　「アクティブ・ラーニング」という視点から …… 11

第3章　問題解決と「問題解決的な学習」について ……………………………………… 15
1　「問題解決的な学習」として ………… 15 　　　　（3）なぜ，問題が起こると子ども自らが主体的に学習に取り組めるのか … 19
2　問題解決についての歴史的背景 ……… 16 　　　　（4）脳が求めるものと問題解決 ……………… 20
　　（1）J. デューイが提唱した反省的思考と問題解決学習 … 16 　　　4　子どもの情意面を重視した問題解決的な学習 … 21
　　（2）G. ポリアが提唱した問題解決 ……………… 17 　　　　（1）子どもの情意面を重視した問題解決的な学習モデル … 21
3　算数科における「問題」と「課題」 … 18 　　　　（2）問題解決の型をどのように捉えるか ……… 23
　　（1）「問題」と「課題」について ……………… 18 　　　　（3）子どもの内面に問題解決に対する資質・能力が育つ … 24
　　（2）問題意識とその醸成 ……………………… 19 　　　　（4）教師主導の問題解決から子ども主体の問題解決に … 24

第4章　「主体的・対話的で深い学び」を実現する情意面を重視した
　　　　　問題解決的な学習 ……………………………………………………………………… 25
1　「主体的な学び」を成立させる問題意識の醸成 … 25 　　　　（3）非言語的な活動の表出について ……………… 30
　　（1）問題解決の「問題」を子どもの内面にどう喚起し醸成していくか … 25 　　　　（4）心のコミュニケーション（対話）の重要性 … 31
　　（2）問題から問題意識の醸成に関わる場面と教師の働きかけ … 25 　　　　（5）「対話の組織化」のための具体的な指導・支援のあり方 … 31
2　「対話的な学び」を成立させる言語活動の活性化 … 28 　　　　（6）ペアやグループでの対話を進めるにあたっての留意事項 … 33
　　（1）集団解決の場面における言語活動の活性化についての課題 … 28 　　　3　「深い学び」を成立させる振り返りの充実 … 35
　　（2）思考力・判断力・表現力の育成と言語活動 … 28 　　　　（1）深い学びと振り返りとの関係 ……………… 35
　　　　　　　　　　　　　　　　　　　　　　　　　　（2）振り返りにおける課題 ……………………… 35

第5章　授業をカリキュラムレベルで考える …………………………………………… 40
1　「授業をカリキュラムレベルで考える」とは？ … 40 　　　3　他教科等との関連を図ったカリキュラムについて … 43
　　（1）カリキュラムと授業 ……………………… 40 　　　　（1）理科との横断的な学習 ……………………… 43
　　（2）カリキュラムマネージメントの重要性 ……… 40 　　　　（2）生活科や総合的な学習の時間との横断的な学習 … 44
2　算数科のカリキュラムについて ……… 41 　　　4　中学校との関連を図ったカリキュラムについて … 44
　　（1）縦につながる内容の関連の明確化 ………… 41 　　　5　指導方法をカリキュラムレベルで考える … 45
　　（2）横につながる内容の関連の明確化 ………… 42

第2部　五領域における内容と留意点（中学校の内容との関連）

「数と計算」領域 ································· 48

1 「数と計算」領域について ··················· 48

2 「数と計算」領域ならではの重要な内容と系統的な指導のあり方 ··················· 48
- (1) この領域ならではの重要な内容 ············· 48
- (2) 系統的な指導のあり方 ··················· 50

3 「数と計算」領域における内容の系統性 ········· 51
- (1) 内容の系統性の概観 ··················· 51
- (2) 学年の主な学習内容とその関連 ············· 51

4 中学校の学習内容との関連 ················· 54
- (1) 単項式の計算 ····················· 54
- (2) 多項式の計算 ····················· 55
- (3) 方程式 ························· 55

5 算数科における他領域及び他教科等との関連 ····· 55
- (1) 算数科における他領域との関連 ············· 55
- (2) 他教科等や総合的な学習の時間との関連 ········· 56

6 評価のポイント ······················ 56
- (1) 資質・能力の評価について ··············· 56
- (2) 形成的評価について ··················· 56

「図形」領域 ································· 57

1 「図形」領域について ···················· 57

2 「図形」領域ならではの重要な内容と系統的な指導のあり方 ························· 57
- (1) この領域ならではの重要な内容 ············· 57
- (2) 系統的な指導のあり方 ··················· 59

3 「図形」領域における内容の系統性 ··········· 60
- (1) 内容の系統性の概観 ··················· 60
- (2) 学年の主な学習内容とその関連 ············· 62

4 中学校の学習内容との関連 ················· 64
- (1) 図形（三角形と四角形）の包摂関係 ··········· 64
- (2) 図形の合同 ······················ 64
- (3) 「拡大図や縮図」と「相似」，「およその面積」と「相似比」 ··· 64
- (4) 「垂直と平行」と「ねじれの位置」 ··········· 65

5 算数科における他領域及び他教科等との関連 ····· 65
- (1) 算数科における他領域との関連 ············· 65
- (2) 他教科等や総合的な学習の時間との関連 ········· 65

6 評価のポイント ······················ 66
- (1) 資質・能力の評価について ··············· 66
- (2) 形成的評価について ··················· 66

「測定」領域 ································· 67

1 「測定」領域について ···················· 67

2 「測定」領域ならではの重要な内容と系統的な指導のあり方 ························· 67
- (1) この領域ならではの重要な内容 ············· 67
- (2) 系統的な指導のあり方 ··················· 70

3 「測定」領域における内容の系統性 ··········· 70
- (1) 内容の系統性の概観 ··················· 70
- (2) 学年の主な学習内容との関連 ············· 71

4 中学校の学習内容との関連 ················· 72

5 算数科における他領域及び他教科等との関連 ····· 73
- (1) 算数科における他領域との関連 ············· 73
- (2) 他教科等や総合的な学習の時間との関連 ········· 73

6 評価のポイント ······················ 74
- (1) 資質・能力の評価について ··············· 74
- (2) 形成的評価について ··················· 74

「変化と関係」領域 ····························· 75

1 「変化と関係」領域について ················· 75

2 「変化と関係」領域ならではの重要な内容と系統的な指導のあり方 ····················· 75
- (1) 「関数の考え」について ················· 75
- (2) 「差と公倍数，割合」（2つの数量の関係を比べる際の視点） ··· 76
- (3) 「異種の2つの量の割合」と「同種の2つの量の割合」の共通点，相違点 ··· 76

3 「変化と関係」領域における内容の系統性 ······· 77
- (1) 内容の系統性の概観 ··················· 78
- (2) 学年の主な学習内容とその関連 ············· 79

4 中学校の学習内容との関連 ················· 80
- (1) 関数 ························· 80
- (2) 方程式 ························· 80
- (3) 図形の相似 ······················ 81

5 算数科における他領域及び他教科等との関連 ····· 81
- (1) 小学校第1・2・3学年の学習内容との関連 ······· 81
- (2) 他教科等や総合的な学習の時間との関連 ········· 82

6 評価のポイント ······················ 83
- (1) 資質・能力の評価について ··············· 83
- (2) 形成的評価について ··················· 83

「データの活用」領域 ···························· 84

1 「データの活用」領域について ··············· 84

2 「データの活用」領域ならではの重要な内容と系統的な指導のあり方 ··················· 84
- (1) この領域ならではの重要な内容 ············· 84
- (2) 系統的な指導のあり方 ··················· 85

3 「データの活用」領域における内容の系統性 ····· 86
- (1) 内容の系統性の概観 ··················· 86
- (2) 学年の主な学習内容とその関連 ············· 86

4 中学校の学習内容との関連 ················· 90
- (1) 箱ひげ図との関連 ··················· 90
- (2) 確率との関連 ····················· 91
- (3) 標本調査との関連 ··················· 91

5 算数科における他領域及び他教科等との関連 ····· 92
- (1) 算数科における他領域との関連 ············· 92
- (2) 他教科等や総合的な学習の時間との関連 ········· 92

6 評価のポイント ······················ 92
- (1) 資質・能力の評価について ··············· 92
- (2) 形成的評価について ··················· 92

第3部　研究授業に使える実践と指導案
（板書計画，評価問題例）15 実践

1 第1学年　「大きなかず」
　―1年生でもできるぞ！見つけたきまりを使って
　　100 までの表をつくろう！― ……… 94

2 第1学年　「どちらがながい」
　―班で一番長い野菜をみつけ，
　　クラスのチャンピオンを決めよう！― ……… 104

3 第2学年　「三角形と四角形」
　―図形への感じ方の違いから，三角形や
　　四角形のひみつをみつけよう！― ……… 112

4 第2学年　「ひょうとグラフ」
　―「自分がしたい仕事」と「家の人が
　　してほしい仕事」の違いを考えよう！― ……… 120

5 第3学年　「あまりのあるわり算」
　―どのわり算でもあまりはわる数より
　　小さくなるのかな？― ……… 128

6 第3学年　「重さ」
　―「はかりにめもりがない！」めもりの
　　つくり方について考えよう！― ……… 138

7 第4学年　「面積」
　―「式を読む」活動から，求積した
　　図形（複合図形）を考えよう！― ……… 146

8 第4学年　「変わり方」
　―自分が見つけた伴って変わるものを調べ，
　　問題を解決しよう！― ……… 154

9 第4学年　「折れ線グラフと表」
　―学校の水道料金について，データを選び
　　考察しよう！― ……… 162

10 第5学年　「整数の性質」
　―最小公倍数を活用して，
　　シャッターチャンスを見つけよう！― ……… 172

11 第5学年　「図形の面積」
　―ひし形の公式づくりについて，タブレットを活
　　用して考えよう！― ……… 180

12 第5学年　「割合」
　―必要な2量を選択し，求めた割合から
　　バスケットボールの勝者を決めよう！― ……… 190

13 第6学年　「分数のわり算」
　―「なぜ，ひっくり返してかけるのか」を
　　考えよう！― ……… 200

14 第6学年　「比例と反比例」
　―てこのはたらきは反比例になるのかな？
　　調べてみよう！― ……… 208

15 第6学年　「場合の数」
　―プッシュボタン式の錠（カギ）の
　　セキュリティが高い数字の組み合わせを
　　考えよう！― ……… 216

おわりに
1 ICT の有用性とその活用について ……… 226
　（1）GIGA スクール構想 ……… 226
　（2）ICT の活用の有用性（個別最適な学習と協働的な学習） ……… 226
　（3）情報の活用の仕方や情報モラルの育成 ……… 227
　（4）教師の働き方改革と ICT の活用 ……… 227

2 評価と指導について ……… 228
　（1）新しい学力観・評価観 ……… 228
　（2）教師による評価と子どもによる評価の一体化 ……… 229

謝　辞 ……… 231
引用・参考文献 ……… 232
執筆者一覧 ……… 236
編著者紹介 ……… 237

ダウンロード付録について
授業で使える指導案・教材等をご用意しました。
弊社 HP の「付録コンテンツのダウンロードページ」（下記 URL もしくは右の QR コード）をクリックし，表示されたフォームに，ユーザー名「**kenkyu-mth**」とパスワード「**sakaityk2025**」をご入力ください。ログインボタンをクリックするとダウンロードが開始されます。
https://toyokan-publishing.jp/download/

第1部

「豊かで確かな授業力」
を培うために

第1章 算数・数学教育がめざすもの

> 算数・数学教育の目的とは，一般的に，「陶冶的目標」や「文化的目標」，「実用的目標」と言われている。そして，算数・数学は，「社会」や「子ども」との関係の中で，その存在意義が見いだされる。これらのことは，「豊かで確かな授業力」の根本的な考えとなり，その根拠となるものである。

1 算数・数学教育の意義

　算数・数学の普遍性として，遠山啓は著書『数学と社会と教育』（1971）の中で，「数学の命題は，世界中のいかなる人間にとっても何らかの差別なく理解できる普遍性をもっている。そのことは，人間の知性が民族や習慣の違いを超える証拠でもある」と述べ，さらに，歴史性として，「数学は，人間と人間との集まりである社会によって歴史的に形成されたものである。

　このように数学が人間と社会とによる知的活動の歴史的産物であるとすれば，当然，算数・数学は孤立したものではなく，文化全体の有機的構成部分であり，文化の他の分野との密接な連帯性をもつ」と述べている。

　また，平林一栄は，著書『数学教育の活動主義的展開』（1987）の中で，算数・数学教育として，「数学」そのものと「子ども」と「社会」との関連の重要性をあげている。そして，「社会は教育の目標を規定し，学問としての数学は教育の内容を与え，子どもは教育の方法を反省させると考えれば，目標論，内容論，方法論が定められる」と述べ，この各理論の真価は，絶えず検証される必要性から評価論をあげている。さらに，「数学」と「子ども」との関係について，「子どもの内面に明確な形で数学を位置づけ，算数・数学が教科としての存在意義をはっきりと確認させるものである」と述べている。

　これらの先行研究については，様々な見解があるだろうし，新たな研究も進められている。しかし，算数・数学教育がめざすものとして，我々教師に大きな示唆を与えていることは確かである。これらの先行研究から学びながら，算数・数学教育について考えていく。

2 人間形成としての算数・数学教育

　よく「算数・数学教育の目的とは？」という問いに，「陶冶的目標」，「文化的目標」，「実用的目標」等があげられている。

　「陶冶的目標」とは，大きくは人間形成とそのために重要な創造力や思考力等の育成のことであり，また，「文化的目標」とは，算数・数学という文化の受容・伝達や数学の発展のことと捉えることができる。そして，「実用的目標」とは，日常生活や職業に就いたときに役立つ知識・技能の育成のことと言われている。

　ここでは，算数・数学教育の大きな目的の一つである陶冶的目標として，「人間形

6　第1部　「豊かで確かな授業力」を培うために

成」について考えていく。

「生きる力」を育むことは，「知（確かな学力）・徳（豊かな人間性）・体（健康・体力）のバランスのとれた人間育成」と考えることができる。特に，「生きる力」の中の「徳」である「豊かな人間性」が教育として重要であることは周知のことである。さらに，「生きる力」を育むための資質・能力として，「知識・技能」，「思考力・判断力・表現力等」，「学びに向かう力・人間性等」があげられ，ここでも「人間性」が重視されている。このことからも，「人間性」の育成が教育の中核になっていることが理解できる。

そして，「人間性」の育成のためには，その要となる「豊かな心の育成」が重要であり，算数・数学教育では，この「豊かな心」をどのように子どもの内面に育てていけばよいのかを真剣に考える必要がある。

例えば，「豊かな心の育成」と聞いたとき，どの教科等をイメージするだろうか。それについて，何人かの教師や保護者に聞いてみたことがある。するとすぐに，「それは道徳です」という返答があり，その後少し考えて「理科の生物分野」，「国語の文学作品」や「特別活動」，「生活科」，「総合的な学習の時間」等の返答も返ってきた。

そこで，「算数・数学は？」と問うと，「算数・数学は答えが一つだからそのイメージはなかった」や「正解（○）か不正解（×）かがはっきりしている教科なので冷たく感じる」という返答があった。それは，子どもたちからも同じような返答が返ってくると容易に推測できる。

よく，「文学作品を読んだとき，感動し心が洗われる」や「自然の美しさに触れたとき，その神秘性や美しさに感動する」等の話を聞く。そこで，算数・数学において，豊かな人間性のもととなる「豊かな心」について考えてみる。

それは，「学習内容」に関連することであれば，「子どもが算数・数学に内在する論理性や審美性（美しさ），有用性等を感じたり，原理や法則等をみつけ，公式などを創りあげたりすることに喜びを感じ，数学的な見方・考え方や数学的な表現・コミュニケーションのよさを感じる」ことだと考える。

また，「学習方法」に関しては，「子どもが問題意識をもち，言語活動を活性化し，個と集団との関わりの中で問題解決のよさを感じる」ことと捉えることができる。算数・数学教育における豊かな心の育成とは，「算数に感じる心や問題解決のよさを感じる感性を育む」ことと捉えることができる。

さらに，算数・数学の問題解決的な学習は，子ども自らがもった疑問や困惑等に対して，問題意識をもち解決していこうとする，言い換えれば，「真理を追究する」学習でもある。

そのことは，人間が生きていく中で，道徳的な判断（良いか，悪いか）を必要とする場面が多々あり，「真理を追究する」態度の育成が重要となると考える。

このように，人間形成の要となる豊かな心の育成について，教師は，特に実践を通じて深く考えていく必要がある。

3 人間が創り出した知恵や文化としての算数・数学教育

「算数・数学は人間がよりよく生きていくために考え出した知恵であり，文化である」ことは言うまでもない。それは，「文化的目標」とも言われ，人間が長い歴史の中で起こる問題を解決し続け，そこで得た知識や技能，考え等を集大成したもので，今後も発展し続ける文化と言える。

例えば，「測定」の学習であれば，見えにくく，把握しにくい量を比較するために，測定の4段階（直接比較，間接比較，任意単位による数値化，普遍単位による数値化）を経て，様々な法定単位に至る人間の長い歴史の中で創り出してきた知恵や文化と言える。

また，「パルテノン神殿」，「ダビデ像」等に内包されている「黄金比」や「法隆寺等の建築物」，「コピー用紙」等に内包されている「白銀比」は，長い歴史の中で集大成された人間の知恵が文化となっている。

これらのことは一例に過ぎないが，人間が考え出した知恵や文化を問題解決的な学習として，子どもたちが考え体験できるようにすることが大切である。

そして，算数・数学に内在する人間の営みや考えの素晴らしさを感じながら文化の重要性を理解できるようにすることも算数・数学教育の大きな役割となる。

4 実用的な役割としての算数・数学教育

小学校の子どもたちに「算数・数学はどのように役立つのか」と聞くと，「お金の計算に役立つから」や「将来に役立つから（お母さんが言っていた）」という返答があった。このような子どもが考えていることに対して，算数・数学教育として，教育と名のつく限りこのことを深く考える必要がある。

算数・数学教育がめざすものとしては，当然算数・数学が人間が生きていく中で役立っていくもの，言い換えれば「実用的目標」と考えたい。

それは，算数・数学が日常生活や職業に就いたとき，生きて働くものとして捉えたり，算数・数学で学んだことを発展させたり，他の教科等との関係の中で考えたりして活用していくものと捉えることができる。実際，自分自身の生活でも買い物するときには，所持金と買う物との関係を考え，割引率を念頭に置きながら，一つ一つの商品を，頭の中で概数にして概算している。

そして，実用的な役割は，このような生活の範囲だけではなく，仕事に就いたとき，統計的な資料から分析・考察・吟味したり，コンピュータを使って予想したり等様々な場面で活用・発展させていくことができる。

また，常に他教科等との関連を図り発展させていくことも重要である。例えば，総合的な学習の時間における環境問題に対する探究では，様々な調査の中で得た統計的資料や情報等を吟味・考察し，その結果からどのように活動するのかを考えるとき，算数・数学で培った資質・能力が大いに発揮されていく。

これらのことを将来的に，または社会的に考えたとき，例えば，海に橋を建築する

としたら，海流のことやその場所の風の強さや塩分の濃度，どのような大きさの船舶が通るのか，橋を渡る自動車等の交通量の予測や重量，その橋の景観等を考えなければならない。そのために，様々な事象に対する情報収集や調査研究を行い，その結果の分析や吟味等，それぞれの分野の専門的な知識や技能，考え方をそれぞれの専門家との協議や協働の中で，時間や予算など総合的に考えながら設計・建築していくと考えられる。この活動の中でも算数・数学が重要な役割を果たすと考える。

しかし，子どもや保護者，一般社会では，算数・数学がもつ大きな役割や重要性は十分理解されていないと思われる。そこで教師の役割として，これらのことを踏まえながら，分かりやすく説明することが重要である。

具体的には，子どもや保護者をはじめ社会に算数・数学教育の意味や意義，価値等を理解してもらえるように「算数・数学で学んだことが役立っている」という実感がもてる授業を行うことはもちろんのこと，さらに懇談会やホームページ等を活用し熱意をもって説明していくことが重要である。

5　資質・能力の育成としての算数・数学教育

算数・数学では，帰納的・演繹的に考えたり，学んだことを統合的・発展的に考えたり，抽象化・一般化等したりする数学的な見方・考え方が培われる。

また，算数・数学の問題を解決するために，個々の考えや解決方法について，数学的な表現やコミュニケーションを行い，対話を深めていく。

その過程では，イメージや発想も含め新たな考えや解決方法を見いだすなど，創造的な数学的活動を展開していくことになる。

それらのことは，人間がある体験をしたとき，その体験を抽象化・一般化することにより，その体験を広げたり，他の事象に転移させたりすることにつながる。

また，相手の気持ちを推しはかって考えたり，価値観が多様な中で，複数の考えや意見をまとめ，合意形成を図りながら話し合いを推進したりできるようになる。

さらに，算数・数学では，自ら問題意識をもち，解決に向かって見通しをたて，個と集団との関わりの中で解決していく。そして，その過程でメタ認知したり反省的な思考をしたりしながら資質・能力を培っていく。

このような資質・能力は子どもたちが成長していくためには不可欠なものである。

算数・数学教育は，社会と切り離された存在ではなく，グローバル化や情報化，技術革新等，社会の変化を見据えて，子どもたちが未来の社会を創造していくための資質・能力を育てていくものとなる。

このように算数・数学教育は，今後ますます重要な役割を果たしていく。その「大きすぎる」と感じるかもしれない算数・数学教育の役割を，教師が深く理解し，考えていくことが「豊かで確かな授業力」の第一歩となる。

第2章 「豊かで確かな授業力」を培うために

> 「豊かで確かな授業力」を培っていくことは，子どもが「主体的・対話的で深い学び」に至るための指導内容や指導方法の研究を深めていくことである。
>
> そのために一番重要なことが，「授業研究」や「研究授業」であり，各学校や研究団体等で行っている研究や実践に積極的に参加していくことが大切である。
>
> そこでは，個人・団体において，R-PDCA のサイクルを重視し，自分の授業を改善していきながら学校や研究団体等の研究を進めていくことが重要である。
>
> 「研究授業」は，「授業研究」の範疇にあるものと考えるが，学校現場では，「研究授業」が使われていることが多い。「研究授業」を行うことによって，多くの教師や研究者に参観してもらい，日々の授業に対しての教材研究をはじめ，発問や板書，指導・支援のあり方等を振り返り，自分の授業を改善することができる。

1 「授業力を向上させたい」と願うすべての教師の思い

　教師という仕事を選んだ以上，誰もが「授業力を向上させたい」と願う気持ちをもち続けるだろう。私自身の経験では，先輩の教師の授業を見たとき，「なぜこのクラスの子どもたちは，瞳を輝かせて，生き生きと話し合っているのだろう」と感じたことがある。確かに経験を積んでいけば授業力が向上すると思えるが，一方，同じ経験年数の教師でも，授業がうまく進む人とそうでない人がいるのも現実である。

　ここでは，授業力の向上を望む教師が，新任から中堅，ベテランへと成長していく過程で，自分の授業をもう一度見直し，「豊かで確かな授業力」を培っていくために着目してほしいことについて述べていく。

2 「授業は，教師の命！」そして，「研究授業は，宝物！」

　小学校の教師になったころ，先輩の教師から「授業は，教師の命！」そして，「研究授業は，宝物！」と教えてもらったことがある。いろいろな先輩教師からたくさんのことを教えてもらったが，なぜかこの言葉が心に強く残り，今も私の「座右の銘」のようになっている。その後，何年かたって生徒指導の仕事をするようになり，よりよい授業をするためには，「そのもととなる学級経営や生徒指導が大切だ」ということを強く思うようになった。

　そのとき，他の先輩教師から，「生徒指導や学級経営は授業と切り離して考えてはいけない」や「生徒指導や学級経営は授業の中に生きている」ということを教えてもらい，「授業は，教師の命！」そして，「研究授業は，宝物！」と言われたことを強く思い出した。

　教師という仕事は，ある意味「職人」のような仕事であり，授業だけでなく，学級経営，生徒指導，人権教育等，様々な分野，そして，いじめや虐待，障がいのある子どもや外国にルーツのある子どもへの配慮や支援・指導といった様々なことに対し

て，専門的な知識や技能を獲得しながら対応していかなければならない仕事である。それらのことは，経験を積みながら体得していけることもあるが，日々子どもたちに関わる中，初めての経験への対応や新しい指導内容や指導方法に関わる研究・実践が不可欠となる。

　教師の仕事の一日は，ほとんどの時間が授業である。その授業を進める中で，子どもたちに「自分はできる」という意識を育て，子どもどうしの人間関係を深め，お互い認め合い協働できる集団として育つことを願っている。

　その意味では，「教師は，職人のような専門的な知識や技術をもち，その背景となる理論等についての絶え間ない研究を行う職業」と捉えることができる。ある意味で，研究者の側面も兼ね備えた実践者であると考える。

　しかし，対象が人間であるため，研究や実践は複雑で多岐にわたる。例えば，「分数とは何か」というような概念の研究から，その概念の系統性や他の概念との関連等についてカリキュラムレベルで研究し，さらに指導という観点からも研究・実践しなければならない。また，そこに子どもの心理や発達等についても研究しなければならない。このようなことを総合的に考え研究・実践していくことが，「豊かで確かな授業力」につながっていく。

3 「アクティブ・ラーニング」という視点から

　アクティブ・ラーニングは，中教審答申「新たな未来を築くための大学教育の質的転換に向けて─略─2012」において，「従来のような知識の伝達・注入を中心とした授業から，教員と学生が意思疎通を図りつつ，一緒になって切磋琢磨し，相互に刺激を与えながら知的に成長する場を創り，学生が主体的に問題を発見し解を見いだしていく能動的学修への転換が必要である。」とされ，「教員による一方向的な講義形式の教育とは異なり，学修者の能動的な学修への参加を取り入れた教授・学習法の総称」と言われている。そして，「学修者が能動的に学修することによって，認知的，倫理的，社会的能力，教養，知識，経験を含めた汎用的能力の育成を図る。発見学習，問題解決学習，体験学習，調査学習等が含まれるが，教室内でのグループ・ディスカッション，ディベート，グループ・ワーク等も有効なアクティブ・ラーニングの方法である。」と示されている。このことは，大学の教員にとっては，大きな課題であり，大変重要なことである。

　しかし，このことから誤解を生じている問題もある。

　例えば，小学校の教員であれば，「もうすでにこのような授業は行っている」と解釈されたり，さらに，中学校でも「グループ学習やグループでの話し合いができればよい」という誤解が生まれてきたりしている現状がある。

　アクティブ・ラーニングは，それが主に指導方法に関する言葉であったとしても，資質・能力の育成をめざして，問題解決的な学習を進めながら，例えば，ディスカッションを中心とする言語活動の活性化を図り，個と集団との関わりの中で，学習が深まっていくことを求めている。

第2章　「豊かで確かな授業力」を培うために　　11

算数科でいえば，数学的活動を行いながら，数学的な見方・考え方を駆使し，問題解決していくアクティブな活動であり，さらに，活動だけではなく，思考・判断・表現を繰り返し，子どもの頭の中がアクティブになっていることが重要だと考える。

私自身は「アクティブ・ラーニング」という言葉が使われなくなったことは残念だと思っている。一方，「主体的・対話的で深い学び」に置き換えられたことで，上述した誤解が生まれにくくなったとも感じている。

そして，小学校であろうと大学であろうと教師（教員）である限り，アクティブ・ラーニング「主体的・対話的で深い学び」を成立させていくためには，「豊かで確かな授業力」を培っていくことが重要だと考えている。

4 「主体的・対話的で深い学び」の成立をめざす問題解決的な学習

「主体的な学習」は，子どもが事物・事象と出合い，それに興味・関心をもち問題意識を醸成する導入の場面，そして，「対話的な学習」は集団による解決の場面，さらに「深い学び」は，振り返りの場面だけをイメージしがちである。しかし，問題解決的な学習の過程では，授業の導入の場面でも自力解決や集団による解決の場面でも，振り返りの場面でも「主体的な学習」でなければならない。そのためには，子どもたちが「問題意識」をもち，「学習のめあて」をつくり，「解決の見通し」をたて，「自力解決」し，それぞれの感じ方や考え方を認め合いながら「集団による解決」を行い，「学習を振り返る」という一連の流れの中でも「対話的な学習」が成立しなければならない。その過程でこそ，子どもたちの学びが深まっていくと考える。

そう考えると，子どもの認知的側面だけではなく情意的側面を重視した問題解決的な学習が重要となる。子どもが主体的に問題を解決するには，「どのような内容を深めていくのか」や「どのような教具や教材を準備するのか」，「子どもが対話するためには，どのようなシチュエーションをつくり，指導・支援していくのか」等，教師が熱心に教材研究を行う必要がある。

5 各学校や研究団体等の研究の意義

各学校では，そこに通う子どもたちの豊かな成長を願って，「めざす子ども像」や「子どもに育みたい資質・能力」等を掲げて，学校全体で様々な分野の研究を進めていくことが多い。その中の一つに教科等に関する研究があると考える。また，算数・数学の研究を深めている各研究団体等では，学校等における研究を支援するための研究を行っていたり，個人の関心が高いテーマを設け研究を進めていったりしているところもある。

これらの学校や研究団体等では，「子どもにどのような資質・能力を伸ばしたいのか」について，子どもの実態や学力の状況を踏まえ，例えば「思考力・判断力・表現力の育成」や「子どもの主体性の育成」等のテーマを設け，その具体的な手立てとなる「対話（言語活動の活性化）をめざした問題解決的な学習の進め方」等のサブ・テーマを設けて研究・実践を深めている。

第**3**章 問題解決と「問題解決的な学習」について

> 「主体的・対話的で深い学び」を成立させるためには「子どもの情意面を重視した問題解決的な学習」が重要だと考える。その中でも，子ども自らが問題意識をもって，どのような考えや解決方法（方略も含む）で問題を解決していくかが大切である。そのためには「豊かで確かな授業力」が不可欠となる。

　第2章では，「三体的・対話的で深い学び」を成立させるための問題解決的な学習の重要性にもふれたが，学校の校内研修や研究団体の取り組みに参加すると，「問題解決における問題と課題の違いは何ですか」や「どのようにしたら問題意識がもてるようになるのですか」という質問が多くある。

　「豊かで確かな授業力」を培うためには，問題解決的な学習について，再認識する必要があると考える。そこで，本章では，指導についての具体的な話の前に，問題解決についての基礎的な内容について述べていく。

1　「問題解決的な学習」として

　算数科における問題は，人間が直接経験する問題を学習の舞台にのせるものとしてモデル化されているものが多い。具体的には日常の事象を解決する場合もあるが，モデル化し複雑な事象を簡単にしたり，子どもの発達や算数科の内容に合わせて数値を変えたり，一定の時間で解決できるようにしたりしている。そして，人間がつくり出してきた文化を短い時間で体験できるようにしているものもあり，例えば，測定における「直接比較→間接比較→任意単位による数値化→普遍単位による数値化」等の学習がそれである。

　特に，「文章問題」は，子どもが生活等の具体的な場面が思い浮かび，場面理解がしやすいように，また，子どもが考えやすいように簡素化されたり，理想化された数値を用いたりしながら問題場面を設定している。

　しかし，人間がよりよく生きていくための問題や生活の中で生まれてくる問題を解決する場合，算数・数学だけでは解決できない要素も含まれる。

　例えば，川に吊り橋を架ける場合，算数・数学だけではなく，その場所の地形や川の流れ，どのような用途として設計されるのかという総合的な視点が必要なはずである。また，たとえ算数・数学の学習の範疇にあったとしても，多くの時間を要する問題もあり，時には，何か月もの歳月を使わないと解決できない場合もある。

　そこで，「問題解決」や「問題解決学習」という言葉をあえて使わず，「理想化された問題をある一定の時間や条件の中で子どもたちが解決する学習」ということから「問題解決的な学習」という言葉を使い，話を進めていく。

2 問題解決についての歴史的背景

　問題解決と聞くと，J. デューイや G. ポリアの先行研究を思い浮かべるが，その概要について確認しておくことにする。

（1）J. デューイが提唱した反省的思考と問題解決学習

　J. デューイは，知識を注入するだけの教授法と言われた系統学習（学習指導要領の系統とは少し意味が異なる）に対して，学習者の生活や要求に応じ，日常的な生活を中心に人間が問題場面に遭遇したときに，問題解決のための思考に対応する学習指導の過程が重視されると提唱している。この J. デューイの学習者中心の考えは，今では教育の中であたり前のようになっているが，系統学習が主流の時代において，コペルニクス的転回であったはずである。また，J. デューイは「reflection（反省的思考，内省，振り返り）」を重視し，問題解決を 5 つの段階（表 1 に示す①～⑤の段階）を踏むことで問題解決が成立すると考えていた。

　J. デューイは問題解決について，「新しい事態のなかで難点が解明され，混乱が整理され，障がいが克服され，反省的思考によって提起された問題が解決される。したがって問題解決における反省的思考の機能は，曖昧と疑いと葛藤と不安とが，事態を脈絡のある安定した調和の事態へと転換することにある」と述べている。

　そして，「経験とは，ただ行動を積み重ねればよいわけではなく，その行動について振り返って考え，行動がどう結果につながったのかを思考すること」と考えた。

　また，「この振り返りを行うことで，現在と過去の経験が結びつけられ，将来の問題解決の手がかりにもなる。このプロセスの中で学習者は常に自分を変容させていく。教育の目的とは，この連続的な成長のプロセスそのものだ」と述べている。

表 1　デューイの問題解決：文言は一部変更

① 暗　示	困難を漠然と自覚し，不安や混乱を感じる段階 ⇒問題の明確化 　問題への気づきから，それらの要素を焦点化し，問題を設定・把握する。
② 知性的整理	観察により困難な箇所が明確になる段階 ⇒問題解決に必要な情報の収集 　問題を解決するための考えや方法を考える。
③ 仮　説	見通しを立てる段階 ⇒問題を解決するための示唆・仮説 　明確にされた問題を解決するために，可能と思われるいくつかの仮説を立てる。
④ 推理作用	仮説が妥当なものかどうかを推理によって検討する段階 ⇒適切な仮説の選択 　多様な仮説の中から適切な仮説を選び出す。
⑤ 仮説の検証	妥当となった仮説を行動によって検証してみる段階 ⇒実験と観察による検証・結論 　実際に仮説をテスト等して検証する。

さらに，J. デューイによる思考のプロセスは，探究のプロセスでもある。そこでは，「問題⇒資料の収集と分析⇒示唆や観念の創出と精緻化⇒実験的応用と検証⇒結論や判断」という5つの特徴も示している。

(2) G. ポリアが提唱した問題解決

G. ポリアが著書『いかにして問題をとくか』（2017年第1版発行）で示している問題解決の段階や過程におけるストラテジー（方略）の一部をあげると，（表2）のようになる。この①～④までの問題解決の段階の　　　内に書かれている文言が，いわゆる「ストラテジー」（方略）と呼ばれているものである。

表2　ポリアの問題解決：文言は一部省略

①「問題を理解すること」

・未知のものは何か，与えられているもの（データ）は何か，条件は何か。
・条件を満足させうるか，条件は未知のものを定めるのに十分であるのか，または不十分であるのか，または余剰であるのか，または矛盾しているのか。
・図をかけ，適当な記号を導入せよ。

②「計画を立てること」

・前にそれを見たことがないか，または同じ問題を少し違った形で見たことはあるか。
・似た問題ですでに解いたことがある問題がここにある。それを使うことはできないか，その結果を使うことはできないか，その方法を使うことはできないか，それを利用するためには，何か補助要素を導入すべきではないか。
・もしも与えられた問題が解けなかったならば，何かこれと関連した問題を解こうとせよ，もっとやさしくてこれと似た問題は考えられないか，もっと一般的な問題は，もっと特殊な問題は，類推的な問題は，問題の一部分を解くことができるのか。
・データをすべて使ったか，条件のすべてを使ったか，問題に含まれる本質的な概念はすべて考慮したか。

③「計画を実行すること」

・解答の計画を実行するときに，各段階を検討せよ，その段階が正しいことをはっきり認められるか。

④「振り返ってみること」

・結果を試すことができるか。論議を試すことができるか。
・結果を違った仕方で導くことができるか，それを一目のうちにとらえることができるか。
・他の問題にその結果や方法を応用することができるか。

この方略は，子どもが問題解決を進めていくために不可欠なもので，この方略を教師の指示で行うのではなく，子ども自らが，解決の過程で自分自身に言い聞かせる言葉と捉えれば，「問題解決の過程で立ち止まり，自分の活動をモニターし，自己評価して軌道修正していく」という「メタ認知」に近い状態になると考えられる。

最近，様々な場面で言われている探究学習や統計的な問題解決（PPDAC：問題・計画・データ・分析・結論）等の学習スタイルの根源となることをJ. デューイやG. ポリアがこの時代に提唱していることが驚くべきことであり，現在の教育の根幹に関わることが多くあると感じている。

3 算数科における「問題」と「課題」

(1)「問題」と「課題」について

　算数科における「問題」とは，前述したように日常の問題等を理想化したり，モデル化したりした事象と捉えることができる。そして，その問題を解決するための考えが，例えば「割合」であり，この割合を学ぶことが「課題」となる。言い換えれば問題を解決するために，子どもたちが新たに学ぶ内容（単元名になっていることが多い）を「課題」と考えることができる。なお，教科書等では，「○○ですか？」等と問いを出す場合が「問題」として，「○○について調べましょう」や「○○について考えましょう」等は「課題」として扱っている場合もある。

　問題解決の話をするとき，必ず話題になることは，「問題」と「課題」の違いである。「課題解決」という言葉もあり，少し混乱する事柄でもある。

　広辞苑では，「問題」は，「問いかけて答えさせる題。解答を要する問い」，「研究・論議して解決すべき事柄」等と表している。

　また，「課題」は「題，また問題を課すること」，「課せられた題・問題」と表されている。

　一方，ビジネス等においては，一般的に「問題」は「実現したい目標と現状との間に生じている差異」と捉えられ，それに対して「課題」は「その差異を埋めるための具体的な取り組み」と捉えられていることもある。

　これらのことから，「問題」とは，目標達成の障がいとなっている事柄や理想の状態と現状との間に生じている差異，言い換えれば，厄介な事象や注目を浴びていること等であり，解決すべきことと考えることできる。

　それに対して「課題」とは，「他の人や自分自身によって与えられる題目」であり，「問題の解決に向けての具体的な取り組み」と捉えられると考える。

　このように「問題」と「課題」については様々な考えがあるが，ここでは算数の学習において，「問題」と「課題」の関係を（表3）のように整理した。

表3　問題と課題

問　題 （Problem）	事物（もの）との対話から生まれる問い，日常で起こる事象から生まれる問い ⇒この問題は，子どもの発達や実態等に応じて，場面や内容，数値等を理想化したものとなっている場合が多い。
課　題 （Task）	問題を解決するために駆使する考え等 （例えば，関数の考えやその方略・解決方法等） ⇒学習指導（案）では，本時の目標が課題にあたるものが多いと考える。また，その目標（課題）を子どもの言葉にしたものが「めあて」となる場合が多い。そして，課題の解決をもって問題の解決とするが，課題の解決が同時に問題の解決になる場合もある。

　一方，総合的な学習の時間（小・中）や総合的な探究の時間（高）においては，「環境」や「福祉」等を現代的な「課題」（探究課題）と捉え，この「課題」を探究する過程で起こる様々な「問題」を解決していくという場面も考えられる。

（2）問題意識とその醸成

　問題と課題についての論議に加え，問題解決的な学習を進めていくために不可欠な「問題意識」という言葉がある。

　広辞苑では，「問題意識」を「物事の本質的な問題を見つけて掘り下げようとする態度」，「ある事態などに対し，その重要性を見抜いて主体的にかかわり合おうとする心の持ち方，またその内容」，「事態・事象についての問題の核心を見抜き，積極的に追究しようとする考え方」と表している。

　「問題意識」とは，ある物事を，「解決されるべき状態にあるもの」として捉える意識であり，問題に対して，子どもがそれの性質を見抜き，その問題に対して主体的に関わり合おうとする意識だと考える。算数の学習においては，事物・事象との出合いだけでは問題意識は醸成されない場合もある。

　特に文章問題（問題を内包した事象）との出合いから学習に入ることが多いが，教師が問題として提示しても，それが必ずしも子どもの問題となるとは限らない。ここでは，事物・事象との出合いから教師の働きかけにより，子どもに「不思議だ」，「おかしい」等の疑問・困惑を湧かせ，「解決したい」という問題意識をもたせることが問題解決的な学習の始まりとなる。そのようなことから，問題意識を醸成することが，子どもにとって主体的な学習を進めていくために不可欠で重要なこととなる。

（3）なぜ，問題が起こると子ども自らが主体的に学習に取り組めるのか

　J. ピアジェは，「同化と調節による均衡化」について，「攪乱に直面した時に，一貫性のある構造を回復しようとする自己制御の働きであるが，それは，静的な保証活動ではない。以前の不安定な構造は克服され，一層安定した構造へと発展していくことになるからである。」と述べている。例えば，すでに乗法九九を学習している子どもが「わり算」の学習に出合った場合，既存の知識（過去の経験によって形成される概念）であるスキーマ（シェマと表す場合もある）を使って，新たな経験，「かけ算の逆算」を考えることができれば，それを「同化」したと考えられる。

　次に，子どもが「分数のたし算」と出合った場合，同じ数といっても簡単に十進数の考え方が使えず，不均衡な状態になる。そこで，今までの整数や小数の枠組みに新しい枠組みを取り入れて考えていこうとする。そして，「$\frac{2}{5}+\frac{3}{5}$」の計算方法を考えるとき，$\frac{1}{5}$（単位分数）を単位（1）と考えれば，その2つ分と3つ分と捉えることができる。このように，「単位の考え」を想起できるようになれば，「2+3」の既習の整数の計算に置き換えて考えることができるようになる。このことは，今まで理解してきた「整数」の枠組みに大きな修正が起きたと考えることができる。このことを「調節」と捉えることができる。

　このように「同化」と「調節」を繰り返しながら，新たに拡張されたスキーマを構成していく「均衡化」を行っていくと考えられる。そして，子どもが新しい問題と出合ったとき，疑問・困惑等を感じ，不均衡な状態になったとき，既習の知識や考え方，経験（スキーマ）を駆使し，解決していこうとする問題意識の醸成につながっていくと考えられる。

（4）脳が求めるものと問題解決

　脳科学の研究において，「感情」の脳である大脳辺縁系や自律神経は，「驚いたこと」や「突然のうれしいできごと」といった刺激だけでなく，ストレスを感じたときも影響を受けると言われている。

　大脳辺縁系では，「イヤな気分」や「つらい気持ち」になる等，仕事や人間関係でのプレッシャーや身体的にも精神的にもあらゆるストレスが，感情の脳である大脳辺縁系に影響を与える。それが視床下部に影響して自律神経のバランスの乱れを引き起こすと考えられている。そして，適度なストレスならよいが，ストレスが多いと体にも心にも不調があらわれることもある。

　これらのことを「問題解決」という視点から考えると，子どもは問題に未知な部分が多く解決が困難だと感じられる事象と出合うと，過度のストレスを感じ，解決を回避してしまう場合もある。しかし，適度なストレスを感じる状況だと解決に向かうと考えることもできる。

　それは，子どもにとって半未知な問題だと，「できるかな？」等と，適度なストレスを感じながらも，「この前学習した考えを使うと解決できそうだ」と解決に向かう姿がこれにあたると考える。

　また，脳のストレスを少なくするために，苧阪直行や渡邊正孝は著書『報酬を期待する脳』（2014）において，「報酬」という言葉を用いて説明している。「報酬」は，一般的に，動物では餌や水，人ではお金等を意味することが多いが，心理学や神経科学では，より広い意味で用いられている。

　ここで言う「報酬」とは，「生物にそれを求める行動を促し，生物がそれを得られれば，さらにそれを求める行動の確率を上げるように働き，さらにそれを得た生物は"快"を得る」と考えられている。

　子どもの主体的・能動的な学習に不可欠な「内発的な動機」を支える「内発的報酬」は，「生理的報酬」や「学習獲得的報酬」と深い関係があると言われている。言い換えれば，子どもが問題と出合ったとき，「おかしいぞ」や「これまでとは違うぞ」，「どうなっているのだろう」という気持ちになったとき，脳は，ある意味これを嫌悪刺激と捉え，そのことを除去しようとする。このことは「報酬」を得ることにつながる。だから，子どもはある事象が今までの自分の経験や獲得してきた概念と違っていることで，疑問・困惑等を起こし，不快な気持ちとなりストレスを感じる。そのストレスを「快」な気持ちにしようと問題の解決に向かうとも考えることができる。

　このことから，なぜ，問題が起こったら問題意識をもち，それを解決しようとするのかが推測できる。しかし，子どもが疑問・困惑等を感じれば，主体的に問題解決に向かうと安易に考えるのではなく，子どもたちの過去の成功体験や賞賛された経験等が問題解決的な学習を支えていることを念頭に置く必要がある。

　また，特に小学校の低学年では，ゲームや遊びの要素がある問題場面と出合うと，子どもは活動に「楽しさ」を感じ，自然と解決に向かうことがある。

　そして，中学年では，活動の楽しさに加え，例えば数量の比較の場面等と出合う

と，「どちらが大きいか調べなければ解決しない」というように，学習に対する「必要感」から解決活動に向かう場合もある。

　さらに，高学年になると既習の学習が多くなっていくので，それらを生かしたいという「知的な好奇心」が解決を進める要因ともなる。

　そこで教師は，これらのことも考えながら，子どもたちが主体的に問題解決的な学習に取り組めるよう，子どもの情意面が喚起できる指導の工夫が必要となってくる。そのことから「豊かで確かな授業」を成立させるためには，子どもの情意面を重視した問題解決的な学習が重要となり，それを進める授業力の向上が求められる。

4　子どもの情意面を重視した問題解決的な学習

　算数科において，子どもの認知的側面だけではなく，情意的側面を重視した問題解決的な学習が大切である。特に疑問・困惑等から解決できたときの成就感や達成感，算数・数学の美しさや有用性，数学的な見方・考え方のよさや問題解決のよさ，イメージ，発想等を重視した問題解決的な学習を進めることが子どもの主体的・対話的で深い学びにつながっていくと考える。

　そこで，子どもたちが主体的・対話的で深い学びに至るための「情意面を重視した問題解決的な学習」のモデルを構築した。

　そして，「豊かで確かな授業力」を培うための情意面を重視した問題解決的な学習における教師の働きかけについて，簡潔に述べることにする。

（1）子どもの情意面を重視した問題解決的な学習モデル

　ここでは，情意面を重視した問題解決的な学習について，子どもの意識の流れに沿った6つの場（段階）を設定し，それぞれの場における子どもの様相と教師による働きかけを以下のようにまとめる。

---

①事物・事象との出合いから問題意識を醸成する
指導案では，「本時の問題をつかむ」と示している）

　事物・事象との出合いだけでは，問題意識は醸成されない。算数科では，文章問題（問題を内包した事象）との出合いから学習に入ることも多いが，教師が問題として提示しても，必ずしも子どもの問題となるとは限らない。

　事物・事象との出合いから教師の働きかけにより「おかしい」や「不思議だ」等の疑問や困惑を湧かせ，「解決したい」という問題意識をもたせることが，問題解決的な学習の始まりとなる。

---

②学習のめあてをつくる

　学習のめあては，その学習内容の把握とともに，教師が「どのような目標で学習を深めていくのか」という構想をしっかりもたなければならない。

教師が学習のめあてを子どもたちに伝え板書する状況をよく見るが，子どもが主体となる学習にするためには，教師が介入しながらも「子どもたちがめあてをつくる」ことが大切だと考える。

その際，子どもの問題意識に沿いながら，この学習で学ぶ内容や考えを網羅しためあてをつくることが重要である。

---

③解決への見通しをたてる

自力解決を始めたとき，何人かの子どもたちが解決の糸口をつかめないまま困っている場面があり，教師が支援に行くことも多い。

見通しは解決の糸口であり，その方向性（めあての達成）を示すものなので，問題解決的な学習を進める過程で，大変重要な役割を果たす。特に算数科は，内容の関連や連続性・系統性があるので，既習の単元や前時の学習を思い起こし，学習を連続・発展させていく意味でも重要な役割を果たす。

見通しについて諸説はあるが，「考えの見通し」をはじめ，「方法の見通し」，「表現の見通し」，「結果の見通し」等が考えられる。しかし，子どもたちは見通しの内容に関係なく，「昨日の考えが使えそうだ」や「この方法で解決できそうだ」，「絵や図に表すと考えやすい」等とランダムに発言するので，教師は整理して板書する必要がある。見通しをたてるためには，前時までの学習を振り返り，本時の学習につないでいくことが重要である。そして，個々の見通しを交流することで，見通しがたてにくい子どもの支援となったり，よりよい考えや解決方法を選択できたりする。

---

④自力で解決する（自力解決）
（指導案では，「自分なりの考えで解決する」と示している）

自力解決について，ペアや小集団で行う授業もよく見るが，まずは，子ども一人ひとりが自分自身でじっくり考える場としたい。

そのために教師は自力解決の「前半→中盤→後半」を計画的に机間指導し，以下のような働きかけが必要となる。

> ①「学習に課題のある子どもへの支援」
> ②「どの子どもがどのような考えで解決しているのか等の評価と支援」
> ③「解決できた子どもに対し，見通しを思い起こさせ，他の考え方でも解決できるようにする支援」
> ④「解決の過程が他者に分かるように表現できるようにする支援」

その際，次の「集団による解決」に向けて，一人ひとりの考えや表現の素晴らしさなどを賞賛し，発表の意欲を高める支援も必要である。

---

⑤集団による解決をする（集団解決）

（指導案では，「自分の考えや解決方法を発表し，話し合う」と示している）

　集団解決では，子どもたちが自力で解決した後，教師が「さあ，自分の考えを発表しましょう」と言って，交流が始まる場面をよく見る。

　ここで大切にしたいことは，「自分の考えを人に聞いてほしい」や「友達の考えを聞きたい」という願いや意欲を子どもたちがもっていることである。さらに，話し合いの前に，はじめにもった問題意識や対立する考えをもう一度掘り起こし，「何について話し合いたいのか」という，話し合う目的や内容を確認し，焦点化することが重要な働きかけとなる。

　ここでは，自力解決における机間指導で評価した子どもたちの多様な考えや解決方法を子どもの挙手に従って発表させるのではなく，違う解決方法や共通する考え等を見いだせるように対話を深めていかなければならない。例えば，同じ解決方法でも途中までしかできていなかったり，考えがまとまっていない子どもがいたりする。そこで，教師は「誰の考えや解決方法に誰の意見をつけたすのか」や「誰の考えと誰の考えとを対立させ，対話における問題意識を起こすのか」等を考えながら多様な考えや解決方法の共通点や相違点を明らかにしていく対話の組織化を図ることが重要となる（第4章「対話の組織化」のための具体的指導・支援のあり方参照）。

---

⑥学習の振り返りをする

（指導案では，「本時の学習を振り返る」と示している）

　はじめにもった疑問・困惑等を解決した喜びや，自分や友達の考えや解決方法のよさや表現のよさなどを感じさせるために，はじめにもった情意と振り返りにおける情意の変容を子ども自身が感じることが重要である。

　そこで，板書をもとに，学習の流れを思い起こし，はじめにもった疑問・困惑等やめあてから，解決に有効に働いた考えや解決方法等を振り返ること（2時点での振り返り）ができるよう指導・支援する。そして，認知面だけではなく感じたこと等，情意面についても振り返り，自分なりのまとめができるように働きかけることが大切である。「情意面を重視した問題解決的な学習」を進めるためには，①～⑥の段階をもとにしながらも，子どもの状況に応じた柔軟な教師の働きかけが重要である。

（2）問題解決の型をどのように捉えるか

　このような「情意面を重視した問題解決的な学習」のモデルをつくった大きな理由としては以下のようなことがある。

　私が指導主事や校長をしていたころ強く感じたことは，同じ学校のクラスによって授業の進め方が違っていたり，学年によっても授業の進め方が違ったりしていることが多々あった。また，算数を研究している教師とそうでない教師によっても指導方法

に違いがあったり，ベテラン教員と新任教員の授業の進め方も違ったりしていた。

　さらに，同じ中学校区のA小学校とB小学校だけではなく，その中学校においても授業の進め方が違っていることもあり，教師が変わると，指導方法や，その学習の流れが変わってしまうことがある。

　それらのことは，子どもにとっては，大変戸惑うことでもあり，ともすると教師に対する不信感にもつながっていく。

　そのようなこともあり，学校レベルや都道府県・市町村レベルで，それぞれ「問題解決の型」を提示したり，その学習の流れや形態を示したりするところが多くなっていったと考えられる。この問題解決の段階に沿った学習は形態としては，ある一定の定着が図られ，成果もあげていると考える。

（3）子どもの内面に問題解決に対する資質・能力が育つ

　前述したが問題解決を進めていくためには，方略（ストラテジー）や手順を身につけることも大切となる。子どもたちが興味・関心をもっているゲームに例えれば，様々な困難や問題をクリアし，未知の場面に進んでいくためには，そのためのアイテムやそれを使いこなす方略と，どの順序でどのルートを選んで進んでいくのかを思考・判断しなければならないだろう。

　問題解決の段階を型として始めたとしても，低・中・高学年と子どもが育っていけば，問題解決の順序や方略が徐々に分かり，子ども主体の授業をつくっていくことができると考える。

　例えば，学年が上がり，授業者が新任の教師になっても，子どもたちから「先生，めあては自分たちで決めてきたよ」や「見通しがいるよ」等の態度が育っていれば，子ども主体の問題解決的な学習を進めることができる。

（4）教師主導の問題解決から子ども主体の問題解決に

　一方，問題解決の段階や型を重視した学習は，上記のような理由で大切だと考えるが，型にとらわれすぎて子どもの思考の道筋や意識の流れとは違ってしまったり，子どもがもった問題を解決する学習にならなかったりするときもある。

　このことについて，J.デューイは，「5つの段階が同じ程度の重みで現れるというわけでもなく，行きつ戻りつする場合もあり，その過程は多様で，一定した様式はない。」と述べている。

　上述した「情意面を重視した問題解決的な学習」のモデルもカリキュラムと同じように，一度つくった型はそれを続けていくと形骸化していくものである。そこで，子どもの興味・関心や問題意識，思考の流れを把握しながら，それぞれの場面を型や順序にとらわれず柔軟に変化させ対応していくことが必要になってくる。

　そして，新たな問題が生じたときは，「もう一度前の場面に戻って考える」というような，その場に応じた指導をしながら，子ども主体の問題解決的な学習になるようにする必要がある。

　その際，R-PDCAのサイクルで子どもの情意面を重視したよりよい問題解決を模索することが重要で，その取り組みが「豊かで確かな授業力」につながっていく。

第4章 「主体的・対話的で深い学び」を実現する情意面を重視した問題解決的な学習

> 「主体的・対話的で深い学び」を成立させるためには，子どもたちが問題意識をもち，個と集団との関わりの中で解決活動を行い，その過程を振り返りながら，自分の学習を深めていくことが重要である。そのためには，「子どもの情意面を重視した問題解決的な学習」が中核となる。そして，子どもの主体性は，問題解決的な学習の過程で発揮され育つものであり，対話についても様々な場面で言語活動が活性化され，その過程でこそ深い学びにつながっていくものと考える。

　「主体的な学び」や「対話的な学び」，「深い学び」は，それぞれが子どもの情意面を重視した問題解決的な学習の過程で発揮され育まれていくものである。

　ここでは，主に1「主体的な学び」のはじまりとしての「問題意識の醸成の場面」，2「対話的な学び」が顕著に表れる「集団による解決の場面」，3「深い学び」に至る「振り返りの場面」に焦点をあて，話を進めていく。

1 「主体的な学び」を成立させる問題意識の醸成

（1）問題解決の「問題」を子どもの内面にどう喚起し醸成していくか

　前述したが，問題解決における「問題」については，教師の「問題」であって子どもの「問題」となっていない場合も多く見られる。子どもにとっての問題が起こる場面は様々あり，そこに教師の働きかけがあり問題意識が醸成されていく。例示として，（表1）のような場面を考えた。

　このような問題が，もの（対象：事物・事象）に含まれている場合もあるが，教師の働きかけにより，問題が呼び起こされたり，明確になったりする場合もある。ただ，ここで起こる疑問・困惑等が大きすぎると，「解決できそうだ」や「何とか解決したい」という問題意識の醸成には至らない場合もある。ここで

表1　問題が生じる要因

① 生活経験とのギャップから（初めて出合った場面等から）
② 学習経験（既習学習）との違いや拡張した場合等から
③ 感じ方の違いや思い込み，錯覚等から
④ 意見や考え方・解決方法の対立から（子どもの誤答等から）
⑤ 複数の疑問や困惑等が重なる場合　　　　　　等

は，「半未知な状態」，言い換えれば，「難しそうだけれど，今まで学習してきたことを使えば解決できそうだ」や「前によく似た問題を解決できたから，この問題もできそうだ」等の心の状態をつくることが大切である。

（2）問題から問題意識の醸成に関わる場面と教師の働きかけ

　そこで，（表1）に示されているように，「問題」がどのような場合に起こり，どのような教師の働きかけで問題意識が醸成されるのか考えてみる。

①生活経験とのギャップから（初めて出合った場面等から）

写真1　めもりのない秤

第3学年「重さ」の学習において，天秤を使って重さ比べをしている過程で，ある子どもから「先生，なぜ秤（はかり）を使わないのですか？」と問われたことがある。よく考えると，子どもたちは日常生活で天秤を使う経験はなく，秤で測れば簡単に重さが分かる経験がある。そこで，単位の関係や換算の学習に入る前に，秤の仕組み（数値化や単位間の関係）を考える場を設定する。ここでは，「今日は皆さんが前から言っていたものを出します」とブラックボックスを提示する。子どもたちは，「きっと秤が出てくる」や「これでどんな重さも分かる」と喜ぶが，出てきた秤（写真1）はめもりがついていないので困惑する。そこで，「秤にめもりを打つことはできないかな」と問いかけ問題意識を醸成する（指導案6参照）。

②学習経験（既習学習）との違いや拡張した場合等から

第4学年「小数のわり算（わり進んでいく学習）」において「3.4mのテープを4等分する」という場面を設定する。子どもたちは，すぐにわり算で求めようとするが，「わり切れない」や「あまりが出る」と考える。そこで，実際テープを4つに折っていく様子を見せる。子どもたちは，「なぜだろう，4つにきっちり分けられる」や「おかしい，あまりが出ない」と疑問・困惑等が起こる。そこで，教師が「何か秘密がありそうだね，0.1や0.01で考えることはできないかな」と働きかけることにより，問題意識を醸成することができる。

③感じ方の違いや思い込み，錯覚等から

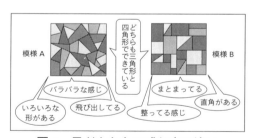

図1　子どもたちの感じ方の違い

第2学年「三角形と四角形」において，一般三角形と一般四角形で敷き詰めた「模様A」と正方形・長方形・直角三角形で敷き詰めた「模様B」を提示して，子どもに感想を聞いてみる。すると，「Aは飛び出ているような感じがする」や「Aはバラバラな感じがする」「Bは横と縦がまっすぐに並んでいる」や「Bは整っている感じがする」と感じ方の違いが表れる（図1）。そこで，「どちらの模様も三角形と四角形でつくられているのに，どうして感じ方が違うのかな」と問いかける。子どもたちは，「模様B」に着目し，「直角があるから」や「ましかくやながしかくでつくられてるから」と構成している図形に目を向け始め「調べてみたい」という問題意識をもつようになる（指導案3参照）。

④意見や考え方・解決方法の対立から（子どもの誤答等から）

第3学年「分数のたし算」の学習において，（図2）のような表し方をする子どもの誤答例がよくある。この誤答は既習のたし算の合併の場面におけるブロックを用い

た操作で，左にある4つと右にある3つを合わせる操作活動をしてきているので，この考え（誤答）にも納得できる。そこで，（図3）の考えとの対比から問題を起こすことができる。また，「分母が同じ分数のたし算は分子どうしたせばよい」と知っていて，答えが $\frac{7}{10}$ と想定できる子どももいる。この場合，「なぜ，そうなるのか」等の説明も含めて，教師が2つの考えを対立させ，「どちらが正しいのかはっきりさせたい」という問題意識を醸成することができる。

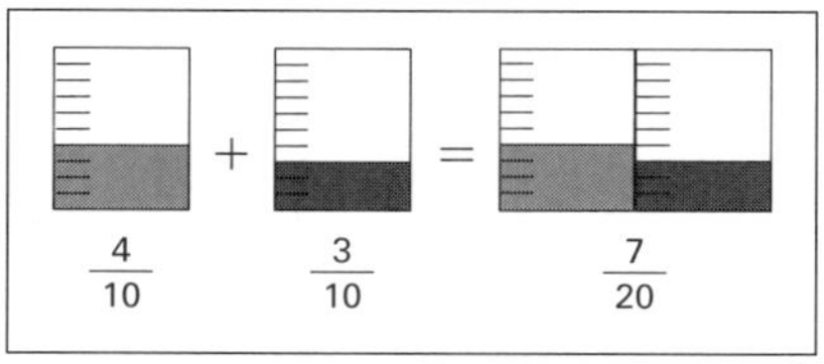

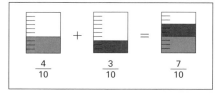

図2

図3

⑤**複数の疑問・困惑等が重なる場合**

第6学年「分数÷分数」の学習の場合，左記のような文章問題（事象）との出合いが，学習のはじまりとなる場合が多い。子ども

ペンキ $\frac{3}{4}$ dL を使ってかべを塗ると，$\frac{2}{5}$ m² ぬれました。このペンキ1dLでは，かべを何m²ぬれますか。

にとってこの場面は，下記のア，イのような多くの問題が存在すると考えられる。

ア．文章問題の構造が分かりにくく，わり算と認識しにくい

文章問題は，算数科以外の要素が混在したり，複雑であったりする現実の事象を簡略化（モデル化）し，算数の学習の舞台にのせ問題構造を把握しやすくするためのものである。また，具体的な場面が理解しやすいように，子どもの経験等が生かされるようにつくられていることが多い。しかし，この問題場面は子どもの経験にはないので，イメージしにくい状況があり，そのこと自体が問題となっている。さらに，整数ではなく分数であり，しかも「等分除」の構造なので，問題場面が把握しにくいという問題も起こっている。

イ．「ひっくり返してかける」ということの説明の難しさ

この学習が始まる前から，「分数のわり算は，わる数である分数をひっくり返してかければよい」ことを知っている子どももいる。そこで，「なぜ，ひっくり返してかければよいのですか？」と問いかけ問題を起こす。

しかし，アで述べたことも含めて，複数の問題が起こるので，「解決したい」という問題意識の醸成は難しくなる。ここでは，「形式不易の考え」や数直線等を活用し文章問題の構造を把握しやすくしたり，「$\frac{3}{4} \times \frac{4}{3} = 1$」等の既習の計算のきまりと結びつけたりしながら，多岐にわたる疑問・困惑等を解決していく必要がある。

このことから，疑問・困惑等が起こると，すべての子どもが問題解決に向かうと安易に考えないで，一つひとつの問題を丁寧に解決することで，問題意識が醸成されていく（指導案⑬参照）。

2 「対話的な学び」を成立させる言語活動の活性化

（1）集団解決の場面における言語活動の活性化についての課題

　自力解決が終わるころに，「それでは話し合いを始めます。鉛筆を置いてこちらを向きましょう」という教師の言葉がけから集団による解決が始まることがある。しかし，子どもたちは，「自分の考えを発表したい」や「友達の考えを知りたい」等の気持ちをもてているのだろうか。また，この時点で，はじめにもった問題意識や「めあて」が継続されていて，「何について話し合いたいのか」がはっきりしているのかも疑問が残るところである。

　算数科の場合，事物・事象や問題との出合いから学習が始まることが多く，そこで醸成された問題意識を子どもがもち続け，自力で解決したり，集団による解決をしたりすることが重要である。このようなことを教師が意識しているかどうかが言語活動の活性化と対話の重要なポイントとなる。

（2）思考力・判断力・表現力の育成と言語活動

表2　対話のための観点

① 図と言葉，式等を組み合わせた「表し方」
② 筋道立てた「発表の仕方」
③ 共感する「聞き方（反応の仕方）」

　算数科では，数・式・図・表・グラフ・言葉等を用いて，思考・判断した過程を根拠を明らかにしながら筋道立てて表現していくことが大切である。そして，活発な話し合いの中で，お互いの考えを練りあげていくことが重要である。また，子どもどうしの対話を成立させるためには，考えたことを相手に伝えていく数学的な表現の仕方を獲得したり，友達の考えをしっかり受け止めたりする態度が不可欠となる。

　ここでは，対話に向けた言語活動の活性化における教師の具体的な役割について①，②，③の3つの観点で話を進めていく（表2）。

①図と言葉，式等を組み合わせた「表し方」について

　子どもたちが問題意識をもち，「話し合いたい」という意欲を喚起しても，自分で考えた過程を表現したり，相手意識をもって筋道立てて説明したりする方法を身につけていないと言語活動は活性化しない。そこで，「表し方」や「発表の仕方」，「聞き方（反応の仕方）」についての指導・支援が必要となる。算数科では，「数学的な表現」を用いて，簡潔・明瞭・的確に自分の思考過程を表すことが大切である。しかし，子どもたちはよく日常で使う言葉で自分の考えを表そうとするので，そこに数学的な表現の仕方（方法）を学んでいく必要がある。例えば，第5学年「図形の面積」における台形の求積では，等積変形や倍積変形，分割，補完等の求積方法について交流していくが，自分の考えを相手に実感をもって伝えるためには，思考過程を分かりやすく表すことが必要となる。そこで，図と言葉，式等を組み合わせた表し方をすることで，筋道立てた説明ができるようになる。また，発表するときは，自分が表した図や式を掲示し，言葉で書いている部分を順序よく伝えていくと解決過程の説明がより分かりやすくなる。そこで，言語活動を活性化し対話を生むための教師の働きかけ

としては、まず、図等で表した子どもに発表させ、「この台形の図は、どのように考えたのでしょう」と問いかける。そして、それを他の子どもに説明させたり、式を読む活動をさせたりすることで、子どもどうしの対話を深めることができる（図4）。

②筋道立てた「発表の仕方」について

（表3）は、子どもたちの対話を深めるため、筋道立てた発表ができるように「発表の仕方のモデル」として低・中・高学年で表したものである。

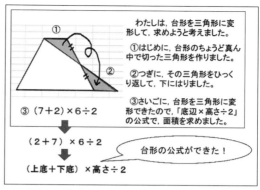

図4　数学的な表現と筋道立てた説明

発表の仕方の例については、学校や子どもの実態によって変わるので、教師は子どもの発言をよく聞き取り、つけ加えたり変更したりしながら子どもと一緒につくっていくことが重要である。このような発表の仕方を第1学年から始め、学年や教師が変わっても継続していき、子ども自身が発表に自信がもてるように学校全体で指導・支援していくことが大切である。

特に、子どもが発表する前に教師が「○○さんが発表するので聞きましょう」と働

表3　言語活動の活性化（発表の仕方の例）

低学年	中学年	高学年
〈話し手〉	〈話し手〉	〈話し手〉
○発表していいですか。	○発表していいですか。	○発表していいですか。
○私は～で考えました。	○私は～（の方法）で考えました。	○私は～（の方法）で考えました。
○はじめに、つぎに…	○はじめに、つぎに…	○はじめに、つぎに…　そして、つまり…
	○～だから…です。	○～だから…です。
		○例えば、もし～だとしたら
○ここまでいいですか。	○ここまでいいですか。	○ここまでいいですか。
	○～さんが言いたかったことは…	○～さんが言いたかったことは…
○さいごに…	○さいごに…	○さいごに…
		○この続きわかりますか。
〈聞き手〉	〈聞き手〉	〈聞き手〉
○はい。	○はい。	○はい。
○同じです。	○同じ考えです。	○同じ考えです。
○…が、わかりません。	○…について、わかりません。	○…の部分について、もう一度説明してください。
○～さんにつけたしで…	○～さんにつけたしで…	○～さんにつけたしで…
	○～さんに質問で…	○～さんに質問で…
○～さんとちがって…	○～さんと違って…	○他の考えがあります。

きかけるより，子ども自らが「発表していいですか」と全体に声をかける方が，より話し合う姿勢ができるようになる。さらに，発表した後や話し合っている途中で，子ども自らが「ここまでいいですか」と全体に問いかけることにより，「○○の部分について，もう一度説明してください」等と，双方向の話し合い（対話）ができるようになる。そこで，教師が「聞いていた人で，その説明ができる人はいますか」と言葉がけし，他の子どもに説明させることで，聞き方が変わったり，考えが全体のものになったりするようになる。

③共感する「聞き方（反応の仕方の例）」について

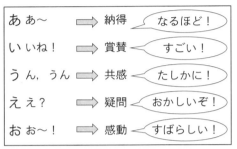

図5 「反応のあいうえお」

子どもたちが自分の解決過程を相手に分かりやすく書き，順序立てて発表できたとしても，聞き手の態度が育っていないと話し合いにおける言語活動は活性化しにくい。アイコンタクトに始まり，「発言している人の方を向いて聞く」という相手意識をもち，疑問を感じたり，共感したり，感動したりという行為（反応）ができるよう支援することが不可欠となる。そうすることで心が通い合い，表現する楽しさや安心して発言できる雰囲気をつくることができる（図5）。

（3）非言語な活動の表出について

図6 言語活動の様相

言語活動における「書く」，「発表する」，「話し合う」等の場面では，言語が文字や文章，音声として表出される。しかし，算数科の場合，事物・事象等との出合いの場面（ものとの対話）や操作活動や念頭操作を含む数学的活動を行っている場面（自分との対話）では，文字や音声として表れてこない非言語な活動も多い（図6）。特に算数科において重要なイメージや発想，感じたこと等，子どもの情意面においても非言語な部分も多い。この非言語な部分（活動）は氷山の下に隠れているようなもので，子どもの表現や子どもどうしの対話にとって，大きく関わる内面的な活動であり，重要なものである。また，非言語な子どもの考えや思い等を表出するのは難しいことではあるが，以下の3つの取り組みで，それを表出できる可能性が考えられる。

①情意面を表出する吹き出し

子どもは感じたことや直観的に考えたこと等を「つぶやき」として表出することがある。「あれっ」，「すごい」等の情意面を「吹き出し」等を使って表出できるように支援し，感じたことから内面的な考えを引き出すこともできる（写真2）。

②「ネームカード」の活用

ネームカード（子どもの名前を書いた磁石付きのカード）を教師が黒板に貼ることにより，子どもの考えを価値づけたり，子どもが黒板に貼るよう働きかけることにより，誰に対しての意見かが明確になったりする。特に，発言ができなかった場合でも，子ども自身が自分と同じ考えのところに貼ることで，自分の意見を表したり，意思決定したりできる。このようにネームカードを活用することにより，子どもの「居場所と出番」をつくることができる（写真2）。

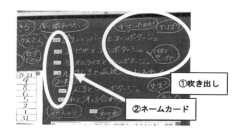

写真2　①「吹き出し」や②「ネームカード」の活用

③「ハンドサイン」の活用

「意見・賛成」や「つけたし」，「別の意見など」等，自分がどの立場で発言するのか意思表示できる。そのことにより，聞き方も変わり，自分の考えを深めることもできる。教師にとっては，子どもの立場が分かるので対話に対する支援がしやすくなる（図7）。

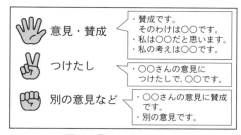

図7　「ハンドサイン」

（4）心のコミュニケーション（対話）の重要性

ここで大切にしたいことは，子どもが「この話し方をしたから，自分の考えが伝わりやすくなった」や「○○さんがうなずきながら聞いてくれて，うれしかった」，「□□さんは，僕の考えに"おぉ～"と声を出して驚いてくれた」等の自信や安心感，喜びを感じることである。そして，「自分たちで話し合いを深めることができた」という達成感や満足感をもち，心が通い合う数学的な表現やコミュニケーションを伴う対話ができるようになっていくことが重要である。

このような「表し方や話し方，聞き方」を低・中・高学年の発達に応じ継続的に指導をすることで，発表に自信がもて筋道立てた表現もできるようになる。

（5）「対話の組織化」のための具体的な指導・支援のあり方

言語活動を活性化させ，子どもどうしの対話を成立させるためには，そこに意図的な教師の働きかけが重要となる。その対話の成立に向けた教師の働きかけを「対話の組織化」と呼ぶことにした。子どもに表し方や話し方，聞き方についての指導を行い，それができるようになっても，言語活動を活性化し，対話を成立させるためには，子どもの成長とともに，それを支える教師の働きかけが重要となる。（表4）は対話の組織化のための教師の働きかけについてまとめたものである。このような対話の組織化には，綿密な計画を立て支援する等，教師の授業力，言い換えれば「豊かで確かな授業力」が必要となる。特に①，②，③については，対話を組織化するための前提条件となる働き

表4 「対話の組織化」のための教師の働きかけ

① 子どもがはじめにもった問題意識を思い起こさせ「何について話し合いたいのか」を明確にする。
② 話し合いの過程でも問題を起こすために，机間指導で個々の考えや解決方法の違いや共通点等を評価する。
③ 「本時の目標を達成するために何を深めるのか」を考え，「どの考え方から発表できるようにするのがよいのか」や「どの考え方と考え方を対比させるのか」等を考え，共通点や相違点等を明らかにし，子どもたちの対話を構成する。
④ 途中までしかできていない子どもの解決においても発表できるように支援し，みんなで話し合い，考えをつくりあげていく。
⑤ 話し合い活動の過程で，新たな問題が生まれるような解決方法を考えた子どもを指名したり，教師があらかじめつくった解決方法（他のクラス，または，過去にあった考えや解決方法）を提示したりし，新たな問題を喚起し，対話を深める。

かけとなる。なお，④については，例えば，途中までしか解決できていない考えを発表できるようにするには，その子どもの「発表したい」という意欲を喚起することが不可欠である。その際，「途中までしかできていなくても発表でき，みんなと一緒に解決ができた」という気持ちがもてるような経験が重要で，協働で解決していこうとするクラスづくりも大切である。

また，学習が遅れがちな子どもや発表が苦手な子どもへの配慮として，低学年であれば，はじめは教師が一緒に発表したり，友達と一緒に発表したりできるような支援をしていく。さらに，ICT等を活用することにより，近しい考えや同じような解決方法をしている子どもどうしで交流できるようにしていくと，安心感がもて対話も深まっていく。

さらに⑤については，例えば，第5学年「図形の角の大きさ」の学習において，四角形の内角の和を導き出すため，「分度器で4つの角をはかって（量る，測る，計る等があるので，以下"はかる"と記す）たす」や「4つの角を切って合わせる」という考えに加え，三角形の内角の和が180°であることをもとに，「四角形に対角線を引くと，三角形が2つできるので180×2で360°」等，多様な考えや解決方法について対話も深まっていく。そのとき，対角線を2本引いた子どもの解決方法（図8）を提示すると，「この考えは間違っていないと思う。でもなぜ720°になるのだろう？」と疑問・困惑等が起こり，新たな対話が生まれる。さらに，凹型四角形（図9）を提示し，「この図形の場合も内角の和は360°になるのかな？」と問いかける。すると，「この形は四角形と言ってよいのか」という疑問・困惑等が起こり，四角形の定義や性質を思い起こし，「この図形の内角の和が360°であれば，四角形と言えるだろう」という演繹的な考えで対話が深まるよう働きかけていく。

図8 対角線が2本の場合

図9 凹型四角形

（6）ペアやグループでの対話を進めるにあたっての留意事項

　「協働的な学習」という言葉は，アクティブ・ラーニングや個別最適な学習にも必ず対になって出てくる言葉である。「子どもの発言が少ない」や「話し合いが活発にならない」という教師の困り感から「ペアやグループで話し合いましょう」と働きかけているとしたら，ペアやグループによる話し合いの効果は薄れてしまう。

　また，子どもたちが対話に対する目的意識をはじめ，「自分なりの考え」や「人に伝えたいこと」がない状態で，安易なペアやグループでの話し合いにならないように気をつけたいものである。

①学力差がある子どもどうしのペアやグループにおける話し合い

　確かにペアやグループで話し合うと人数が少ないので，全体交流に比べて話しやすいことは効果としては考えられる。ただ，学力差がある子どもどうしのペアやグループにおける交流において，学力が高い子どもが，学習が十分理解できていない子どもに説明する場合，自分が理解しているだけでなく相手に分かりやすく説明することが必要になる。それは，より具体的に，筋道立てて説明しなければならないので，その子どもの理解はより深まると考えられる。一方，学習が十分理解できていない子どもに目を向けると，「○○さんの説明で分かった」と学習が深まる場合もあるが，自分で考える機会が少なくなったり，教えてもらうことを待ったりする可能性も生まれ，主体的な学習にならない場合もある。

　そこで教師は，「なぜ，ペアでの対話がよいのか？」や「なぜ，グループでの対話がよいのか？」を一度深く考えてみる必要があると考える。

②特別活動の人間関係づくりの視点から考える

　特別活動の目標から考えると，子どもどうしがよりよく分かり合い人間関係を深めていくことが大切となる。そのためには，生活班での対話は重要な意味をもつ。特に学期のはじめ等は，教師の工夫として，子どもたちの合意形成を重視しながらも，今まで同じクラスになったことがない子どもどうしでペアや班編成をすることも考えられる。そのような場合は「教える教えられる関係」ではなく，人間関係を深めるペアやグループとなる。

　このような意図でつくった座席で，学びを深めていく関係をつくるのは難しい場合もある。そこで，学習や活動の目的に応じた対応が必要となる。

③総合的な学習の時間における探究学習から考える

　総合的な学習の時間における「環境問題」に対する探究学習では，子どもたちにとって身近な環境，地域にある川やごみ，大気の汚染等を調べていくことがある。

　例えば川を調べていくときに，子どもたちは各教科等で学んだことを生かし，生活排水，水質，生き物，この川はどこから流れてきてどこにつながるのか（地理的なこと），川の歴史等について調べていこうとする。そのような関心をもとに，「川について調べるグループ」をつくっていく。

　そのとき教師に，コーディネーター的な役割を果たし，個々の子どもの調べたいことやその方法等を明確にし役割分担できるよう支援していく必要がある。

第4章　「主体的・対話的で深い学び」を実現する情意面を重視した問題解決的な学習　　33

このようなグループは，子どもたちが調べたい内容ごとに編成され，自分の役割を責任もって追究していくことになる。そうすることにより，調べる方法やどこまで調べたか等に違い（差異）があっても，調べる内容が違うので，グループでの話し合いでは，その調べた子どもの意見を真剣に聞かなければ，探究活動は広がったり深まったりしない。そのとき子どもたちは，それぞれの考えや意見をもち，対等な立場で対話を深めていくことができる。

④算数科で育みたい資質・能力を広めたり深めたりする視点から考える

　このような特別活動や総合的な学習の時間の事例を算数科に生かすことが様々考えられる。例えば，第5学年「体積」の学習の導入であれば，既習事項を最大限に生かしながら，かさ（体積）を求める学習の導入を図る。

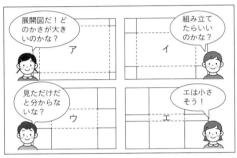

図10　体積の導入教材

　ここでは，上の面がない直方体の展開図（図10）を提示し，「どの直方体のかさが大きいでしょうか？」と問いかける。子どもたちは，「見ただけでは分からない」ことから「切り取って比べてみたい」という問題意識をもつようになる。実際は展開図を切り取っても，組み立てても，「エのかさは他より小さい」という予想はつくがア，イ，ウの大きさの順位は分かりにくい（展開図の数値を問題が起こるように工夫している）。そこで，子どもたちは既習の学習を生かし，「砂を入れて重さをはかる」や「水を入れてかさをはかる」（この用紙は上質紙135Kを使用し，水を入れても測定できる），「$1cm^3$の積み木を入れて数える」等を考えていく。ここでは，「実験別のグループ」をつくり，正確にはかれるように砂を入れた後ならしたり，はかりのめもりを目の位置で読み取ったり等の役割分担をしながら協働で解決に向かっていく。

　このように，役割を分担しながら協働で解決していくことは，子どもたちの対等な関係を生み，対話を深めていくことができる。さらに，「同じような考え方や解決方法をした子どもどうしのグループ」や「全体交流の前に習熟度別や理解のレベルが同じような子どもどうしのグループ」を編成し話し合う工夫も考えられる。

　ここでは，算数科の特性や学習の目標に応じたペアやグループを編成し，子どもたち個々のよさや可能性を生かし，互いに高め合っていくことができる対話の組織化をめざしたいものである。このような対話を促進するために，子どもの内面に働きかけ，人と人との相互作用を促進させるファシリテーターとしての役割について，堀公俊は，著書『ファシリテーション入門』（第2版　2018）において，「場をつくり，つなげる」，「受け止め，引き出す」，「かみ合わせ，整理する」，「まとめて，分かち合う」との示唆を与えている。教師は子どもどうしの対話が成立するように，低学年から話し合いの仕方を支援し，学年が上がるにつれて，子どもがファシリテーター的な役割ができるように育てていくことが重要となる。

3 「深い学び」を成立させる振り返りの充実

（1）深い学びと振り返りとの関係

　深い学びは，言うまでもなく「情意面を重視した問題解決的な学習」の過程で育まれていくものであり，当然「振り返り」の場面だけで培われるものではない。

　「振り返り」については，はじめにもった「問題」に立ち戻り，解決後の達成感と比べたり，学習のめあてをもとに学習の過程で考えた解決方法等を考察・吟味したりすることが重要である。そして，問題解決の過程での学びをさらに深めたり，次の問題解決に発展させていくことができる。

（2）振り返りにおける課題

　学習の振り返りの場面で，「まとめ」として，教師が重要なところをまとめて「ノートに書きなさい」と発言しているところをよく見る。

　ここで気になることは，子どもではなく教師がまとめをしていることである。なぜ，「まとめ」ではなく「振り返り」なのかを考えると，子ども自身が問題解決した過程を振り返ることが大切だからである。そこには，当然授業の重要な内容をまとめる意識も働くが，解決した達成感や新たな問題意識，自分自身が考え

表5　振り返りための働きかけのポイント

① 認知面だけでなく，情意面も振り返れるようにする。
② 子どもが振り返りたい観点を決めたり選んだりできる。
③ 振り返りを効率よく交流でき，子どもたちの相互評価を活性化する。
④ 振り返ったことを学習の過程や次の問題解決に生かす。
・子どもが自分自身の問題解決を振り返り軌道修正する1時点の振り返り
・2時点の振り返りで，子どもが自分の変容や成長を感じるようにする。
⑤ 簡単に短い時間で振り返りができるようにする。
⑥ 子どもの振り返りを教師の評価と指導に生かす。

たことへの充実感や友達の考えのよさ等に感じることも含まれる。

　また，子どもたちにとって問題解決が終末に向かう場面で，教師から「さあ今日の学習を振り返りましょう」と言われても，振り返りへの意欲は高まらないだろう。さらに，自分の解決を振り返る過程では，「友達の振り返りも知りたい」という思いもあるので，振り返りを交流することも重要である。その場合，時間が超過することも多くなる。そこで，振り返りは「書く量が少なく，効率よく短時間で行う工夫」が重要となる（表5）。

①認知面だけでなく，情意面も振り返れるようにする

　子どもたちは，はじめに感じた疑問・困惑等が解決できた理由や学習の「めあて」が達成できた解決方法等を振り返る。ここでは，苦労したことや自分や友達の考えや解決方法でよかったところ等，認知面とともに情意面を振り返るように支援したい。

②子どもが振り返りたい観点を決めたり選んだりできる

　振り返りは自由記述で行う場合もあるが，教師と子どもとの話し合いで，子ども自身が（表6）のような振り返りの観点がもてるようにすることも大切である。

　アについては，はじめに感じた疑問・困惑等が解決できた理由やこの学習の「めあ

第4章　「主体的・対話的で深い学び」を実現する情意面を重視した問題解決的な学習　35

表6 振り返りの観点

ア．自(じ)：自分の考えで，苦労したことやよかったこと
イ．友(と)：友達の考えで，よかったことや説明の仕方でよかったこと
ウ．次(つ)：次に学習したいこと

て」が達成できたことや解決方法等について，苦労したことや自分の考えや解決方法でよかったことや感じたことなどを振り返って書くよう支援していく。

イについては，自分の考えや解決方法と友達の考えや解決方法を比べて，よいと感じたことや自分に取り入れたいこと等，さらに発表の仕方を含め友達のよいところなども書けるように働きかけていく。

ウについては，新たな問題に気づいたことや図や数直線等，次の学習で使いたい考えや解決方法，「三角形で調べたけれど，次は四角形で調べたい」等，自分や友達が見いだした考えを拡張して活用しようとすることも書けるように支援していく。さらに，もう一度復習したいことや新たな問題を見つけたときには，そのことも書けるように働きかけていくことが大切である。

また，必ず3つの観点で書かなければならないのではなく，その学習で一番印象に残ったことを書くと時間も短縮でき，子どもたちも抵抗なく書けるようになる。

③振り返りを効率よく交流でき，子どもたちの相互評価を活性化する

働きかけの一つとして，それぞれの観点で子どもが振り返ったことを，紹介したり提示したりし，子どもたちに「どのような表現が分かりやすかったのか」を吟味する場を設定することも重要である。

そうすることにより，「自分が表したかったことは，こんな書き方をすればよかったのか」や「図や矢印，数直線を入れると分かりやすい」というような読み手の視点で友達の書いたものを見られるようになる。

このような書き方のモデルを知らせていくことも大切な支援となる。この場合，ICTを活用して，振り返りの途中でも友達の振り返りをお互い交流できるように支援することも必要となる。

④振り返ったことを学習の過程や次の問題解決に生かす

ア．子どもが自分自身の問題解決を振り返り軌道修正する1時点の振り返り

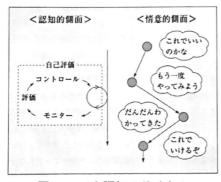

図11 メタ認知のサイクル

「1時点の振り返り」という言葉が適切かどうかは判断に迷うところであるが，「問題解決の過程で，その都度自分の解決を評価して，軌道修正していく」という子どもの活動を「1時点の振り返り」と考える。(図11)は，子どもがメタ認知していくときのサイクルを表したもので，認知を深めるためのものであるが，そのときの子どもの情意面の変化について研究した経験があるので，そのことについて述べていく。

そして，（図11）で表していることを実際の授業で，子どもがノートに表出した内容が（図12）である。これは，第4学年「四角形の特徴を調べる」の学習過程のワークシートの記述である。左に主に考えた過程を含む認知面を，右には感じたことを中心とする情意面を書いている。

　ここでは，自分の解決過程で立ち止まり，自分の解決に疑いをかけ，確かめようとする活動の様子が表れている。このようなメタ認知的な活動をもとに1時点の評価をすることにより，自分の解決活動をモニターし，コントロールできるようになり，問題解決的な学習を進めていくことができる。

　このように考えると，例えば，「分数の計算」においても，「この計算は前にしたとき，はじめに約分しなかったため，あとで苦労したから先に約分しておこう」等と自分の解決過程を自己評価し軌道修正していくようになる。

イ．子どもが自分の成長を感じるようにする2時点の振り返り

　1時間の授業でも，授業の終末にその時点のことを振り返るだけでなく，はじめにもった問題やめあてに戻って振り返ることが大切である。ここでは，その問題が解決できた考えや解決方法等を板書をもとに経過を追って振り返り，自分の考えと友達の考えを比べたり，最初の疑問・困惑等の気持ちと最後の達成感や成就感を比べたりすることが重要である。

　そのことにより，自分の変容や成長を感じることができるようになる。さらに単元の終末にその単元のはじめの振り返りと比較することにより，2時点での振り返りになると考える。

　前述した1時点の振り返りについても，（図12）のワークシート等をファイリングしていくと，ポートフォリオ的な役割を果たすようになる。

　普段はノートに記述していくので，常に前の学習の場面に戻って振り返ったり，ある時点の振り返りとある時点の振り返りを見比べたりすることにより，2時点の振り返りになる。また，既習の考えや解決方法が使えたときに感じたこと等も吹き出しで簡単に書くことにより，自分の学習してきた成果や課題も振り返ることもできる。このことにより，自分の変容を感じたり，ひいては自分の成長を感じたりできるようになる。

図12　メタ認知における認知面と情意面

⑤簡単に短い時間で振り返りができるようにする

　問題解決的な学習の終末に子どもに振り返りの時間を確保するが，書くのに時間がかかる子どももいる。また，「自由に書いていいよ」と言葉がけされると，ある子どもは「書きやすい」と感じるかもしれないが，書くことが苦手な子どもにとっては，何を書いてよいのかが分かりにくいこともある。

　そこで，子どもの授業中の発言やノートの記述，振り返りで表現したこと（書いた言葉等）を活用して，新たな振り返りをつくることも考えられる。

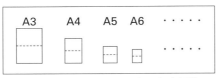

図13　コピー用紙（自己相似形）

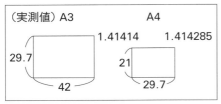

図14　A3とA3を半分に折ったA4

　例えば，第6学年「比」の発展的な学習として，「コピー用紙の秘密」を探究する場を設定する。ここでは，「A3のコピー用紙を半分に折ると，また半分に折ると…」という一連の操作活動から「折っても折っても同じ形の長方形になるのはなぜか？」（図13）という疑問・困惑等をもつ。そこで，子どもたちは簡単な比にして考えようとする。しかし，A3のコピー用紙は，実際の長さが「縦29.7cm，横42cm」（図14）なので，「これ以上簡単な比にならない」ことから，「横の長さ÷縦の長さが同じになるのでは」と見通しをたて調べていく。この場合電卓を使うよう支援するが，どの結果も約1.4倍になる。この学習は「比の値」に関連する学習となるが，（図15）のような振り返りカードをつくり支援していく。

　ここでは，前年度の実践における（2）の①，②，③の3つの観点で子どもが書いた振り返りの内容を活用して，（1）の選択肢をつくっている。

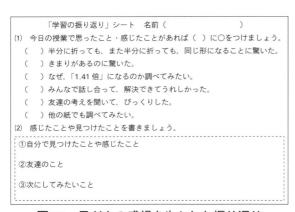

図15　子どもの感想を生かした振り返り

　また，算数専科や少人数等で複数のクラスを指導している場合は，はじめに授業をしたクラスは自由記述で，その後，授業をするクラスはその記述を活用した（図15）のような振り返りをつくることもできる。

　このように，振り返りのすべてを文章で書くのではなく，同じ学習を経験した子どもの言葉で表し，自分が考えたことや感じたことに「〇」をつけて表現できるようにすることにより，短い時間で振り返りができるようになる。

⑥子どもの振り返りを教師の評価と指導に生かす

　子どもの自己評価について述べてきたが，それらは子ども自らが「主体的・対話的で深い学び」ができるようにするためである。一方，子どもの評価（振り返り）を教師の評価として活用することも重要である。それは，振り返りの内容から，深い学びに至っているのかが把握できるからである。そのような意味で，子どもの振り返りを評価の3観点で読み取る必要がある。

　子どもの振り返りには，新たに分かったり，できるようになったりしたこと等「知識・技能」に関する記述や解決過程における考えや解決方法等「思考・判断・表現」に関する記述，「数学的な表現や言語活動のよさ」や「数学的な見方・考え方のよさ」，「問題解決のよさ」等，「主体的に学習に取り組む態度」に関する記述が現れる。

　その評価の蓄積が教師にとっては，診断的評価や総括的評価となる場合もあるが，その評価を次の指導に生かす形成的評価が重要である。

　ここでは，次の授業をどう構成していくのかを教師の評価として生かすことで，子どもの資質・能力の育成につながり，教師の「豊かで確かな授業」の成立に向けての重要な視点となる。

　振り返りについては，友達から認められたり，教師から賞賛されたりすることにより，子どもたちは意欲的になっていく。そして，次にしたいことの記述を生かし，次の学習を進めていくこともできる。

　また，教師は振り返りのモデルを提示したり，自分の考えや感じたことを表現できている子どもの記述を紹介したりしながら，振り返りの記述の仕方等を指導していく。ここで一番気をつけたいことは，教師が気に入る振り返りを書く子どもも出てくることである（特に研究発表等で使われている子どもの振り返りの記述において，子どもがよく育っている状況の記述を選んで成果を示しているものも多いので気をつけたい）。

　そのような状況が見えた場合，「今日の授業で分かりにくかったこと」や「○○さんの考えをもう一度聞きたい」等，子どもが本音で感じたことを書けるよう支援していくことも教師の役割となる。

　このことが，教師の真の授業評価にもつながっていく。

　最後に，振り返りの工夫をしていけば，それに要する時間もかかることは事実である。そこで，2校時1時間（問題解決的な学習を「導入から自力解決まで」と「集団解決から振り返りまで」として，2時間で行う）で行うことも工夫の一つになる。

　例えば，「導入から自力解決まで」を第1時で行い，第2時（次の日でもよい）に「集団による解決から振り返りまで」の学習を行えば，振り返りの時間が確保でき，次の時間の問題意識につなぐこともできる。特に教師にとっては，第1時での子どもたちの自力解決の結果を評価することもできるので，その評価結果を生かし第2時の集団解決での子どもたちの話し合いの構成もでき，対話の組織化も容易になる（指導案1，5参照）。

第5章 授業をカリキュラムレベルで考える

> 「授業をカリキュラムレベルで考える」とは，「指導内容」や「子どもの発達や実態」，「指導方法や指導形態」等について，授業を本時レベルで考えるだけではなく，単元レベル，単元間レベル（例えば，図形であれば，単元どうしのつながりから，第1学年から第6学年までの系統性）や他教科等との関連を考えて実践することである。さらに，中学校の内容や指導との関連を視野に入れて考え，「主体的・対話的で深い学び」が成立する授業を考えることである。

1 「授業をカリキュラムレベルで考える」とは？

（1）カリキュラムと授業

　カリキュラムといえば，学校現場では教育課程とも呼ばれ，各分掌（教科等，生徒指導や学級経営等について計画を作成し実施する組織）から出された年間計画を校長が確認し，教育委員会に提出してきた。そのとき，校長が確認することは，それぞれの指導計画が「学習指導要領を逸脱していないか」や「子どもの実態に応じているか」，「学校の課題・特色も含めて適切であるか」等を確認・吟味・点検してきた。

　ここでは，すべての教科等，生徒指導や学級経営等に関わる年間計画が提出されるので，校長は，全体の内容を把握し，それぞれの学習や活動の関連が図られているかを吟味し，その都度分掌の主任等の教師と話し合いながら教育課程を編成していくことが重要である。

　「校長は，公務をつかさどり……」とあることから，校長の職務の中には教育課程の編成・実施と管理等がある。しかし，実際校長が一人で教育課程の編成・実施を行うことは不可能で，権限の責任の所在を意味するものである。

　言い換えれば，カリキュラム（教育課程）は校長が責任者となり，全教職員の主体的な協働のもと編成・実施が行われていくものである。

　そこで，教職員のカリキュラムマネージメントが重要となってくる。

（2）カリキュラムマネージメントの重要性

　現在の教育のキーワードになっている「カリキュラムマネージメント」について，学習指導要領総則では，（表1）のように示されている。

表1　カリキュラムマネージメント

1. 児童や学校，地域の実態を適切に把握し，教育の目的や目標の実現に必要な教育の内容等を教科横断的な視点で組み立てていくこと
2. 教育課程の実施状況を評価して，その改善を図っていくこと
3. 教育課程の実施に必要な人的又は物的な体制を確保するとともにその改善を図っていくこと
4. 教育課程に基づき組織的かつ計画的に各学校の教育活動の質の向上を図っていくこと

　「カリキュラムマネージメント」は，全教職員に加え，保護者や地域の人々の協働や意見の反映も含めて，カリキュラムを編成・実施し，その過程も含めて学習や活動を評価し，よりよい学習や活動へと再編成していく（R-PD-CA）ことが重要である。さ

らに,「資質・能力の育成」という視点から考えたとき,各教科等がそれぞれの独自性を保ちながら横断的な学習等を創造・実施していかなければならない。これらのことを校長の仕事と捉えず,実際教育課程の編成・実施を行っている教職員が自分事として,カリキュラムをマネージメントすることが求められている。

そのために,一人ひとりの教職員が各教科等の内容や指導をはじめ,それらを支える設備や人,予算等についても協働で考え,計画や実施をカリキュラムレベルで考えることが重要となる。

2 算数科のカリキュラムについて

カリキュラムの編成の重要な視点として,スコープ（scope）とシークエンス（sequence）がある。一般的にスコープとは,領域や範囲等を表すもので,カリキュラムを編成していく場合,どのような領域や範囲で捉え構想していくかが大切になる。また,シークエンスとは,系列,系統等のことで,それは特に,子どもの興味・関心をはじめ発達等と強く関係している。

算数科では,「数と計算」,「図形」,「測定」,「変化と関係」,「データの活用」の5つの領域が設定され,それぞれの系統性が重視されている。

特に今回の学習指導要領（平成29年告示）の改訂では,中学校以降のカリキュラムとの関係もあり,領域名が変更されたり,領域の範疇が変わったりしている。そこで,主に系統性についてを「縦の関係」とし,領域間の関係や教科間等の関係を「横の関係」と考え,系統性や単元間,領域間の関連について,カリキュラムレベルで考えていくことにする。

（1）縦につながる内容の関連の明確化

例えば,「分数」は,第2学年から第6学年にわたって指導される。分数の指導としては,「量としての分数」から「数としての分数」に抽象化していく過程で,「分割分数」,「単位分数」,「割合分数」,「商としての分数」等を学習していく。しかし,その関連を明確にした系統的な指導には至っていないと考える。

特に第6学年「分数÷分数」は,子どもにとって難しく,分数の面白さやよさ等が感じられる学習になっていない状況もある。そこで,縦につながる内容の連続性や一貫した指導方法を考える必要がある。

さらに図形領域で考えると,図形の単元構成については,「①定義を知り,その定義をもって弁別（以下,仲間分けと記す）する」,「②仲間分けした学習の対象となる図形の性質や特徴等を調べる」,「③学習した定義や見つけた性質・特徴等を活用し作図する」,「④図形を敷き詰めて模様等をつくる」という学習過程が根底にある。

例えば,3年「三角形（二等辺三角形と正三角形）」で考えると,①いろいろな形の三角形を提示し,3つの色のストローを用い,3色とも違う一般三角形や同じ色が2本の二等辺三角形,同じ色が3本の正三角形を構成し,三角形の仲間分けをしていく。このとき,「2つの辺の長さが等しい」や「3つの辺の長さが等しい」という定義を子ども自らが見つけ仲間分けしていくことが重要である。

第5章 授業をカリキュラムレベルで考える 41

次に，②いろいろな大きさや形の二等辺三角形と正三角形を提示し，その性質「二等辺三角形は，同じ大きさの角が2つある」，「正三角形は，同じ大きさの角が3つある」や特徴「二等辺三角形は，2つにぴったり重ねて折ると直角三角形や直角二等辺三角形が2つできる」，「正三角形は，2つにぴったり重ねて折ると直角三角形が2つできる」，「正三角形は，どの頂点から半分に折っても直角三角形ができる」等の図形と図形との関係を見つけることもできる。

そして，③見つけた定義やきまりを活用して作図の仕方を考え，コンパスを使う等工夫して作図していく。

さらに，④身の回りの二等辺三角形や正三角形でつくられた模様を探したり，敷き詰めて模様をつくったりしていく。ここでは，敷き詰めることにより，新たに見えてくる性質や図形の美しさを感じることをめざして単元が構成されている。

それは，第4学年以上の図形の学習においても，根底にこのような一連の学習の流れがカリキュラムの背景にあると考えることができる。

また，第1学年から第6学年の平面図形の学習に目を向けると，三角形や四角形，円等の基本図形（その後，平行四辺形や台形等が加えられる）について，頂点や辺，角の数から辺の長さ，角度，さらに位置関係（垂直・平行），合同，線対称・点対称，拡大・縮小等の視点で考察しながら，それぞれの図形に対する概念を深めようとするカリキュラムが背景にあると考えられる。

このように本時や単元レベルの教材研究を行っていくと，見えにくい内容が，カリキュラムレベルで考えるとよく見えてくるものもある。

（2）横につながる内容の関連の明確化

同じ領域内の系統性や単元間の関連を考えた指導については上述したが，領域が違う内容については，その関連を考えた指導には至らないこともあると考える。

分数の指導においては，同じ「数と計算」領域の小数との関連を図っていくが，領域間の関係まで考えながら指導していくことは少ないかもしれない。

例えば，「割合分数」（数と計算）と「割合」（変化と関係）との関係や，「2：3の比の値が$\frac{2}{3}$」のように，「比の値で表される分数」（変化と関係）と「$2÷3＝\frac{2}{3}$」のようにわり算の「商としての分数（商分数）」（数と計算）との関係がある。また，3回シュートして2回入った状況（確率的な状況）を分数$\frac{2}{3}$（データの活用）と表すこともできる。

このように，領域を中心とした縦の系列の関係だけではなく，横のつながりである領域間の関係も分数の指導を深めていくためには重要となる。

ここでは，情意面を重視した問題解決的な学習を進めるために，各領域の系統性（縦の関係）を考えたり，単元や領域間の関連（横の関係）を統合的に捉えたりしながら，多様な考えを生み出す発展的な学習へとつなげていくことが重要である。そのためには，授業をカリキュラムレベルで考える「豊かで確かな授業力」が不可欠となる。

3 他教科等との関連を図ったカリキュラムについて

（1）理科との横断的な学習

　高等学校では，「理数」という教科があるように，他教科との関連で，算数科と密接に関連している教科として，理科が考えられる。

①第3学年「重さ」

　算数科の第3学年で行われる「重さ」の学習と理科の「物と重さ」の学習は密接な関係がある。算数科では，直接比較，間接比較，任意単位による比較，普遍単位による比較の4段階の学習過程がある。その過程を経て「重さ」という量についての感覚や量を数に置きかえることのよさを感得していく。特に「重さ」という量については，その特性を知り概念を形成していくことが重要である。

　現行のカリキュラム（教科書等）では，算数の「重さ」の学習の後に，理科の「物と重さ」の学習が配列されている。そこで試案であるが，はじめに理科で簡単な天秤の仕組みを学び天秤づくりを行い，「物質の形が変わっても重さは変わらない」や「大きさ（体積）が同じでも物質の種類によって重さは変わる」等のことを実験を中心に学んでいく。その後算数科で，その天秤を使って数値化していき，「重さは，たしたりひいたりできる」ことや「2倍，3倍…」，「$\frac{1}{2}$，$\frac{1}{3}$…」にできること，さらに単位の換算等，数で処理していくことを学んでいく。そうすることで，理科との関連が図られ，重さの概念がより深まっていくと考える。

②第5学年「平均」

　理科の「振り子の運動」の学習では，振り子のふり幅とその時間について実験を中心に考えていく。その際，実験を複数回行い，その結果を処理するときには，算数の「平均」の学習を想起し，平均の意味や平均の取り方等を考えることにより，平均の意味や活用の仕方も学び直すことができる。

③第6学年「比例と反比例」

　算数科「反比例」の学習は理科の「てこの規則性」の学習との関係が深い。理科では，てこの規則性を発見するために観察・実験を行い，「力を加える位置や力の大きさと，てこを傾ける働きとの関係」に着目して学習していく。

　そこから，てこがつり合っている場合は，「左側の（力点にかかるおもりの重さ）×（支点から力点の距離）＝右側の（力点にかかるおもりの重さ）×（支点から力点の距離）」の関係が理解できるようになる。

　このことから，「てこを傾ける働きの大きさが，（力点にかかるおもりの重さ）×（支点から力点までの距離）で決まり，両側のてこを傾ける働きの大きさが等しいときにつり合う」という規則性を捉えることができる。

　そこで，算数の「反比例」の学習と関連づけ，その「変われば変わるもの」の変化を捉え，その規則性を見いだし，量を数に置き換え式やグラフに表すことにより，「距離」や「重さ」がどのように設定されても求めることができるというよさに気づくことができる（指導案⑭参照）。

第5章　授業をカリキュラムレベルで考える　43

このように，算数科と理科の関連を考えた横断的な学習を行うことにより，それぞれの目標や内容が深まっていくことが期待できる。なお学習指導要領解説理科編には，第3学年「物と重さ」，第5学年「振り子の運動」，第6学年「てこの規則性」について算数科との関連を図ることが明記されている。

（2）生活科や総合的な学習の時間との横断的な学習

①算数科第1・2学年「表とグラフ」と生活科第1・2学年「お手伝い」

生活科では，第1学年「お手伝い」という単元があり，家庭生活は家族が互いに助け合っていることを理解し，自分の役割を積極的に果たしていこうとすることが主なねらいとなる。

算数科では，第1学年でつくった「絵グラフ」をもとに，第2学年での「表や○グラフ」の学習に発展させていく。また，生活科では第2学年で，第1学年で行った「子どもの興味・関心からのお手伝い」について振り返る。

ここでは，「家族がしてほしいお手伝いは少し違う？」ことに気づき，お手伝いの学習を，24か月で考える生活科の趣旨から，第2学年でも継続的に行うことにする。そこで，アンケート等で家族の要望を聞き取り，それを表や○グラフに表す。そして，第1学年でつくったお手伝いに関する絵グラフを第2学年で○グラフにつくり変え，2つの表やグラフを見比べ比較・考察していく。そうすることで，調べたことが分かりやすくなることや自分が希望するお手伝いと家庭が必要とするお手伝いの違いに気づき，家族の一員として，お手伝いに取り組む態度も養われる（指導案④参照）。

②算数科と総合的な学習の時間における環境学習

環境学習を進めていく過程で，様々なグラフを扱う場合，環境学習のための手段としてグラフを位置づけるのではなく，探究的な学習を進める中で，算数科で学んだことが発展できるようにすることが大切である。そのためには，具体的な数値（非常に小さい数値や大きい数値，大きく散らばりがある数値等）を扱いグラフをつくったり，今必要なのはどのグラフなのかを吟味したりする等の学習を行うことが大切である。そこから，「どのように傾向を読み取ればよいのか」や「読み取った内容からどんなことが分かったか」等の統計的な問題解決を進めていくことができる。このように，横断的な学習をすることにより，双方の学習が深い学びにつながっていく。

一般的に横断的な学習を行う際，「新たな単元をつくるのが大変」や「学習や活動が大掛かりになり時間がかかる」というイメージがある。しかし，カリキュラムをよく見ると，教科等の学習内容の重なりがあることが見え，同じような学習や活動を個別に実施するより，それぞれの関連を考えることにより，時間の効率化も図れ，高い効果を得られることになる。

4　中学校との関連を図ったカリキュラムについて

カリキュラムレベルで考えるということから，学年ごとの単元間のつながりを重視することは上述したが，小学校6年間での算数科の学びが中学校の数学の学習とどうつながっていくのかを考えることも大変重要である。

小学校では，第4学年から始まる「変わり方」の学習と，第5学年「比例」や第6学年「比例と反比例」との関連はある一定図られている。

しかし，中学校における関数の内容を理解し，どのようにつながり発展していくのか等を考えた小学校の指導には至っていないように感じる。

また，中学校の数学の学習でも小学校とよく似た教材があり，小学校と重複した指導をしている場合もある。そこで，小学校の教師が中学校の内容を，中学校の教師も小学校の内容を理解することで，「どこがつながっていて，どこを深めればよいのか」等が明白になり双方の指導が深まっていく。

このように，小学校での学習を連続・発展させることにより，子どもたちの興味・関心を持続させながら中学校の学習を深めることができる。

その際，小学校と中学校の往還が重要で，それぞれ子どもや教師が用いたデータや教材等をICTを活用する等，交流することが重要になる。

5 指導方法をカリキュラムレベルで考える

指導内容について縦と横の関係で述べてきたが，カリキュラムの編成には，子どもの実態や発達，学校の研究や実践を具現化している教師の考え等が，指導計画や指導方法の深まりに大きな影響を与えている。いわゆる「見えるカリキュラム」に対して「見えにくいカリキュラム（ヒドゥン・カリキュラム）」も存在するので，そのことも考慮しながら考える必要がある。

カリキュラムにおいて，指導内容については学習指導要領等で表されているが，見えにくい部分の一つとして指導方法があると考える。この指導方法については，小学校と中学校で違っている場合があると感じるが，特に授業の進め方や発表や交流の仕方等については，小中の連続には至っていないと考える。

そこで小中間での研修を深め，小学生と中学生との発達の違いや入試等を控えた中学校の状況も含めて，問題解決的な学習を進めていく中での問題点を克服し，お互いのよいところを共有することが重要となる。

また，中学校の数学の教師が小学校で教えることは始まっているが，小学校の教師が中学校で授業を行うことも指導方法の共有のためには必要である。

そして，一番大切にしたいことは，中学生が小学校の授業に参加し，小学生に教えたり，一緒に考えたりしていくことである。

そうすることで，教えてもらう小学生だけでなく中学生にとっても，学んだことを小学生に分かりやすく説明するために，また，小学生から質問等をされると十分答えられないことも起こるので，学び直しのよい機会になる。

このことが，お互いにとって有意義な学習となり，さらに，子どもたちの人間関係も深まり，小学生の中学校に対するあこがれの気持ちも高まっていく。

このように教職員の交流だけでなく，小学生と中学生が行き来することにより，算数科と数学科との9年間のカリキュラムがつくられていくと考えている。

第5章 授業をカリキュラムレベルで考える　45

第2部
五領域における内容と留意点
（中学校の内容との関連）

「数と計算」領域

1 「数と計算」領域について

「数と計算」領域において，「数」の内容としては，整数から小数，分数と，学年が進むにつれて数の範囲を徐々に拡張していく。その中で，単に数の読み方だけでなく，表し方の仕組みや大小，系列等，数をいろいろな見方・考え方で捉えることで，理解が図られていく。このような学習を通して，数についての知識，技能だけでなく，数への関心を高めたり，数学的な見方・考え方をよりよく働かせたりしていく。

一方「計算」の内容としては，第1学年から整数の加法・減法を，第2学年では整数の乗法，第3学年で整数の除法の学習を始める。計算の理解を図るうえでは，定着を図ることが重要だが，「計算の意味を理解する」，「計算の仕方を考える」といったことも数学的な見方・考え方を働かせる重要な学習となる。

計算の意味の理解とは，問題場面から「何算の問題なのか」等，演算決定を正しく判断できることである。例えば，乗法九九を正しく覚えていても，問題場面からかけ算だと判断できなければ活用できないのである。

また，計算の仕方を考える際には，例えば，第4学年で学習する「0.4×3」の計算の場合，「0.4 は 0.1×4，$0.1 \times (4 \times 3)$」で考えたり，「0.4 を 10 倍して 4×3 をした後 10 でわる」と考えたりし，「整数×整数」に帰着して考えることが大切である。

このように，「数」と「計算」は切り離すことはできないもので，計算の意味を理解したり，計算の仕方を考えたりすることで，数の理解を深めていくことになる。

さらに，「数についての感覚を豊かにする」ことも大切である。例えば，「8」という数を「3と5を合わせた数」とか「2と4をかけた数」等，1つの数を多面的にみたり，また，「36×25」といった計算を「$9 \times 4 \times 25$」とみて「$9 \times 100 = 900$」と工夫して計算したりすることも数についての豊かな感覚といえる。

2 「数と計算」領域ならではの重要な内容と系統的な指導のあり方

（1）この領域ならではの重要な内容
①数の多面的な見方・考え方

第1学年では1つの数を2つの数の和や差で表す学習がある。例えば，「8は3と5を合わせた数」や「12 は 15 から 3 小さい数」等の見方・考え方は，数の合成・分解や繰り上がりのある加法，繰り下がりのある減法の計算の仕方につながっていく。

また，第2学年では，「1つの数を2つの積で表す」学習を行う。例えば「12を2×6や3×4」とみることである。このような見方・考え方は，学年が進む中でもいろいろな場面で活用される。例えば「25×12」の計算では「12 を 2×6 とみて，$25 \times 2 \times 6$ とする」ことで「$50 \times 6 = 300$」と簡単に計算ができる。あるいは，第5学年「整数の性質」で 12 の約数を求める際，「1×12」，「2×6」等2つの数の積で考えること

で「1，2，3，4，5，12」が約数であることが分かる。このように，数を固定的にみるのではなく多面的にみることは，数についての感覚を豊かにしていくことにつながっていく。

②数の相対的な大きさ

「数を相対的な大きさで捉える」ことは，重要な学習内容の一つである。数の相対的な大きさとは，例えば「3000という数は，100が30個集まった数であり，また10が300個集まった数」というように，「単位とした数のいくつ分」という表し方をすることである。これは第2学年の「1000までの数」から学年が進むと数の範囲が拡張していくが，その学習の過程で数の相対的な大きさを学んでいく。そして第4学年では，相対的な大きさを小数まで広げ，例えば「1.3は0.1を13個集めた数であり，0.01を130個集めた数である」と捉えていけるようにする。

このことは，後述する「除法で成り立つ性質」や「単位の考え」とも関連があるが，数を相対的な大きさで捉えることで，例えば「12000÷300」といった整数のわり算を，100を単位として120÷3とみて計算を考えることができる。また，わり算の筆算で商を立てる位置を考える際にも，数を相対的な大きさで捉えることで見つけやすくなる。

このような数学的な見方・考え方ができるようになることは，形式化するよさや便利さ，美しさを感じることにもつながり，数についての豊かな感覚を育てることができる。

③除法で成り立つ性質

第4学年では「わり算のわられる数とわる数に同じ数をかけても，わられる数とわる数を同じ数でわっても，商は変わらない」といった除法の性質を学習する。この性質はとても重要であるが，単に文章を暗記するのではなく，このきまりを子どもたちが自在に使えるようにすることが大切である。例えば「12÷4＝3」というわり算に対して，除数と被除数をそれぞれ10倍，100倍したとき「120÷40も，1200÷400も答えは3になる」ことである。もちろん10倍や100倍等の整数倍から小数倍，分数倍になってもこのきまりは成立する。

このきまりを用いると，第4学年で学習する小数の仕組みを生かして，「12÷4のそれぞれの数を10でわった1.2÷0.4の計算の答えも3になるのではないか」と第5学年で学習する「小数÷小数」の学習にも発展することができる。

一方，この学習でよく見られる子どものつまずきとして「12÷4＝3から被除数・除数を10倍したから答えも10倍になると考え，120÷40＝30」と考えてしまうことがある。そこで，かけ算によるたしかめ算で40×30が120にならないことを確認したり，「120円を40円ずつ分けたら何人に分けられるか」といった包含除の場面で，答えが30にならないことを見つけたりし，商は変わらないことに気づくようにしたい。

また，この除法で成り立つ性質は，第5学年の分数における，約分や等しい分数をつくるときにも生かせる見方・考え方である。例えば「$\frac{4}{12}=\frac{1}{3}$」となるのは，分母・分子を同じ数の4でわっていることであり，わり算の答えを分数で表す学習との関連

「数と計算」領域　49

から「$\frac{4}{12}=4\div 12$」となる。このことは，除法で成り立つ性質を用いると，「$1\div 3=\frac{1}{3}$」になると考えることもできる。さらに，第6学年の比の学習において，「4：12」を簡単な比にしたり，等しい比をつくったりすることもこの性質と関連が深い。

このように，除法で成り立つ性質は，第5学年「小数のわり算」や第6学年「分数のわり算」でも活用できるので，第4学年のわり算の学習で十分理解できるようにした後も，「ここでもわり算のきまりを使って考えているね」等と賞賛の言葉がけを行い，子どもたちが，これらの学習を関連づけて考えられるようにすることが大切である。

（2）系統的な指導のあり方

①「単位の考え」の指導（第1学年～第4学年）

図1　単位の考え

例えば第1学年で，「20＋30」の計算の仕方を考えるとき，10を単位にして考えると，10の（2＋3）個分となり，10の5個分なので答えは50と求めることができる（図1）。

このような考えを「単位の考え」という。この考えは数が大きくなっても，あるいは小数・分数に拡張されても，同じように用いることができる。例えば（図2）のように，100，0.1，$\frac{1}{7}$を単位として考えることで，簡単な整数のたし算「2＋3」に帰着できる。また，たし算だけでなくひき算でも同じように考えられ，「小数×整数」「分数×整数」も同じように考えることができる。

【大きい数の計算（第2学年）】
　200＋300→100の(2＋3)個分→100の5個分だから500
【小数の計算（第3学年）】
　0.2＋0.3→0.1の(2＋3)個分→0.1の5個分だから0.5
【分数の計算（第3学年）】
　$\frac{2}{7}+\frac{3}{7}$→$\frac{1}{7}$の(2＋3)個分→$\frac{1}{7}$の5個分だから$\frac{5}{7}$
【小数×整数（第4学年）】
　0.2×3→0.1×(2×3)＝0.1×6＝0.6
【分数×整数（第4学年）】
　$\frac{2}{7}\times 3$→$\frac{1}{7}\times(2\times 3)=\frac{1}{7}\times 6=\frac{6}{7}$

図2　単位の考えの活用

とができる。したがって，それぞれの学年で計算の仕方を指導する際，例えば第3学年で小数のたし算「0.2＋0.3」の学習をするときに，既習の「200＋300」のような計算の仕方を想起し，同じ考えで計算できることを見いだすことで，計算の系統性も実感できるようになると考える。このような指導をすることで，どれも「2＋3」という整数の計算に帰着できるといった数学的な見方・考え方が育つのである。

②「分数」の指導（第2学年～第5学年）

分数の指導は第2学年から始まるが，ここでは，折り紙を折って半分の大きさ（$\frac{1}{2}$）やさらに半分の大きさ（$\frac{1}{4}$），あるいは，おはじき等を用いて$\frac{1}{3}$の個数をつくる等の操作をする過程で表される「分割分数」を扱っていく。さらに「12個の$\frac{1}{3}$は4個」から「12個は4個の3倍」というように乗法や除法の素地となる学習につないでいく。

そして第3学年になって，いわゆる「量としての分数（量分数）」を学習する。ここでは，「1mの$\frac{1}{3}$の大きさを$\frac{1}{3}$mという」といった定義をするが，「$\frac{1}{3}$」と表されている分数と「$\frac{1}{3}$m」と表されている量分数との大きな違いの理解が大切である。

例えば，「$\frac{1}{4}$の大きさ」といった場合，これは「4つに分けた1つ分」というよう

な操作としての分数（分割分数）なので，もとにしている大きさにより $\frac{1}{4}$ の大きさも変わってくる。一方の $\frac{1}{4}$ m は量を表す量分数となり，1m の $\frac{1}{4}$ の大きさなので長さは一意に定まることになる。このように，分割分数と量分数を混同しないように留意する必要がある。

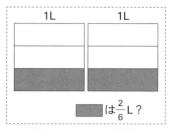

図3　2Lの3等分

また，第5学年「商を表す分数（商分数）」の学習では，「2L のジュースを3人で分けたときの一人分は何 L になるか」という問題から式をつくると「2÷3」となるが，わり切れないから分数で表すことを考える。その際，図に表して一人分の量を考えると，「6マスのうちの2つ分なので $\frac{2}{6}$ L」や「全体の $\frac{1}{3}$ なので，$\frac{1}{3}$ L」と考える子どもが多く現れる。このようなまちがいは求める一人分の量を1L をもとに考えなければならないのに，2L をもとにして考えたために生じていると考えられる（図3）。そこで，一人分の量を1L のマスに移し替えて1L の $\frac{2}{3}$ の大きさ，つまり $\frac{1}{3}$ L の2つ分になることから $\frac{2}{3}$ L になることが理解できるようにすることが大切である。

さらに，商分数との関係が深い分数として，例えば「2m は，3m のどれだけにあたりますか」という問題について「$2÷3=\frac{2}{3}$」と考えた場合，この $\frac{2}{3}$ は割合を表しているので，「割合分数」と捉えることができる。

なお，第3学年から分数を数直線に表し「数としての分数」として扱っている。

このことは，第5学年の等しい分数（同値分数）や分数の計算として第6学年まで扱われていき，中学校からは分数を数として扱っていくことになるので留意したい。

3　「数と計算」領域における内容の系統性

(1) 内容の系統性の概観

「数と計算」領域における主たる学習内容を，数の表し方，数の性質，計算の仕方に区分して，その系統性を（表1）に記した。

(2) 学年の主な学習内容とその関連

①入学時における数の概念の理解

入学してまもない子どもたちが，数についてどのように理解しているかは様々である。例えば「いち，に，さん，し，…」と数えることができていても数の概念の理解ができているとはいえない。

数の理解を図るステップとしては，具体物からブロック等の半具体物に置き換えることで形や色，大きさ等の属性を捨象し，そのブロックの個数をもとに書き方（数字）と読み方を指導していく。

例えば「3」の指導であれば，象のような大きな対象物もアリのような小さな対象物もブロックに置き換えると同じ数量になり（図4），これを3と書いて「さん」

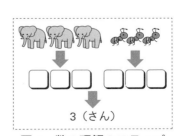

図4　数の理解のステップ

表1 「数と計算」領域における内容の系統性の概観

校種	学年	数の表し方	数の性質	計算の仕方
小学校	第1学年	・2位数、簡単な3位数	・10のまとまりでとらえる	・1位数や簡単な2位数の加法・減法 ・単位の考えによる(何十)+(何十)の計算
	第2学年	・4位数（10000まで） ・数の相対的な大きさ		・2位数や簡単な3位数の加法・減法 ・単位の考えによる(何百)+(何百)等の計算 ・乗法九九・簡単な2位数の乗法
	第3学年	・1億までの数 ・大きな数の相対的な大きさ ・分数 ・小数（1/10の位まで） ・十進位取り記数法		・単位の考えによる分数の加法・減法 ・単位の考えによる小数の加法・減法 ・除法（九九の適用）
	第4学年	・億・兆の数 ・概数 ・小数の相対的な大きさ ・分数（真分数・仮分数・帯分数）	・除法の性質	・単位の考えによる小数×整数、小数÷整数 ・式と計算（交換法則、結合法則、分配法則）
	第5学年	・数の相対的な大きさの考察	・除法の性質を活用した等しい分数や約分	・小数×小数、小数÷小数
	第6学年		・除法の性質を活用した等しい比や比を簡単にすること	・単位の考えによる分数×整数、分数÷整数 ・分数×分数、分数÷分数
中学校	第1学年		・文字式における約分 ・単項式	・文字式（交換法則、結合法則、分配法則） ・方程式（等式の性質）
	第2学年			・多項式（交換法則、結合法則、分配法則） ・連立方程式
	第3学年	・無理数	・因数分解	・二次方程式

と読む，といった指導である。さらには，3になるものを自分で絵に表して，いろいろな「3」のものをつくりながら「3」という数の概念の理解を図っていく。なお，これらの理解の前提として対象物とブロックを1対1対応させることも大切な活動となる。

②十進位取り記数法（第2学年・第3学年）

例えば，大きい数が未習の2年生でも「1302」といった数を見せて読み方を問うと，「千三百二」と答える子どもがいる。しかし，それは生活の中で使っているだけであり，十進位取り記数法の原理を理解しているとはいえないだろう。

十進位取り記数法とは，各位（くらい）の数が10になると次の位に進み，その位置によって数の大きさを表すことである。普段の生活で使っている表記法であるが，子どもたちには学習を通して，そのよさを実感できるようにしていくことが重要である。

十進位取り記数法として指導する（用語は紹介しない）のは数の範囲が4位数まで広がる第2学年となっているが，第1学年における2桁の数でも，例えば，数え棒の「ばらが10本集まると十の位に移る」といった素地的な経験をさせることは大切である。ものの数を数えるときに10にまとめると数えやすいことに気づかせるようにするが，そのことが，「10が10個で100」といった見方・考え方にもつながっていく。

第2学年になると，4位数を位取り板に表す学習をする。

（図5）は十進位取り記数法の意味に沿って表している図であり，各位に●のドットを入れたものであ

千の位	百の位	十の位	一の位
	●●●		●●
●			
1	**3**	**0**	**2**

図5　位取り板での数

る。各位の中には●が9個しか入らない。さらに●が一つ増えて10個になったら，次の位に●が一つ入ることになる。数字で表す場合は各位の●の数を数字にするだけでよく，どの位も各位には0～9までの数字しか入らないことにも気づくだろう。つまり，どんな大きい数でも0～9の数字だけで表せるという十進位取り記数法のよさが実感できるのである。

③第5学年「小数のかけ算」（計算の意味の拡張の指導）

乗法・除法の演算においては，第5学年から乗数・除数が小数を扱うが，このときに計算の意味の拡張が必要になる。これまで，かけ算は乗数が整数であったので，基準とする数のいくつ分という捉え方でその意味を理解していた。

例えば「3×4」であれば「3個の4つ分」という考えを用いて求めることで，答えの求め方としては「3+3+3+3」という同数累加を考えることで理解していた。これは第4学年で学習する「小数×整数」の計算の仕方を考える際にも同じように考えることができる。ところが，第5学年「整数×小数」で「3×1.2」のように乗数が小数になった場合は「3のいくつ分」といった考えでは捉えられなくなる。そのためかけ算を「基準とする数のその割合にあたる大きさを求める計算」と意味を拡張するのである。

具体的には「1m80円のテープがあって，2mでは80×2＝160（円），3mでは80×3＝240円と求められる。では，2.4mでは何円になるか」という「いくつ分」を連続量で表す問題場面を設定する。立式をする際は「（1mの代金）×（長さ）」の関係から類推，あるいは「形式不易の考え」を用いて，「80×2.4という式になるのではないか」と予想できる。そして，この式が成り立つかどうかについては，2本の数直線の図を用いて考えるようにする（図6）。この図で

> 「形式不易の考え」とは文章問題の数値が整数から小数や分数等に変わっても，問題の構造は変わらないことから，整数と同じ式が成り立つという考えである。

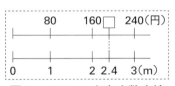

図6　80×2.4を表す数直線

は，下の数直線に長さを表している。これは80円を1としたときの2.4にあたる大きさを求めているので割合を表す数直線といえる。このように，かけ算は1のときの量が分かっていて，その何倍にあたる量を求める計算であることを理解できるようにしていく。

④第6学年「分数のかけ算」と「分数のわり算」

第6学年で学習する「分数×分数」や「分数÷分数」においても，小数の乗除と同様，計算の意味の拡張に基づいて演算決定や立式をし，その計算の仕方を考えていく。

〈「分数×分数」の文章問題における演算決定〉

「分数×分数」で，①のような文章問題と出合ったとき，子どもは演算決定ができないことも予想される。それは，分数が入っていることで場面理解が難しくなっていることも考えられる。このような場合，形式不易の考えを用いて簡単な数値に置き換えることにより，かけ算と判断できる

① 1dLのペンキで，$\frac{3}{5}$m²をぬることができます。$\frac{2}{3}$dLでは何m²ぬることができますか。

「数と計算」領域　53

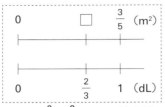

② 1dLのペンキで，3 m²をぬることができます。2dLでは何m²ぬることができますか。

図7 $\frac{3}{5} \times \frac{2}{3}$ を表す数直線

ようになり，演算決定がしやすくなる。

具体的には，②のような場面にすると「3×2」と分かりやすくなり，問題の構造は同じであることから，式は「$\frac{3}{5} \times \frac{2}{3}$」になることを理解できるようになる。あるいは数直線に表すことで，「1にあたる量が分かり，その何倍かを求める問題である」ことを理解することで，第5学年の「小数のかけ算」の学習内容が生かされ，立式しやすくなる（図7）。

〈「分数÷分数」の文章問題における演算決定〉

③ $\frac{2}{5}$ m²の板をペンキでぬると，$\frac{2}{3}$ dLのペンキを使いました。1dLでは何m²ぬることができますか。

↓（形式不易の考えを使って）

④ 4m²の板をペンキでぬると，2dLのペンキを使いました。1dLでは何m²ぬることができますか。

「分数÷分数」の文章問題③でも演算決定ができにくい。そこで，分数のかけ算と同じように形式不易の考えや2本の数直線（図8）を用いたり，④の問題場面をもとにしたりして，立式を考えるようにする。この問題から，1dLで塗れる面積は「（塗った面積）÷（塗ったペンキの量）」で求めればよいことが類推される。よって，実際の問題では「$\frac{2}{5} \div \frac{2}{3}$」と立式できる。正しく立式ができたら，計算の仕方を考えるのであるが，数直線や面積図を用いて考えたり，除法の性質を活用して考えたりすることで，解決過程を大切に指導していきたい。

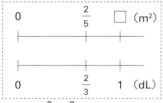

図8 $\frac{2}{5} \div \frac{2}{3}$ を表す数直線

「分数×分数」の計算は「分母どうし，分子どうしをかければよい」や「分数÷分数」の計算においては，「除数の逆数をかける」と単に方法のみを学習するのではなく，どのようにしてこの計算の仕方が導かれるのか，これまでに学習してきた内容や数学的な見方・考え方等を働かせ，多様なアプローチで考えさせることが大切である（指導案13参照）。

4 中学校の学習内容との関連

(1) 単項式の計算

小学校の「数と計算」領域の内容は，中学校数学の「数と式」の領域で学習する内容と関連が深い。小学校では，多くは数字を使って式を立てたり計算をしたりするが，中学校数学では，文字を中心

・単項式…2πrのように、数や文字についての乗法だけでつくられた式
・多項式…3a+4abのように、単項式の和や差の形で表された式

に同じように立式や計算を行う。例えば，中学校第1学年では，$\frac{xy}{2x^2y}$といった単項式を簡単にすることを学習する。これは小学校で学習した約分，つまり「分数の分母と分子に同じ数をかけても，同じ数でわっても分数の大きさは変わらない」というきま

りを使って $\frac{1}{2x}$ と導き出すことができる。

したがって，小学校で学習する約分や除法の性質は正しくできるようにしておくことが大切である。

（2）多項式の計算

中学校第2学年では，「$3(4x+3y)=12x+9y$」といった多項式の計算をする。この計算の仕方は第4学年の単元「式と計算」で学習する分配法則に他ならない。小学校では□や△等の記号を使って一般化していたが，中学校数学では，「×」の演算記号を使わず「$a(b+c)=ab+ac$」というように文字を使って一般化していく。また，小学校では円の面積公式を「半径×半径×円周率」と学習するが文字で表す順序の規則から「πr^2」という表し方になる。

分配法則に限らず，交換法則や結合法則の計算のきまりについては，機械的にきまりとして覚えさせるのではなく，実際に数を用いてこれらの法則を活用し計算の工夫ができるようにすることが大切である。例えば，直径 9cm の円の円周と直径 7cm の円の円周ではどれだけ長いかを求める際「$9×3.14-7×3.14=(9-7)×3.14=2×3.14=6.28$（cm）」といった計算の工夫をし，そのよさが実感できるようにする。

（3）方程式

中学校第1学年では一次方程式を学習する。方程式の解き方を考える際，等式の性質を利用して解を求める。即ち，等式の両辺に同じ数をたしてもひいても，かけてもわっても左右の関係は変わらないというきまりから「等式の両辺から5をひいて $3x=6$」とする。さらに「両辺を3でわって，$x=2$」と求めることができる（図9）。

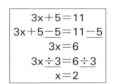

図9　方程式を解く流れ

5　算数科における他領域及び他教科等との関連

（1）算数科における他領域との関連

「数と計算」領域の内容は，算数の他の領域においても，計算をする場面や概数で大きさを把握する場面等様々な場面と関連する。その際，工夫して効率よく計算したり，適切な位で概数処理をしたりする等，学習したことを活用できる場面を積極的につくっていくことが大切である。また，数学的な見方・考え方を働かせる際にも関連する場面が多い。例えば，数を数える際の「10のまとまりで考える」ことや小数をつくる際の「10等分する考え」は，第2学年の「測定」領域である「長さ」や「水のかさ」での端数処理の仕方を考える際に活用できる考えである。

他にも，「変化と関係」領域において，第5学年で学習する「単位量あたりの大きさ」の単元では異種の2量の関係を，「割合」では同種の2量の関係を扱うが，求め方はどちらも第3学年で学習するわり算と関わる。人口密度のような異種の2量の割合を求めるようなわり算は「等分除」としての捉えであり，同種の2量，例えば30人のうち6人が欠席したときの割合を求めるわり算は「包含除」としての捉えとなる。このような捉えが統合的な見方・考え方を育てることにつながっていく。

（2）他教科等や総合的な学習の時間との関連

　事象を数で表すことは，いろいろな教科等や総合的な学習の時間の中で使われている。ここでは，数に表すことで大きさが明確になるという，数で表すことのよさを実感できる場にもなる。

　例えば，第4学年で，億・兆を超えるような数を学習したときには，「どのような場面で用いられるのか」といったことを社会科や総合的な学習の時間等で調べることもできる。数が生活場面に密接に関連していることを改めて実感できるようにすることで，数に対する感覚を豊かにしていくことにもつながる。

6　評価のポイント

（1）資質・能力の評価について

　「数と計算」領域の評価というと，「計算が正確に手際よくできるか」といった知識・技能面の評価に重きが置かれがちであるが，計算の指導では数学的な見方・考え方を働かせた計算の意味や計算の仕方等の理解についての評価も重要である。

　例えば，第3学年「わり算」の単元でわり算の理解について評価をする際，わり算だけの文章問題を提示し，式を書かせても場面の理解をもとに演算決定ができているのかの判断は難しい。

　そこで，たし算，ひき算，かけ算の問題場面を比べながら「なぜわり算といえるのか」と，子どもが積極的に考えている状況を見取ることで，学習に主体的に取り組む態度を評価することができる。他の計算指導の場面においても，「単位の考えをもとに既習の計算の仕方を活用して新たな計算の仕方を考えているか」ということを見取ると，思考・判断・表現に関する評価も行うこともできる。

　いずれにしても技能面のみに偏らない評価を行うことが大切である。

（2）形成的評価について

　子どもたちの学びに対する3観点での評価の結果は，授業の中での指導・支援に生かしていくことが重要である。

　例えば，第1学年「大きな数」では，「100までの表」からきまりを見つける学習を行う。その際，なかなかきまりを見つけることができない子どももいる。

　そのような子どもの姿を見取り「表を横に見るだけではなく，縦やななめにも見てごらん」と言葉がけし，数学的活動が前に進むようにする。

　さらに，見つけたきまりを活用して表の続きをつくっていけるように働きかけることが，評価と指導の一体化を図ることにつながると考える。（指導案[1]参照）

「図形」領域

1 図形領域について

　図形の概念形成は，ものの形を認識し，その形の特徴を捉えていくことから始まる。それぞれの学年で，構成要素であったり，構成要素の位置関係であったりと分析する着眼点が広がっていく。そして，平面図形，立体図形，図形間の関係，面積，体積といったことを分析的に捉え，数学的な見方・考え方をよりよく働かせながら理解を深めていくことが主な内容となる。また，図形の機能的な特徴のよさや図形の美しさを感じ，図形の性質を生活や学習に活用しようとする態度を身につけることも大切な要素となる。

　このように，図形に対する概念形成を図り，さらに「角の大きさ，頂点の数，辺の長さといった構成要素に着目した図形の考察」や「四角形も対角線で切ると２つの三角形でできているといった図形相互の関係」，「広さやかさを面積や体積で考える」「敷き詰めた模様をはじめ図形の美しさや日常生活への活用」等，図形を多面的に見る数学的活動を重視したい。そうすることで，図形についての豊かな感覚を培うことができると考えている。

2 「図形」領域ならではの重要な内容と系統的な指導のあり方

（1）この領域ならではの重要な内容

　「図形」領域の内容を着眼点から捉えると，以下の８つに整理できると考えられる。

①ものの形に着目して考察すること

　第１学年では，ものの形に着目して図形を考察する内容を扱う。具体的には，身の回りの形を「平らなところ」や「まるいところ」といった特徴に気づき，「積める形」や「転がる形」，「積めて転がる形」等，機能面を捉えて図形を認識していく。

　また，粘土等で立体をつくり，平面や曲面の感じや角（かど）のとがった感じ等のイメージを捉えていく活動も図形についての感覚を培っていく大切な内容となる。

②図形を構成する要素に着目して，図形の性質について考察すること

　第２学年では，「さんかく」や「しかく」とおおまかな形で捉えていた図形を，三角形や四角形，さらには正方形，長方形，直角三角形の定義をもとに弁別しながら，辺や角，頂点等の構成要素に着目し，それぞれの図形の性質や特徴を調べていく。また，箱の形についても同様に，辺や面等の構成要素に着目し，性質や特徴を調べていく。さらに，第３学年でも辺や角等に着目し，正三角形や二等辺三角形の性質や特徴を調べていく。

③図形を構成する要素及びそれらの位置関係に着目して，図形の性質を考察すること

　第４学年では，辺と辺，辺と面，面と面の位置関係について調べ，平行，垂直といった関係を捉えて図形を定義，弁別しそれぞれの図形の特徴を調べる学習をする。

「図形」領域　57

④図形を構成する要素に着目して，図形の構成の仕方について考察すること

　第2学年までは，面の写し取り，点つなぎ，ひご等による形づくり，切り抜き，方眼上での作図等，主に三角定規を活用した作図の内容を扱う。第3学年では三角定規に加えコンパス，第4学年では分度器等を活用し，「辺の長さ」や「角度」等を考えながら，これまで学習してきた構成要素の関係に着目し作図する内容となる。

　第6学年では，対称性の観点から図形を考察する。1本の直線を境にしたり，1つの点を中心にしたりして，対応する点や辺の長さ，角の大きさが同じかどうかに着目する。さらに，線対称と点対称の定義を生かしながら，身の回りにある図形を弁別したり，作図を通してそれぞれの性質を明らかにしたりする学習をする。

⑤図形間の関係に着目して，図形の構成の仕方について考察すること

　第5学年からは，「合同」や「拡大図，縮図」の単元で，2つ以上の図形間において，それぞれの辺，角，頂点を対応させて図形の構成の仕方を考察する内容を扱う。また，この内容は，中学校の「合同」や「相似」の内容とも密接に関わる内容となっている。

⑥図形を構成する要素に着目して，その大きさを数値化すること

　第2学年では，辺の長さ，第4学年では，角の大きさを数値化する内容を扱う。ただ，第3学年までは，「測定」領域があるので，長さの測り方等は「測定」領域の内容と関連を図っていく必要がある。

⑦図形を構成する要素や特徴に着目して，面積や体積の求め方を考え公式につなぐこと

　数値化する内容として，平面の広さ，立体の大きさというところまで拡張していく。

　量の大きさを求める際には，求積方法が分かっている既習の図形に帰着して考え，図形の性質を活用し，分割，等積変形，倍積変形，補完等を行い公式を導いていく。

　平面図形の複合図形（L字型，凹型等）の面積や立体図形の複合体積を求める際にも，図形の特徴に着目し，多様な求積方法の比較検討を通して，そのよさを感得できるようにする。

⑧図形の性質を日常生活や次の学習に生かすこと

〈平面図形の敷き詰め〉

・主に「図形の敷き詰め」に関わる内容
　幾何学的な模様の美しさや敷き詰められた図形から新たな図形を発見する楽しさ等を体験的に学習する。また，面の広がりを感じ，すきまなく並べることができる理由についても探究することができるようにする。（図1）

第1学年「かたちづくり」	第2学年「三角形と四角形」	第3学年「三角形」
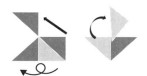		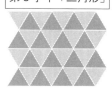
ずらす・回す・裏返す	大きな正方形ができる。	すきまなく，敷き詰めることができる。

第4学年「四角形」	第4学年「四角形」	第5学年「正多角形と円」
	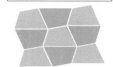	
向かい合う辺と辺が平行だから敷き詰められる。	同じ長さの辺を合わせると敷き詰められる。	角度の和が360度になれば敷き詰められる。

図1　図形の敷き詰め

〈機能面に着目した活動〉
・第1学年「おもちゃづくり」
「積める」，「転がる」，「積めて転がる」等の立体図形の機能面を捉えて「おもちゃづくり」をする。

〈測定の工夫〉
・第3学年「円と球」
球の直径を調べるとき，2枚の板で挟み込んで計測する。（図2）
・第6学年「拡大図，縮図」
校舎の高さを調べるとき，見上げる角度と校舎から測定者までの距離を縮図を使って求める。（図3）

〈空間の位置の表し方〉
・平面上だけでなく高さを加えた空間上の位置の表し方を考える。
駅から見たテレビ塔の展望台の位置は，（北600m，東400m，高さ80m）と表される。（図4）

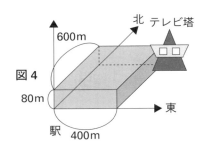

（2）系統的な指導のあり方

各学年における図形の学習についての捉え方を整理すると次のようになる。

表1　第1学年から第6学年における図形の捉え方

第1学年	第2学年・第3学年	第4学年	第5学年・第6学年
ものの形に着目して特徴を捉えたり，具体的な操作を通して形の構成について考えたりする。	平面及び立体図形の特徴を図形を構成する要素に着目して捉えたり，身の回りの事象を図形の性質から考察したりする。	図形を構成する要素及びそれらの位置関係に着目し，図形の性質や図形の計量について考察する。	図形を構成する要素や図形間の関係等に着目し，図形の性質や図形の計量について考察する。

「図形」領域　59

（表1）からも，第2学年と第3学年，第5学年と第6学年は，図形の学習についての捉え方が共通している部分があることが分かる。しかし，同じ図形でも，第1学年での捉え方と第2学年での捉え方は変わってくる。例えば，三角形の捉え方も，第1学年では，写し取りで形として「さんかく」と捉えるようになる。また，「さんかく」のピース（色板等）を敷き詰め「かたちづくり」をする。

第1学年では，まだ構成要素に着目した捉え方はしていないが，その素地となる具体的な操作を伴った経験をすることが大切である。

第2学年では，辺の数や頂点の数といった構成要素に着目し図形を捉えるようになる。そして，「さんかく」と捉えていた図形を「三角形」というように定義して捉えるようになる。また，角の形として，「直角」という用語も知らせ，角の形という視点でも図形を弁別することができるようになり，「直角三角形」を定義していく。

そして，第3学年では，正三角形，二等辺三角形といった直角以外の角の形に着目して図形を弁別できるようになる。このように，三角形という図形の考察を構成要素の数からその関係へと変化させ，図形に対する数学的な見方・考え方が働くように指導していく。

第5学年では，多角形を構成要素の辺や角の数だけでなく，「内角の和」に着目することで，辺の数が1ずつ増えると，内角の和が180度ずつ増えるといった性質を見いだす。さらに，辺の長さや角の大きさがすべて等しい正多角形の学習では，円に内接することを生かして作図しながら，「円の性質」に着目することで，中心角の大きさや中心から頂点までの長さが同じであること等の性質を見いだす。

第6学年では，角柱や円柱について構成要素の頂点や辺，面の数や面の形だけでなく，辺や面の平行や垂直関係に着目し性質を明らかにしていく。さらに，見取り図をかいたり，展開図をかいて構成したりする活動を通して，角柱や円柱についての理解を深めていく。

3 「図形」領域における内容の系統性

（1）内容の系統性の概観

「図形」領域を内容として，「平面図形に関する内容」，「立体図形に関する内容」，「図形の位置関係に関する内容」，「図形間の関係に関する内容」，「計量に関する内容」に区分して捉えると，内容の系統は（表2）のように整理できる。「計量に関する内容」については，第1学年から第3学年までは，広さやかさといった学習において，面積，体積の基礎となる内容を扱う。そのため「測定」領域と関連する内容も多い。

第4学年からは，まず，長方形，正方形，直角三角形，正三角形，二等辺三角形について学習し，図形としての定義や性質，特徴等を捉えていく。次に，長方形，正方形の面積の求め方を学習し，それらの求積公式が他の図形の求積公式を導き出すための基礎となることを学んでいく。

このようなつながり（系統）を重視した指導をしていくことが重要である。

表2 「図形」領域における内容の系統性の概観

学年		平面図形	立体図形	位置関係	図形間の関係	計量
小学校	第1学年	・形の写し取り ・色板や数え棒を使った形づくり	・積んだり，転がしたりする形遊び		・「回す」「ずらす」「裏返す」等の操作を含めた形づくり	・広さ比べ（直接比較，任意単位）
	第2学年	・長方形，正方形，直角三角形の定義と性質 ・角の形としての直角（長方形，正方形，直角三角形） ・長方形，正方形の向かい合う辺の関係	・はこの形（面の形，面の数，辺の数，頂点の数，面と面をつないだ形）	・はこの形の向かい合う面の関係		
	第3学年	・円の定義と性質，中心，直径，半径 ・二等辺三角形，正三角形の定義と性質 ・三角形の角の相等関係（直接比較）	・球の定義と性質，中心，直径，半径			・球の直径の測り方
	第4学年	・平行四辺形，ひし形，台形の定義と性質	・直方体と立方体の定義と性質，展開図，見取り図	・直線の垂直と平行 ・直方体と立方体の面と面，辺と辺，面と辺の関係 ・平面と空間の位置の表し方	・直方体と立方体の展開図の種類を調べる。（回す，ずらす，裏返す）	・角の大きさ（分度器による測定） ・長方形と正方形の面積 ・複合図形の面積
	第5学年	・正多角形の定義と性質（辺の長さ，辺の数，頂点の数）	・角柱と円柱（底面の形，側面の形，面の数，辺の数，頂点の数，見取り図，展開図）		・合同な図形（合同の意味，合同な図形の作図，対応する辺の長さ，角の大きさはすべて等しい）	・直方体と立方体の体積（単位体積のいくつ分，求積の公式） ・図形の角（三角形の内角の和，四角形の内角の和） ・四角形と三角形の面積（求積の公式） ・正多角形と円（円周の長さ）
	第6学年			・対称な図形（線対称，点対称） ・拡大図と縮図（拡大図と縮図の作図，対応する辺の長さの比，対応する角の大きさがすべて等しい）		・拡大図と縮図（縮尺を用いた計測） ・円の面積（求積の公式） ・角柱と円柱の体積（底面積×高さ） ・およその面積，体積

「測定」領域

「図形」領域　61

中学校	第1学年	・平面図形（調べ方，作図）	・空間の図形（立体）	・直線や平面の位置関係（ねじれの位置）	・図形の移動（平行移動，対称移動，回転移動）	・立体の表面積と体積
	第2学年			・角と平行線（同位角，対頂角，錯角）	・図形の合同	・三角形，四角形等の多角形の角の大きさ（内角，外角）
	第3学年				・相似な図形	・相似な図形の面積と体積 ・円周角 ・三平方の定理

（2）学年の主な学習内容とその関連

①面をつなぎ合わせることから，展開図へ

〈第2学年「箱の形」と第4学年「直方体と立方体」〉

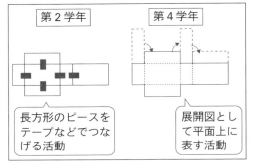

図5　直方体の展開図

　第2学年では，第4学年の基礎となる内容を扱う。長方形や正方形の形をした面が6つつながって箱の形になることを，箱の形を辺に沿って切り開いたり，面をつないで構成したりする活動により考えていく。面の形・面の数・辺の長さ・辺の数・頂点の数といった構成要素について調べる活動については，継続的に第4学年でも学習することになるが，第4学年では，面と面，面と辺，辺と辺の位置関係を調べたり，見取図や展開図のように平面上に表したりする活動にまで高めていく。また，展開図についても，面と面の位置関係に着目して構成したり，判断したりする活動を取り入れていくことが大切である。

　さらに，直方体や立方体の展開図の学習では，種類が同じか違うかの判断をするとき，第1学年で経験した「ずらす」，「回す」，「裏返す」等の活動を生かして平行移動や回転移動，対称移動しながら何通りの展開図ができるのかを考えていくことも重要である。（図5）

②三角形の作図の活用

〈第3学年「三角形（二等辺三角形，正三角形）」，第5学年「合同」〉

　第3学年では，二等辺三角形や正三角形の作図について，定規やコンパスを使った作図方法について学習する。角の大きさについては，第4学年の内容となるが，第5学年「合同」の学習における「合同な三角形の作図」では，第3学年の定規やコンパスを使った作図方法を活用していくことになる。そこで，第3学年の三角形の作図方法を振り返っておくことで，合同な図形の「3つの辺の長さ」に着目する作図がスムーズに展開できる。

第5学年「合同」の学習では，「辺の長さ」に加えて「角の大きさ」にも着目していく。三角形には，構成要素として，3つの辺，3つの角がある。より効率的に作図するには，どの辺の長さ，どの角の大きさが必要かを考えることも重要である。作図の活動を通して，必要な「辺の長さ」や「角の大きさ」に気づけるようにしていく。第5学年では，「3つの辺の長さ」，「2つの辺の長さとその間の角の大きさ」，「1つの辺の長さとその両端の角の大きさ」に着目すれば合同な図形を作図できることを考えていく。

③図形の性質の活用

〈第4学年「四角形」と第5学年「平面図形の面積」〉

　第4学年では，それぞれの図形の定義を知り，性質や特徴を調べていく。第5学年では，図形の性質や特徴を活用し，分割，等積変形，倍積変形，補完等の考えで長方形や正方形に結びつけて平行四辺形，台形，ひし形，三角形の求積公式を導き出す学習をする。

〈第5学年「平面図形の面積」と第6学年「円の面積」〉

　第5学年では，基本図形（平行四辺形や三角形，台形，ひし形）の面積の求め方を考えていく。その際，長方形や正方形をはじめの既習の図形の求積方法に帰着し，分割，等積変形，倍積変形，補完等を行いながら求積方法を考える数学的活動を行う。その際，それぞれの図形の性質や特徴（構成要素）と結びつけ，子ども自らが公式をつくることできるように支援することが重要である。

　第6学年では，円の求積の仕方を考えるが，これを正確に計算するためには積分する必要がある。小学校では，(図6)のように等積変形しながら帰納的に考え，既習の平行四辺形（長方形）や三角形に近づけて公式化していくことになる。より細分化することで長方形に近づけることができるが，具体的な操作活動では限界があるので，デジタル教材等を用いて視覚的に確認できるようにしたい。

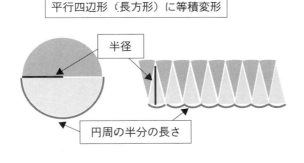 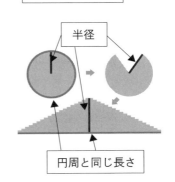

図6　円の面積

4 中学校の学習内容との関連

(1) 図形（三角形と四角形）の包摂関係

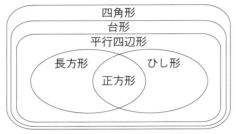

図7 四角形の包摂関係

中学校第2学年で，三角形と平行四辺形の性質や条件について考察し，図形について論理的に確かめ表現する学習内容を扱う。

特に正方形，ひし形及び長方形が平行四辺形の特別な形であることを取り扱う際に，小学校では扱わないが，（図7）のような包摂関係に整理しながら図形の学習を深めていくことが重要となる。

(2) 図形の合同

第5学年では，ぴったり重ね合わせることができる2つの図形として合同の定義を学習する。そして，「対応する辺の長さが等しいこと」や「対応する角の大きさが等しいこと」等を性質として理解していく。また，「2つの辺の長さとその間の角の大きさ」，「1つの辺の長さとその両端の2つの角の大きさ」，「3つの辺の長さ」を作図に必要な条件として整理している。これは，中学校第2学年で学習する合同条件と共通するものである。第5学年では，三角形の合同条件を覚えさせたり，形式的な推論をさせたりする等はしないが，合同について帰納的に調べたり，作図したりすることで中学校の学習につなげていきたい。そして中学校では，合同条件として整理し，条件を活用し2つの図形が合同であることを証明することが主な学習となる。

例えば，（図8）のような課題がある。この課題では，3組の辺がそれぞれ等しいという合同条件を使って証明することになる。

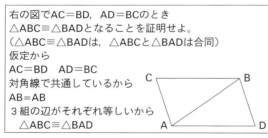

図8 合同条件を使った証明

中学校では，小学校で帰納的に捉えてきた合同な図形を，「3組の辺がそれぞれ等しい」，「2組の辺とその間の角がそれぞれ等しい」，「1組の辺とその両端の角がそれぞれ等しい」といった条件に高め，演繹的に証明することになる。

(3) 「拡大図や縮図」と「相似」，「およその面積」と「相似比」

第6学年では，合同な図形の学習を想起し，「全部の辺の長さや角の大きさを使わなくても拡大図や縮図がかける」ことに気づくようにしている。つまり相似条件につながるような3つのかき方についての経験をしているのである。この作図の方法が，中学校第3学年「相似」の学習において，相似条件として捉えられる内容になる。

また，第6学年「およその面積」の学習では，琵琶湖等の形を三角形等の概形として捉え，縮図から縮尺を用いて，およその面積を求める。その際，面積比ということ

までは触れないが，面積の比は，縮尺とは異なることへの気づきはあるだろう。

中学校では，相似比も学習し，相似な図形の面積の比は，相似比の2乗となることも学習する。（図9）

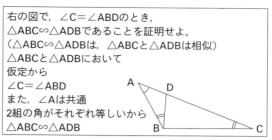

図9　相似条件を使った証明

(4)「垂直と平行」と「ねじれの位置」

小学校では，面と面，辺と面，辺と辺の垂直，平行関係を学習する。その中で平行な関係にある直線は，どこまで伸ばしても交わらない直線と認識している。しかし，空間での位置関係では，平行でなくてもどこまで伸ばしても交わらない直線は存在する。それを，ねじれの位置として定義し，空間での新たな位置関係を捉えることができるようにする。（図10）

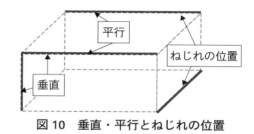

図10　垂直・平行とねじれの位置

5　算数科における他領域及び他教科等との関連

(1) 算数科における他領域との関連

「図形領域における内容の系統性の概観」（表1）でも示したように，第1学年「ひろさくらべ」では，面積の学習の基礎となる「任意単位で比べる」という段階まで学習を進めている。第4学年「面積」でも，陣取りゲーム等を通してマス目の数（任意単位）で比べるという活動をする。そこから，普遍単位（$1cm^2$）による数値化まで学習を深めていく。

このように，図形の学習と測定の学習は密接に関わっていることが分かる。

(2) 他教科等や総合的な学習の時間との関連

第6学年「対称な図形」では，線対称な図形として，市章や校章等のマークを分析する教材として用いることがある。

日常にも対称（シンメトリー）を活用した図形は多い。その対称性を生かした模様や新たな図形をつくることができる。

図11　対称な図形

例えば，飾りをつくるときに，折り紙を2つに折り切ってつくる「切り絵」は，生活科や図工科等で行うが，これも図形の対称性を活用した技法である。線対称を学習した後に，切り絵等をつくる体験をすることで，図形のよさやおもしろさ，美しさ等を感じることができるようになる。このように，他の教科等との関連を考え学習を進めることも重要である。（図11）

6 評価のポイント

(1) 資質・能力の評価について

「図形」領域では，図形を考察する過程における数学的活動での様子をしっかり評価していくことが大切である。例えば，「知識・技能」の観点においては，作図の結果だけではなく「今までに見つけてきた性質や特徴を使って作図しているか」等の視点で評価していきたい。また，図形の面積や体積等に関する内容においては，未習の図形を既習の図形に変形（分割，等積変形，倍積変形，補完等）し，数式から言葉の式（公式）を導く学習の流れを大切にしながら，子どもの解決過程における「思考・判断・表現」の観点での評価を重視したい。ここでも，ただ「公式を導けたかどうか」の結果だけではなく，「もとの図形のどの辺の長さを使ったのか」というように，もとの図形に戻って構成要素と結びつけながら，言葉の式（公式）へとつなげていくことが重要であり，このような数学的活動を「主体的に学習に取り組む態度」の観点も含む3つの観点でバランスよく評価することが大切である。

(2) 形成的評価について

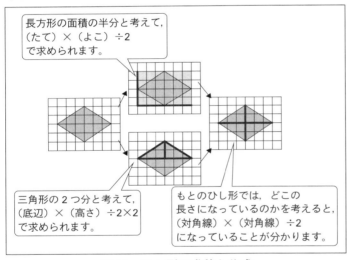

図12 ひし形の求積と公式

形成的評価とは，学習過程でどれだけ目標に近づけているかを評価することである。その評価を生かし，解決につまずいている子どもや発展的な考えをもった子どもへの必要な支援等，個に応じた指導を進めることができる。例えば，ひし形の面積の学習では，長方形から補完して求積した場合，「求めたい面積はその半分である」ことに気づき「2でわる」ことを考えたり，もとの図形である長方形の構成要素に着目し，「ひし形では（たて）は（縦の対角線）であり，（よこ）は（横の対角線）となっている」ことを見いだしたりする子どももいる。また，長方形，正方形，平行四辺形，台形等の求積には対角線を活用することがなかったので，そのことに気づいている子どもの考えとも結びつけ，対話を深めることもできる。

このような子どもの解決過程を評価し，それぞれの考えを結びつけることにより，「ひし形の対角線は，垂直に2等分されている」ことから，ひし形の性質や特徴を表した公式「対角線×対角線」になるということを学んでいくことができる。（図12）（指導案11参照）

「測定」領域

1 「測定」領域について

　算数科において量の把握とその測定方法を学習する目的は，「長さ」や「重さ」等について数学的活動を通して，それぞれの量のもつ性質の理解を深めながら，「すべての量は数に置き換えることができる」ということを学ぶことにある。測定により量が数値化されると，量の大きさを伝えたり，記録したりするのに便利なばかりでなく，量を演算の対象として処理できるようになる。

　「量」とは，大小の比較が可能なものであり，ものの個数，長さ，重さなど様々なものがある。個数など，それ以上分割できない量を「分離量」といい，長さや重さのようにいくらでも分割できる量を「連続量」という。連続量の中でも，長さや重さ等

のように合わせることで，たし算した結果になる性質（加法性）をもつ量を「外延量」といい，密度や速度のように加法性をもたない量を「内包量」という。さらに「密度＝重さ÷体積」のように異種の量の商として求められるものを「度」といい，「試聴率＝番組を見ている世帯数÷総世帯数」のように同種の量の商として求められるものを「率」という。なお小学校「測定」領域で取り扱うのは，かさや重さ等の外延量に関することである。

　「測定」とは，量の大きさを数値で表すために基準となる量を決め，そのいくつ分（何倍）になるかを求めることである。「測定」領域では，「長さ」や「重さ」等，ものの量に関する属性に着目し，単位を設定して量を数値化して捉える過程を重視し，それぞれの量について，「直接比較や間接比較，任意単位による測定，普遍単位による測定」といった測定のプロセスを充実させ，量の概念を理解できるようにしたい。

　その過程で，量に着目し数値化したり，単位の関係を統合的に考察したりといった数学的な見方・考え方を働かせ，量感や目的に合った計器の選択等の量についての豊かな感覚を育成することが重要である。

2 「測定」領域ならではの重要な内容と系統的な指導のあり方

（1）この領域ならではの重要な内容
①量の概念と測定の原理や方法を理解し，大きさの比べ方を見いだし問題解決する

　量について理解し概念が形成されるためには，量のもつ共通な性質（内包）と量と呼ばれるものがどんなものか（外延）という二つの側面から学習を進める必要がある。

　量の性質を捉えるうえでは，その一つである「量の保存性」と呼ばれる性質を理解しなければならない。量の保存性とは，「形や向きなどを変えたり，分けたり，合わせたりといった操作を行ってもその総量は変わらない」ということである。特に下学

年の子どもにおいては，量の保存性が確立されていない場合も考えられる。このような場合，具体物による操作等の豊かな経験が必要である。量の保存性については，理科の「物と重さ」とも関連させながら学習を進めることが重要である。

量の性質については，上述した保存性をもとに次のものがあげられる。

ア．量の比較性…量の保存性を前提として，比較できるということ

比較することで，AがBより大きいと言えるときにBを基準としてBがAより小さいと見直せることやA＞B，B＞CのときはA＞Cと言えることなどが重要である。

イ．量の測定性…量が測定可能であること

量は連続していることで，AとBの同種の2量の間に同種の量Cが存在し（量の稠密性），整数で何等分でもできる（量の等分可能性）という性質をもつ。量が測定できるのは，このような性質があることで測定の単位を任意に定めることができたり，量を測る際のめもりをいくらでも詳しくすることができたりするからである。

ウ．量の加法性…量の保存性を前提として，たし算やひき算ができること

「測定」領域で扱う長さや重さの他に，温度や濃度など加法性が成り立たない量があることにも注意しなければならない。

上記のような性質の理解を通して，量の概念形成を図るうえで「どのようなものが量と捉えられるのか」についても学習する。長さを例にすれば，「鉛筆の長さ」や「入口から壁までの奥行」，「プールの深さ」等は捉えやすいものである。一方，「ボールの周囲や直径」，「魚の長さ」といったどの部分を測るかによって長さが変わるもの等，子どもが感覚的に長さと捉えにくいものもある。以上のような量の性質や適用範囲は，具体的な測定の経験を通して理解することが大切である。

測定とは，「同種の量について基準になる量を決め，数値化しようとする量がその何倍になるかを表そうとすること」である。このとき基準になる量を単位といい，何倍にあたるかを表す数値を「測定値」という。子どもが測定する場合，「単位はこれでなければならない」ということはなく，自由に選ぶことができることも大切にしたい。そのことによって，同じ量でも測定値が違ってくるということを学ぶ。

②測定の4段階の指導を重視する

測定では，単位が重要な意味をもつということが十分に理解できるようにしたい。そこで，量の比較によって測定に至る順序として次のような段階が考えられる。

ア．直接比較…二つの量を直接比較し，感覚的に大きさを比較する段階

鉛筆や縄跳びを並べて比べたり，はがきの縦と横を折って重ねて比べたりすることである。このとき，「端をそろえて」，「まっすぐ伸ばして」，「ぴったり重ねて」等，比べ方についても操作を言葉に置き換えながら指導していく必要がある。

イ．間接比較…テープなどの媒介物に長さを写し取るなどして比較する段階

折って重ねることのできない箱の縦と横や移動させることができないもの等，直接比較することができない場合に用いられる。比較する中で「違いがどれぐらいあるのだろう」といった疑問や「1本のテープでは足りないから何本かつぎたそう」といった考えを大切にすることで任意単位による測定につなげたい。

ウ．任意単位による測定…単位として適当な基準量（ブロックやクリップ等）を媒介物として，それらをもとにして，そのいくつ分で測定する段階

ここでは，任意の単位を決めて，それを基準量とし，そのいくつ分に等しいかを考えていく。また，自分で決めた任意の単位で測定した結果，端（はした）が出る場合，さらに詳しく測定するためにより小さな任意単位で測定する活動も重要である。

これらの活動を通して「単位によって数値化できる」という量の性質を理解できるようになる。また，任意単位を用いて測定する場合，例えば，グループごとや他のクラスで用いる任意単位が異なる場合，子どもが共通単位の必要性に気づくこともよくあるので，丁寧に取りあげて普遍単位による測定につなげていくことが大切である。

エ．普遍単位による測定…長さや温度，比重，硬さなど計量の対象を定めた計量法や，メートル法をもとにメートルや秒等の基本単位やk（キロ）やm（ミリ）等の補助単位，m/s（メートル毎秒）等の組立単位をまとめた「国際単位系」という歴史的・社会的に標準化された基準量をもとにして測定する段階

比べる度に単位の確認が必要である等，任意単位の不便さや限界を解決する方法として普遍単位を用いることで，そのよさを感じられるようにしたい。その際，量の種類や単位によって測る計器も異なる。長さを測る場合でも，ものさしや巻き尺など様々な計器がある。また，上皿自動秤（以下，はかりと記す）であれば水平な場所に設置しめもりを真横から読む等，計器の正しい使い方についても指導する必要がある。

測定の4段階における任意単位や普遍単位による測定が重要で，「数値化する」ことにより，子どもにとって把握しにくい量を数に置き換えることができる。

また，直接比較で順位等を決めるとき，比べるものが2つや3つだと操作も簡単だが，比べる数が5つ6つと増えたり，後から新たに比べるものが加わったりすると，比較のための操作が大変になっていく。しかし，量を数値化することにより，個々の量の大きさが数で表され，比べたい量が増えても操作が簡単であったり，それぞれの量の大きさの違いも分かったりするようになる。

これらの違いを理解し，学習を展開していくことが重要である。

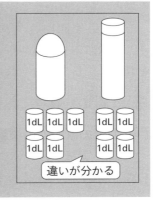

③単位の関係を統合的に考察し，身の回りの問題を解決する

単位やその関係については，それぞれの量の指導過程において取り扱っていく。ここでは，十進数の仕組みによって単位が成り立っていることや基本単位をもとにして補助単位を用いることで単位が組み立てられている仕組みなど，同じような仕組みによって単位が構成されていることを様々な単位を結びつけながら学習し，単位間の関係を統合的に捉えられることが重要である。

単位の換算や数として処理するための計算方法として習得するだけでなく，ミリやキロが「1000分の1」や「1000倍」を表すことから，単位の仕組みや単位間の理解を深め，身の回りの様々な単位への関心を高めていきたい。

小学校の学習の中で単位の関係を統合的に捉えていく学習の機会は少なく感じられ

る。そこで発展的な内容として子どもの身の回りにある「cc と mL」，「mL と g」等の単位を取りあげ，その関係を考える機会を設けることも大切である（表1）。

表1　単位の関係

	ミリ（m）	センチ（c）	デシ（d）		デカ（da）	ヘクト（h）	キロ（k）
	$\frac{1}{1000}$	$\frac{1}{100}$	$\frac{1}{10}$	1	10	100	1000
長さ	1mm	1cm		1m			1km
かさ	1mL		1dL	1L			1kL
重さ	1mg			1g			1kg

（2）系統的な指導のあり方

　それぞれの量については特徴があるので，その特徴に応じた測定の4段階を考慮して学習展開を工夫することが重要である。この段階を単に指導の順序として捉えるのではなく，子どもが目的や場面に応じて量の大きさの比べ方を選択したり，数値化することのよさを感得したりできるようにすることが大切である。

　「測定」領域は，日常生活に生かされることが多い。領域の学習を日常生活と関連づけられるように学習の展開を工夫することで，興味・関心や主体的に学習に取り組む態度の育成につなげることが重要である。また，教材・教具としても様々な具体物を扱う中で，量の概念や測定の原理や方法について理解が深まっていく。

　そのことを通して，身の回りの量を見つけたり，量の大小を捉え大きさを比較したり，目的に応じて適切に計器や単位を選択し測定したりするなどの量についての感覚を豊かにすることやそれらを用いて適切に問題解決する力を養うことが重要である。

3　「測定」領域における内容の系統性

（1）内容の系統性の概観

　「測定」領域の内容については，子どもにとって量の大きさが認識しやすいと考えられる長さ，広さ，かさと，認識しにくいと考えられる時間や重さの学習が同じ学年で展開される。ここでは，時間や重さの概念形成が難しいということを理解し，単に時刻の読み方を扱ったり，重さを数として計算したりするだけでなく，日常の生活で活用できるように学習を展開し，量についての感覚を培っていくことが重要である。

　本領域での内容の系統性を考えると，「同種の量で単位をつくり，その単位のいくつ分で数値化すること」が測定の原理となる。

　この原理については，第1学年から第3学年までの長さ，広さ，かさ，重さだけではなく，「図形」領域となっている第4・5・6学年の面積や第5・6学年の体積においても共通する。この原理を活用して面積や体積を比較したり，求め方を考えたりする学習を展開し，「量が変化しても同種の量で数値化すれば比較できる」といった，子どもが統合的・発展的に考える学習を展開することが大切である。

表2 「測定」領域における内容の系統性の概観（□は，測定以外の領域）

校種	学年	長さ	広さ	かさ	重さ	時刻と時間	角度
小学校	第1学年	長さの比較 ・直接比較，間接比較，任意単位による比較	広さの比較 ・直接比較，任意単位による比較	かさの比較 ・直接比較，間接比較，任意単位による比較		日常の時刻の読み ・何時，何時半 ・何時何分	
	第2学年	長さの測定と単位 ・ものさしによる測定 ・cm，mm，mの単位とその関係 ・長さの加法性 ・10cmや1mの量感，見積もり		かさの測定と単位 ・1Lや1dLのますによる測定 ・L，dL，mLの単位とその関係 ・かさの加法性 ・1Lの量感，見積もり		時刻と時間 ・午前，正午，午後 ・何時間，何分 ・時間の単位の関係	
	第3学年	長さの測定と単位 ・巻き尺などによる測定 ・kmの単位，長さの単位の関係 ・100mの量感，見積もり 「図形」領域 ・コンパスによる長さの写し取り			重さの比較 ・重さの測定と単位 ・直接比較，任意単位による比較 ・はかりによる重さの測定 ・g，kg，tの単位とその関係 ・重さの加法性 ・1kgの量感，器具の選定	時刻と時間 ・何秒，時間の単位の関係 ・時刻や時間についての簡単な計算 「測定」領域	
	第4学年		「図形」領域 ・長方形，正方形の面積 ・単位正方形による計量 ・cm^2，m^2，km^2，a，haの単位とその関係 ・$1m^2$の量感				「図形」領域 ・角の大きさ ・直角のいくつ分 ・分度器による測定，度（°） ・角の大きさの加法性
	第5学年	「図形」領域 ・円周の計算 「データの活用」領域 ・歩幅の平均による歩測	「図形」領域 ・三角形，平行四辺形，ひし形の面積	「図形」領域 ・直方体，立方体の体積 ・単位立方体による計量 ・cm^3，m^3の単位とその関係 ・$1m^3$の量感		「変化と関係」領域 ・小数で表された時間	
	第6学年		「図形」領域 ・円の面積 ・概形を捉えた面積の見積り	「図形」領域 ・角柱，円柱の体積		「数と計算」領域 ・分数で表された時間	
中学校	第1学年	「図形」領域 ・おうぎ形の弧の長さ	「図形」領域 ・おうぎ形の面積 ・柱体，錐体，球の表面積	「図形」領域 ・柱体，錐体，球の体積			
	第2学年	「図形」領域 ・円の弦の長さ					
	第3学年						

（2）学年の主な学習内容との関連

①長さ，広さ，かさ

　第1学年では，ものを移動したり重ね合わせたりする具体的な操作によって直接比べたり，長さや形を写し取るなど他のものを用いて比べたりすることを通して量についての理解を深めていく。身の回りのものを単位としてそのいくつ分で大きさを比べ

る中で，量を数として捉えることや測定の仕方についても理解を深める。その中で，量の大小や量感等をはじめ，量についての感覚を豊かにしていくこととなる。

　第2学年では，ものの大きさについて普遍単位の必要性に気づき，それを用いて正しく測定したり，目的に応じた単位で量の大きさを表現したりする。また，測定する長さが木のまわりや螺旋状のもの等の直線でないものや，子どもが認識しにくい魚や野菜等幅のあるものの長さについて測る位置を決めて測定する経験が大切となる。

　第3学年では，測定したい量のおよその見当をつけて測定方法を考えたり，単位の関係について考えたりする。長さについては，1kmの大きさを直接捉えることは難しいため，「100mのいくつ分」や「廊下の長さのいくつ分」等，身の回りの大きさ等と関連づけることで，実感として捉えられるようにすることが重要である。

②重さ

　「重い」「軽い」という感覚的な捉え方から，重さを量として捉えられるようにしたい。重さの比較や測定を行うだけでなく，「軽々と持ちあがるか」や「押したり引いたりして容易に動くか」など実感として捉えたり，外見の大きさや物の質（鉄や木等）によらないことなどを体験することが重要である。そして，「長さ」等と同様に，任意の単位を定めて数値化することで普遍単位として「kg」や「g」が使えるようにしたい。また，はかりを用いて測定する際に，これまで学習してきた普遍単位による数値化との関連を図ることも重要である。例えば，はかりの外周にテープを貼り，めもりを打つことで数直線化するなど，認識しにくい量である重さを，針の動く幅に置き換えて考えることも大切にしたい。さらに，第3学年理科「物と重さ」の学習と関連づけながら学習展開していくことが必要である。（指導案⑥参照）

③時間

　第1学年で時刻を読むことから始まり，第2学年では時間の単位に着目し，それらの関係を理解できるようにする。そして第3学年では，時刻や時間を求めるなど日常生活に生かすことができるようにする。時間は子どもにとって認識しにくい量であり，他の量で用いられる十進法と六十進法による違いによる難しさも加わる。そこで，砂時計などを用いて時間を可視化し単位時間のいくつ分として測定できる量であることに気づけるようにしたり，時計のめもりの仕組みについて丁寧に取り扱ったりすることが重要である。例えば，1日の自分の行動とそれに要した時間を結びつけたり，「運動した後60秒で何回呼吸したか，心拍数が何回あがったか」を結びつけたりすることで，時間の大きさの感覚を捉えやすくしていくことも大切である。

4　中学校の学習内容との関連

　中学校では数学科「図形」領域において，おうぎ形の弧の長さや面積，柱体や錐体の体積などが計量として扱われる。理科では，重さが力の一種であることについて理解を深める中で，「重さ」と「質量」が区別される。「質量」とは，物質の動きにくさの度合いのことであり，月面などの宇宙空間を含めた場所によって変わらない量である。てんびんで測定されることも，このことによるものである。「重さ」とは，物体

に作用する重力の大きさのことであり，ばねばかりやはかりを用いて測定することができる。そのため，場所が違ったり，はかりの水平が保たれていなかったりすればその測定値に違いが生まれるものである。量の保存性については，物質の液化や固化などの状態変化や酸化・結合などの化学変化によって物質の質量が変化しないことを学ぶ。また，加法性の成り立たない量として水溶液の濃さを表す質量パーセント濃度について取り扱ったり，物質固有の性質を用いて物質を分類する際に，物質の体積と質量をもとに密度を取り扱ったりする。小学校算数で培われた量の概念や測定の原理と方法についての学習が生かされるものである。

5　算数科における他領域及び他教科等との関連

（1）算数科における他領域との関連

　「図形」領域では，図形を構成する要素に着目し，その大きさを数値化することについて考える。その際に「測定」領域での学習において長さが数値化されており，図形の考察に活用されることとなる。「長さの他にも角度，面積，体積が数値化できないか」ということが問題となる。そこで長さの数値化の仕方を振り返りながら，角の大きさ，面積の大きさ，体積の大きさの求め方について考えることになる。また，長さの測定をもとにした計算によって面積，体積を求める方法について考えていく。他にも「変化と関係」領域では，「単位量あたりの大きさ」や「割合」等，2量の関係について考える際に，「測定」領域で繰り返し行ってきた任意の単位を定めるなど，「基準となる単位をもとに比べる」という比較の仕方が問題解決に生かされることとなる。「測定」領域で取り扱われてきた量が加法性をもつ外延量であることに対して，「変化と関係」領域で扱われる「速さ」は加法性をもたない内包量である。外延量や内包量といった言葉や区分を子どもが理解する必要はないが，量として測定できるものであっても性質の違いとして加法性をもつものともたないものがあることを理解しておく必要がある。

（2）他教科等や総合的な学習の時間との関連

　「重さ」の学習は，理科の領域「物質とエネルギー」の第3学年「物と重さ」においても扱われる。理科では，子どもがものの形や体積に着目して，重さを比較しながら，ものは形が変わっても重さは変わらないことを捉えるようにしたり，ものは体積が同じでも重さは違うことがあることを捉えるようにしたりすることがねらいである。

　そのため，粘土やアルミニウム箔など，広げたり，丸めたりして形を変えることが容易な物や砂糖や食塩などといった粉状のもの，同体積で重さの違いを比べることが容易なものや，同形・同体積の木や金属などが取り扱われる。このような理科での学びとの関連を図りながら算数科では量の測定の仕方や数値化の過程を考えていくことが重要である。

　生活科では，育てた植物の生長を調べることがある。その際，子どもが量の存在に着目し，背の高さや蔓（つる）の長さ，葉の大きさを比較するために，どの量についてどのように測定するのか，これまでの学習を生かすことが重要である。また，おも

「測定」領域　73

ちゃづくりやむかし遊びでは，背の高さや両手を広げた長さ等，身体尺を用いて計測したり，すでに学んだ長さを用いて計測したりすることも大切である。

総合的な学習の時間では，身の回りの問題を解決するための指標として給食の残量調査や地域でのごみ拾いの結果を表すために重さを用いたり，水質検査に用いられるパックテストを活用したりするなど，計測して数値化し判断する中で「測定」領域での学びが生かされるようにしたい。

6 評価のポイント

（1）資質・能力の評価について

これまでにも述べてきたように「測定」領域で育成される資質・能力は，長さや重さなど対象を変え，繰り返し行われる比較の仕方や問題解決の過程，単位の仕組みなど共通することに着目させながら，「量とは何か」ということの理解を深めることである。量は測定という操作によって，数に置き換えられ計算などによって処理できるようになる。それだけに，結果として数値化された量を数として処理することにのみに評価の重点が偏らないよう留意しなければならない。そして，身の回りのものの特徴に着目し，量の大きさの比べ方を見いだすなどの「数値化に至る過程」で考えたことや子どもが積極的に数学的活動を行っている姿も評価する必要がある。

測定する際，「何をどのように測るか」や「どの計器を選択して使うか」，「測定するときに何に注意するか」等を見取りながら，「端をそろえる」や「はかりを水平な場所に置く」，「めもりを正しい位置で読む」等，正確に測定し，正しく数値を読むための方法等についても丁寧に評価するようにしたい。そして，量感をもとに大きさの見当をつけたり，適切な単位や計器を選択し測定したりする等，量についての豊かな感覚の育成につながる評価を重視したい。

（2）形成的評価について

上述したように「測定」領域では，「もとになる大きさのいくつ分で比べたらよい」や「端や隅をそろえたり，隙間や重なりがないように並べたりするとよい」等，比較の仕方や問題解決の過程など共通したものを見いだしながら学習を深めていく。

単元の流れの中で，比べる方法を考えたり，およその見当をつけ目的に応じた単位で量の大きさを表現したりする等，測定の各段階での子どもの数学的活動を見取り，子どもの主体性や考え方も含め評価したことを子どもの問題解決に生かしていけるよう計画的な評価と指導を工夫していくことが必要である。

「測定」領域は，他の領域や教科等とも関連の深いものである。それぞれの関係を理解し，「子どもが新しく出合う量について，すすんでその性質を調べたり，数値化しようとする態度」や「学習したことを他の領域や教科等，日常生活に生かそうとする態度」等についても評価し，指導に生かしていくことが大切である。

74　第2部　五領域における内容と留意点

「変化と関係」領域

1 「変化と関係」領域について

　「変化と関係」領域では，「関数の考え」の育成が重要である。これは「事象の変化や関係を捉えて問題解決に生かそうとする」資質・能力の育成にもつながる。

　「関数の考え」は，中学校数学の「関数」領域につながるものとして，小学校と中学校の学習の円滑な接続が重要である。

　また，「変化と関係」領域における重要内容は「割合」である。割合については，2つの数量 A，B の関係を整数，小数，百分率，比等で表すことや，それを生かした問題解決ができることをめざす。第 4 学年では簡単な場合において，割合を整数倍で比べる等の学習を行う。それを受けて，第 5 学年での割合を小数で表して比べる等の学習につなげていく。

　また，関数の考え及び割合を日常生活に生かすことも求められており，本領域で育成する資質・能力に着目し内容を整理すると，次の 2 つにまとめられる。

（1）伴って変わる 2 つの数量を発見し，その依存関係に着目し変化や対応の特徴を考察し，問題解決に生かすこと（関数の考え）

（2）2 つの数量 A，B の関係を整数，小数，百分率，比等で表し，問題解決に生かすこと（割合）

2 「変化と関係」領域ならではの重要な内容と系統的な指導のあり方

（1）「関数の考え」について

　「変化と関係」領域では，事象の変化を捉えて問題解決に生かす資質・能力の育成が重要で，その中核となるのが関数の考えである。関数の考えとは，数量や図形を取り扱う際に，それらの変化や対応の規則性に着目して，事象をよりよく理解したり，問題を解決したりする際に働く考えである。その考えの特徴は，ある数量を調べようとするときに，それと関係のある事柄を把握して，問題解決に生かすところである。

　関数の考えのよさを表すのに，次のような一例がある。温度自体を直接捉えることは難しいが，温度の変化とともに他に変わるものがないのかと考えてみる。すると，温度が変わると液体の体積も変わることが分かる。そして，温度と体積の 2 つの数量の関係に着目し，温度を数値化したのが温度計である。つまり，水銀などの体積が変わるのを利用して，体積の変化の規則性を調べて，温度計をつくったのである。

　このような関数の考えのよさを子どもが感じ，獲得するためには，次の 3 つのポイント（表 1）について一連の流れを通して問題解決を行うことが大切である。

「変化と関係」領域　　75

表1 関数の考えのよさを子どもが感じ，獲得するための3つのポイント

1. 変量発見・依存関係への着目	ある場面での数量や図形についての事柄が，他のどんな事柄と関係するのかに着目する。
2. 規則性の発見	伴って変わる2つの数量の間に，変化や対応の規則性を見つける。
3. 問題解決への活用	見いだした変化や対応の特徴について，その思考過程や結果を表現したり，その特徴を様々な問題の解決に活用したりする。用いた方法や結果を見直し，必要に応じて目的に応じたものに改善する。

（2）「差と公倍数，割合」（2つの数量の関係を比べる際の視点）

　2つの数量AとBの関係を割合を用いて比べるとは，2つの数量のうちの一方，例えばBを基準にする大きさ（基準量）としたときに，もう一方の数量であるA（比較量）がどれだけに相当するのかをA÷Bの商で比べることである。この表わされた数（商）が割合である。

　数量の関係を比べる際，例えば，「バスケットボールのシュートが入った回数は，10回中6回入った人と，12回中8回入った人はどちらの方がよく成功したと言えるのか」という問題がある。このような問題を解決する際には，「差で考えるか」，「公倍数で考えるか」，「割合で考えるか」を考えることとなる。

　2つの数量の関係を割合で表す際には，2つの数量の間に比例関係があることを前提としている。上述例でいうと，0.6の割合で入る「成功していると考えられる値（シュート成功率）」というのは，「10回中6回入る」，「20回中12回入る」，「30回中18回入る」等を「同じく成功する」という関係としてみていることを表している。

　割合で表す際には，この前提に基づいて数量の関係どうしを比べたり，知りたい数量の大きさを求めたりしている。また，「1時間に60km走る車の速度では，2時間では120km進む」等，異種の2つの量の割合でも同様に考えることができる。つまり，割合は一組の数量の関係だけではなく，比例関係にある異なる数量の組をすべて含めて同じ関係としている点が特徴である。

　2つの数量の関係と別の2つの数量の関係を比べる際，差で比べる場合がある。例えば，「10回中6回入った人と，12回中8回入った人」を差で考えると「10−6＝4」と「12−8＝4」となり，「どちらの方がよく成功したか」が解決しない場合が出てくる。この場合，極端な例（例えば1000回中996回入った人）を提示し，同じくよく成功したと考えられるかと新たな場面を設定することが重要となる。

　さらに，「一方をそろえる」という考え方があるので公倍数で比べる場合もある。上述の例は，公倍数でも比較することはできる。その後，比較する対象が増えるに従って公倍数では一方の数をそろえることが困難な場合があることを体感し，「いつでも比較できる方法」を考えることで，割合で考えることのよさが感得できる。

（3）「異種の2つの量の割合」と「同種の2つの量の割合」の共通点，相違点

　異種の2つの量の割合（単位量あたりの大きさ）も，同種の2つの量の割合（割合）も，数量の関係を割合で把握するときは，2つの数量の比例関係を前提としてい

76　第2部　五領域における内容と留意点

る場合であることは共通している。異種の2つの量の割合では，一方の量の1に対応する値を求めているのに対して，同種の2つの量の割合は一方をもとにしたときに他方の量がそのどれぐらいにあたるのかを求めるところが相違点である。整数どうしの除法では，異種の2つの量の割合は等分除（例えば，12このボールを4人で同じ数ずつ分ける。1人分は何こになるかなど全体をいくつかに同じように分ける），同種の2つの量の割合は包含除（例えば，12このボールを4こずつ分ける。何人に分けられるか，など全体をいくつかずつに分ける）と関連している。この2つの除法は2つの数量の関係を数（商）で表現している点は同じである。

表2　比の3用法

比の第一用法	(p)＝A÷B	割合＝比較量÷基準量
比の第二用法	A＝B×(p)	比較量＝基準量×割合
比の第三用法	B＝A÷(p)	基準量＝比較量÷割合

その後，比の3用法を学習することで，2つの数量の関係についての理解を深めていく。比の3用法とは（表2）の通りである。

また，割合の学習では，次のような「くもわ」の図（図1）を用いることがある。

この図を活用すると，例えば，「5年生は112人であり，そのうち算数好きは84人です。この5年生の算数の好きな人の割合を求めましょう」を解決する際には，84人が「比べられる量」，112人が「もとにする量」と捉え，「84÷112」と式化でき，形式的に「割合は0.75」と求めることができる。

図1　「くもわ」の図

割合の指導においては，上記の割合の関係を表した図をもとに，この図に数値をあてはめて計算練習を繰り返すことがある。この指導直後は正答率は高いものの，しばらくすると子どもは，この図を忘れてしまい正答率が大幅に下がるという指摘がある。

この図のよさは「基準量」や「比較量」が把握できれば自動的に立式できる点にある。しかし，割合とは基準量を「1」とみる考え方や比例関係を前提としているという捉え方ができにくくなる欠点もある。そこで，この図の構造の理解とともに数直線等を活用し，どの数を基準量として「1」とみるのか等，複数の表現方法を関連させた指導の工夫が必要となる。

3　「変化と関係」領域における内容の系統性

「変化と関係」領域の関数（関数の考え）と割合については，第4学年から第6学年で学習するが，その素地的な学習となる小学校第1学年から第3学年の学習内容と，その発展的な学習となる中学校第1学年から第3学年までの学習内容を（表3）に示す。

（1）内容の系統性の概観

表3 「変化と関係」領域における内容の系統性の概観

校種	学年	関数（関数の考え）	割合
小学校	第1学年	「A 数と計算」領域 ・10 の補数関係（一方が1ずつ増えると他方が1ずつ減る）等	「C 測定」領域 ・測定の意味において，単位のいくつ分を考える学習（例えば，いくつ分の長さか考えましょう。）　［「1」に着目するという視点では，「C 測定」領域との関連が強い］
	第2学年	「A 数と計算」領域 ・九九の構成（乗数が1ずつ増えると，積は被乗数分だけ増える） ・九九の表での数の並び方	「A 数と計算」領域 ・乗法，除法の意味について理解する際に，整数を用いた倍の意味を取り扱い「もとにする量の何倍」という割合の基礎となる学習
	第3学年	「A 数と計算」領域 ・乗数と積の相互関係（乗数が1増減すると，積は被乗数分だけ増減する） ［「変化と関係」領域］	・分数の意味においても「もとの大きさの $\frac{1}{2}$」などの学習 「C 測定」領域 ・測定の意味において，単位のいくつ分を考え，割合の基礎となる学習
	第4学年	・和・差一定，商一定などの伴って変わる2つの数量の変わり方を，表やグラフにして関係調べ	・（同種の2つの数量の）簡単な場合の割合（整数で表す）
	第5学年	・表や式から2つの数量の関係考察 ・簡単な比例	・単位量あたりの大きさ（速さも含む） ・割合の意味と求め方（小数で表す，百分率，歩合）
	第6学年	・比例，反比例の意味，比例のグラフの特徴とその読み方，表し方，反比例のグラフの概観	・比の意味，比の値
中学校	第1学年	「C 関数」領域 ○比例，反比例 ・関数関係の意味 ・比例，反比例（変域を負の数に拡張） ・比例，反比例の表，式，グラフ ・比例，反比例の変化や対応の特徴を見いだす学習 ・具体的な事象を捉え考察し表現する学習　［小学校で学習した比例・反比例は，「関数」として捉え直す］	「A 数と式」領域 ○一元一次方程式を具体的な場面で活用すること，簡単な比例式 ・「割合」は，中学校では「C 関数」領域以外の他の領域での学習が多く，小学校で育成した割合における見方・考え方を生かした学習
	第2学年	「C 関数」領域 ○一次関数 ・事象と一次関数 ・二元一次方程式と関数 ・一次関数の表，式，グラフとそれらの相互関係・具体的な事象を捉え考察し表現する学習	「A 数と式」領域 ○連立二元一次方程式を具体的な場面で活用すること ・立式の段階において，数量の関係を捉えて，ある特定の数量に着目して式をつくるようにしたり，捉えた数量を表や線分図などで表してその関係を明らかにしたりする学習

78　第2部　五領域における内容と留意点

	「C 関数」領域	「B 図形」
第3学年	○関数 $y = ax^2$ ・いろいろな事象と関数 ・関数の表，式，グラフとそれらの相互関係 ・具体的な事象を捉え考察し表現する学習	○図形の相似 ・小学校での図形の観察や構成などを通して，縮図や拡大図について理解してきている。これを踏まえ，三角形や多角形等について，形が同じであることの意味を，さらに明確にする学習

（2）学年の主な学習内容とその関連

①「関数の考え」

　小学校における関数の考えの育成の中核となる内容は，第5学年から学習する比例であるが，各学年では系統立てた指導を行い，問題解決に生かすことが重要である。

　第4学年「変わり方」では，和・差一定（$y = a - x$，$y = x + a$），商一定（$y = ax$）等の伴って変わる2つの数量の変わり方を表やグラフ，□や△を用いた式に表しながら数量の関係を考察する。

　第5学年「簡単な場合の比例」では，比例の関係，また加法と乗法等，2つの演算が必要な場合に関わって伴って変わる2つの数量を見いだし，表や式等で表しながら2つの数量の関係を考察していく。

　第6学年では，「比例・反比例」等で，第5学年での簡単な場合についての比例の関係の学習から，分数倍，小数倍の比例の関係に学習内容が拡張する。また，反比例の学習では，比例と反比例の表，式，グラフの比較から，それぞれの特徴やその読み方，表し方等から2つの数量の関係を考察し，比例との相違点を明らかにしていく。

②「割合」

　2つの数量の関係を割合で表し，日常生活に生かすために，次のように学習内容が系統的に構成されている。

　第4学年では，「簡単な割合（倍の見方）」などで，日常の事象において，比べる対象を明確にし，比べるために必要な2つの数量の割合を，倍で考える学習を行う。そして「一方を基準量としたときに他方の数量である比較量がどれだけに相当するか」という数量の関係に着目する。第4学年では基準量を1とみたときに，比較量が，基準量に対する割合として2, 3, 4等の整数で表される場合について扱う。

　第5学年では，「単位量あたりの大きさ」で，異種の2つの数量の関係に着目し，目的に応じて大きさを比べたり表現したりする方法を考察し，単位量あたりの大きさの意味及び表し方について理解し，それを求められるようにする。また，「割合」では，同種の2つの数量の割合について，2つの数量の関係に着目し，図や式などを用いて，ある2つの数量の関係と別の2つの数量の関係との比べ方も考察し，百分率を用いた表し方を理解し，割合などを求められるようにする。

　第6学年では，「比」の学習で，比の意味や表し方の指導を通して，2つの数量の関係を「割合とみてよいか」を判断し，どちらか一方を基準とすることなく，簡単な整数の組として両者の関係について考察していく。

4 中学校の学習内容との関連

（1）関数

「関数」という言葉自体は，中学校第1学年で学習するが，小学校での学習の際には，中学校での学習内容を知ったうえで系統立った学習活動を構成していくことで，子どもの資質・能力のさらなる向上が期待できる。

中学校第1学年の学習では，次のような問題（図2）を解決する場面が考えられる。

（問題）深さ 24cm の円柱状の容器に，水が 4cm の高さまで入っています。この容器が満水になるまで一定の量で水を入れていくとき，水を入れ始めてから x 分後の水面の高さを $y$cm とします。x と y の関係を表に表しきまりを見つけることができますか。

x（分）	0	1	2	3	4	5	…
y（cm）	4	6	8	10	12	14	…

図2　中学校1年「関数」の学習の際の問題例

学習のめあてとしては，「伴って変わる2つの数量の関係を調べよう」であり，学習の過程で，次のことを指導していく。

・（問題）の x，y のように，いろいろな値をとる文字を「変数」という。

・（問題）の伴って変わる2つの変数 x，y があって，x の値を決めると，それに対応する y の値がただ1つ決まるとき，「y は x の関数である」という。

　上記（問題）では，水面の高さは y は，時間 x の関数である。

2つの数量の関係について，「y は x の関数である」という表現を用いて，その意味を捉え，変化や対応の規則性に着目し関数関係における理解を深める。ここでは，小学校で学習した比例や反比例を関数として捉え直す。その後，中学校第2学年で一次関数，中学校第3学年で関数 $y = ax^2$ を学習する。

（2）方程式

> 「元」：式に含まれている文字の種類数　「次」：かけ合わされている文字の数

中学校第1学年では，「数と式」領域において，一元一次方程式を具体的な場面で活用する学習等を行う。例えば $5(x-90) = 0$ などの一元一次方程式を活用する場面として，比例式を解決する（中学校では，2つの比が等しいことを表した式のこと（○：△＝◇：□）を「比例式」という。また，$y = ax$ は「比例の関係を表す式」という）。

例えば，「2種類の液体A，Bを3：5の重さの比で混ぜる。B150g に対して，Aを何g混ぜればよいか」を求めるには，Aを xg 混ぜるとして，比例式 $3：5 = x：150$ を考えればよい。ここでは比をもとにして数量を求めるような具体的な場面において，比例式をつくり問題を解決することが大切である。

中学校第2学年では，「数と式」領域において連立二元一次方程式を具体的な場面

80　第2部　五領域における内容と留意点

（例えば，$\begin{cases} x+y=2 \\ 3x+2y=5 \end{cases}$ などの二元一次方程式2つを1組と考えたもの）を活用する学習を行う。立式の段階において，数量の関係を捉えて，ある特定の数量に着目して式をつくるようにしたり，捉えた数量を表や線分図などで表してその関係を明らかにしたりする問題が多い。例えば，「ある中学校の昨年の全校生徒数は，男女合わせて220人でした。今年は，昨年と比べ，男子が5％増え，女子は2％減ったため，全体では4人増えた。昨年の男子と女子の人数はいくらか」を求めるには，昨年の男子の人数を x 人，女子の人数を y 人として，連立二元一次方程式で考える。

（3）図形の相似

中学校第3学年では，「図形」領域において図形の相似の学習を行う。例えば，「影の長さを測定したら，木の影の長さは12m，高さ2mの鉄棒の影の長さは1.5mでした。この木の高さはいくらか」を求めるには，図形の相似の考えを活用し，直角三角形をもとに木の高さを xm として，比例式 $x:2=12:1.5$ を考える。

5　算数科における他領域及び他教科等との関連

（1）小学校第1・2・3学年の学習内容との関連

①「関数の考え」と関連する学習内容

「変化と関係」領域は，第4学年から第6学年の学習ではあるが，関数の考えの育成に関わる内容の系統として，第1学年から第3学年では「数と計算」領域において，ものとものとを一対一対応させたり，一つの数を他の数の和や差，積としてみたり，乗数が増えるときの積の増え方に着目したりする指導を継続的に行っていく。

第1学年「いくつといくつ」では，「10は1と9」や「10は2と8」のように，被加数と加数を並べていくと，互いに1ずつ増えたり減ったりする関係性に気づくことができる。ここでは，数と数の関係性に着目できるように，ブロック等の半具体物と対応させたり，計算カードを並べたりしながら指導することが重要である。

第2学年の「かけ算九九」では，個々の子どもが九九をつくる過程を大切にし，学習活動を構成する。乗法九九の学習では，2や5の段，3や4の段などをつくっていくが，子どもは同数累加（例えば，$5×1=5$，$5×2=5+5=10\cdots$）を繰り返し，九九をつくっていく。その際，子どもは九九をつくる過程で，「かける数が1増えるごとに，答えは5ずつ増えていく」等の規則性の発見から，乗数の変化と積の変化の関係を見いだしていく。そして，「乗数が1増えるごとに，被乗数分だけ増えていく」というように，「答えの変化がかける数の変化と関係している」ということに気づいていく。また，九九表を活用して，表を縦にみたり，横にみたりしながら，各段どうしの関係を考えることも大事にしたい活動である。

第3学年では，子ども自らが数値を決める学習活動を行う。数量関係を捉えるためには，様々な数で確かめることが大切である。例えば，「切手を6枚もらったので，全部で25枚になりました。はじめに持っていた切手の数を□として式をつくり，□にあてはまる数を考えましょう」という課題を提示した場合，子どもは式化したの

「変化と関係」領域　81

ち，□に数値を順序よくあてはめて未知数を見つけていく中で，複数の数量の関係を捉えることができるようになる。

②「割合」と関連する学習内容

第2学年「かけ算九九」では，乗法の意味を理解するうえでは，どの数量を一まとまりとして捉えるのかが重要になり，これが割合の学習における「もとにする量」になる。また，その一まとまりにしたものを何個分かを集めると量全体の大きさになる。「何個分」が割合になり，量全体が「比べられる量」になるので立式する際に，例えば「○個の□倍だから，○×□という式になる」という表現（この表現が比の第二用法につながる）ができるように指導する。

第3学年「わり算」では，等分除や包含除の学習を行う。等分除は異種の2つの量の割合（単位量あたりの大きさ），包含除は同種の2つの量の割合（割合）に関連する。等分除と包含除については，子どもが問題場面を把握できるように，「何を求めるのか」という文章問題の違いや操作や図等の表し方の違いに着目し，子どもが商の意味を理解できるようにすることを大切にし，学習を展開していくことが重要である。

(2) 他教科等や総合的な学習の時間との関連

第6学年「反比例」は第6学年の理科の単元「てこのはたらき」との関連がある。理科では，「力を加える位置や力の大きさを変えると，てこを傾ける働きが変わり，てこがつり合うときには，それらの間に規則性があることについて理解するとともに，観察，実験などに関する技能を身につけること」が求められており，目に見えない定性的な「手ごたえ」を重さという数値に置き換え，定量的に捉えることができるように学習を進めていく（図3）。

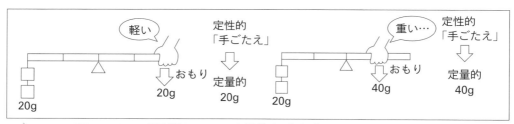

図3　てこの規則性にかかる定性的な「手ごたえ」と重さの数値化

てこの規則性について考えるためには，力の大きさをおもりの重さで数値化して，左側と右側のてこを傾ける働きの大きさをつり合わせる実験をする。「実験用てこ」を用いて実験を行い，結果をまとめ考察することで，算数科の「反比例」で学習したこととの関連を深めていくことができる。

第5学年「割合」のグラフは，他教科等（社会科や総合的な学習の時間）でもよく活用される。他教科等の指導では，情報収集の際，棒グラフや帯グラフ，円グラフなどの資料が使われているが，「割合」の学習後には各グラフが表している特徴を話し合い比較する等，十分な分析をすることが重要である。また，表したいことの目的に応じて，子どもがどのグラフがよいのかを考え作成することも大切にしたい。

6 評価のポイント

（1）資質・能力の評価について

「関数の考え」の学習では，（表1）で示した「3つのポイント」をもとに学習が展開されていくと考える。そこで，この3つのポイントを考慮しながら，3観点でのバランスのよい評価をしていくことが重要である。

例えば，「1 変量発見・依存関係への着目」の評価については，「解決の過程で依存関係に着目する場面」，「問題を解決するために依存関係に着目する場面」，「依存関係を考えること自体が問題である場面」等の場面設定を行い評価していく必要がある。

そして，「2 規則性の発見」についても，「1つのデータから対応の規則性をみつける場合」や「多くのデータを得てから対応の規則をみつける場合」等，様々な場面がある。子ども自身が「規則性を発見した道筋を明確にしているのか」や「なぜその規則性はいつでも成り立つのか」等，子どもの数学的活動の過程を見取り評価を行っていくことが重要である。

「3 問題解決への活用」の際には，解決過程等での表現方法は表やグラフや図，式がある。子どもが「何を目的として，なぜその表現方法で伝えたのか」や「複数の表現方法を関連させて考えているのか」等を見取り，評価を行っていく。

「割合」の学習における評価で求められることは，「比べられる量，もとにする量，割合の数値間の関係を理解し，問題解決できているのか」ということである。

また「割合」には，比例関係という前提があり，それをもとに図や表等を用いて，ある2つの数量の関係と別の2つの数量の関係との比べ方を考察し，「日常生活等に生かしているのか」ということを見取り，評価を行っていくことが大切である。

（2）形成的評価について

「変化と関係」領域の指導においては，子どもが「2つの数量の関係を考えることができているのか」ということが前提にあることを意識したうえで，3観点での評価をバランスよく行い，指導に生かすことが大切である。

例えば，実践における第6学年「比例と反比例」では，比例の関係と反比例の関係を対比的に捉えて，反比例の意味を理解する学習を取りあげている。ここでは，「思考・判断・表現」の観点で評価し，変化の特徴や対応のきまりを捉えるに至っていない子どもに対して「比例での学習を想起し，表の中の2つの数量を縦と横のどちらで見るのか決める」等の支援を行っている（指導案[14]参照）。

実践における第5学年「割合」では，基準量，比較量を子ども自身で決定し，割合を考えるという学習を取りあげている。ここでも，「思考・判断・表現」の観点で評価し，基準量や比較量を決めるに至っていない子どもに対して，これまで学習してきた基準量や比較量の捉え方を明確にする言葉がけや，式の意味，商の意味などを問う等の支援を行っている（指導案[12]参照）。

このような評価結果を具体的な指導に生かしていく形成的評価が重要である。

「変化と関係」領域　83

「データの活用」領域

1 「データの活用」領域について

　高度な情報社会が進展する中で，多くの情報を取捨選択し，統計的な見方・考え方等を活用できる資質・能力を身につける必要がある。

　日常生活では，多様なメディアを通して，意識調査などの統計的な情報に触れる機会が多い。しかし，その情報は「どのような目的を有しているのか」，「標本は無作為に抽出されたのか」等を考え，注意深く受け止めることが必要である。そして，身の回りの問題を解決する際には，統計的な手法を適切に活用できることが望ましい。

　例えば，2人の選手のどちらかを次の試合に出すと考えた場合，それぞれの競技結果のデータを代表値や柱状グラフ（ヒストグラム）等で比較検討することで，一定の結論を導き出すことができる。

　このように，統計的な情報を受け取る際にも発信する際にも，統計的な見方・考え方や知識・技能を身につけておくことで，自分の行動について合理的に判断することができる。

　そこで，小学校から，「目的に応じてデータを収集し，表やグラフ等に表し，その特徴を分析して結論を導き，問題を解決する」といった統計的な問題解決を重視したい。さらに，学習内容の関連に留意しながら，系統的に統計的な見方・考え方や知識・技能，態度を培い，データに基づいて的確に判断したり，多面的・批判的に考察したりすることが必要となる。

2 「データの活用」領域ならではの重要な内容と系統的な指導のあり方

（1）この領域ならではの重要な内容
①PPDAC サイクル

　問題解決的な学習の過程に統計的な問題解決を位置づけながら進めることが重要である。統計的な問題解決を行う場合，その過程の一つとして，PPDAC というサイクルがある。まず，自分が解決したい問題（problem）を設定し，問題解決への見通しをもつために計画（plan）を立て，データ（data）を収集し，観点を決めて整理する。次に，データを分析（analysis）し，当初の問題に対応した結論（conclusion）を導く。さらに，疑問が生じた場合には，新たに問題を設定することになる。この過程は，「PPDAC サイクル」と呼ばれている。この過程を順序通りに行うことが大切なのではなく，子どもの問題意識を醸成しながら調査の目的を明確にしたり，話し合い活動を通して分析の観点を見直したり，振り返りを通してデータ収集を再度計画したりするなど，学習状況に応じた柔軟な対応が必要である。

②多面的・批判的な考察

　子どもが統計的な問題解決を行いながら，PPDAC サイクルの過程において，統計

的な方法や結果を振り返り，よりよく考える態度が重要である。子どもが初めて統計的な問題解決に取り組む際に，各過程において多面的・批判的に考察するために，振り返りの観点を具体的な問題場面に応じて提示することが必要である。そこで，各過程における子ども自身の振り返りの観点例と指導者の留意点を（表1）に示す。

表1　PPDAC サイクルにおける統計的な問題解決の過程と振り返りのポイント例

PPDAC サイクル	子どもの振り返り	指導者の留意点
問題 P 問題把握，問題設定	・なぜそれに取り組みたいか。	・解決するような問題か。
計画 P データの想定 収集計画	・データ収集の内容や方法について（無作為か・意味が理解できるか・選択できるか）	・データ収集の内容や方法について（人権に配慮しているか・アンケートの回答率は高いか） ・出典を明らかにしているか。 ・サンプルサイズは適切か。
データ D データの収集 表への整理	・データの収集方法は適切か。	・無答や外れ値はないか。 ・無答や外れ値をどう処理したか。
分析 A グラフの作成 特徴や傾向の把握	・代表値等の計算は適切か。 ・問題やデータの種類に応じた表やグラフであるか。 ・多面的な分析ができたか。	・比較対象はあるか。
結論 C 結論づけ 振り返り	・問題に対応した結論か。 ・収集したデータの分析から言える結論か。 ・結論を確かなものとするために，さらに追究すべき問題は何か。 ・さらに，どんな調査を行うか。 ・解決したか。	・因果関係を結論としていないか。 　2つの数量関係は，安易に原因と結果の関係と判断しないことが大切！ ・解決しなかった場合，それはなぜか。

（2）系統的な指導のあり方

「データの活用」領域において，自分たちで問題を設定したり，PPDAC サイクルの過程において，統計的な方法や結果を振り返ったりするためには，低学年から統計調査の目的を明確にして，一連の統計的な問題解決を行うことが必要となる。

例えば，低学年の学習から身近な問題を扱ったり，結論に疑いをかけたり，結論をもとに自分の行動を決定したりすることが重要となる。中学年の学習では，身近な問題に対して必要な情報を自ら収集・分析し，目的に応じた表やグラフを選択し，結論を得る。さらに，その結論に疑いをかけ，PPDCA サイクルの各段階への振り返りへとつなげていく。高学年では，問題設定の段階から振り返りを行うとともに，結論を得たうえでの振り返りを生かして，発展的な問題設定や統計的な問題解決のよさを感得することにつなげる。

「データの活用」領域　85

3 「データの活用」領域における内容の系統性

（1）内容の系統性の概観

表2　内容の系統

	第1学年		絵等を用いたグラフ
小学校	第2学年	簡単な表	○等を用いたグラフ
	第3学年	表	棒グラフ
	第4学年	二次元の表	折れ線グラフ
	第5学年	測定値の平均	円グラフ　帯グラフ
	第6学年	度数分布表 代表値 起こり得る場合の数	ドットプロット 柱状グラフ
中学校	第1学年	相対度数 統計的確率	ヒストグラム
	第2学年	四分位範囲 数学的確率	箱ひげ図
	第3学年	標本調査	

小学校では（表2）のように一次元と二次元の表，度数分布表を扱う。表は数量の関係を理解しやすく表し，それを用いて関係を調べたり読み取ったりしていく。低学年では，一次元の表を扱い，中学年で一元の表をつなげた簡単な二次元の表と，2つの観点で分類整理した二次元の表を扱う。

一次元の表から二次元の表へ移行する際には，子どもが1つの観点ではなく，2つの観点から分類整理することを意識できたり，そのよさを感得できたりするような指導が必要である。

グラフについては，小学校では（表2）にあるようなグラフを扱う。グラフは，表と同様に数量関係を見やすく表すものであり，それを用いて関係を調べたり読み取ったりする学習を進めていく。さらに，表と比べてデータどうしの関係や今後のデータの予測の読み取りに適していると言える。指導においては，第3学年の棒グラフ以降，性質の違うグラフが出てくるので，既習事項を生かしながら，グラフどうしの相違点を明らかにし，目的に応じたグラフを選択できるようにすることが必要である。

なお，中学校では，小学校の学習内容を統合しながら，記述統計における新たなグラフである箱ひげ図や推測統計の基礎的な概念である標本調査へと発展していく。また，統計的確率と数学的確率の違いについても扱うことになる。

（2）学年の主な学習内容とその関連

①単元名　第1学年「数の整理」，第2学年「表とグラフ」

一次元の表や○等を用いたグラフは，数量関係を見やすくするために，集団における1つの性質に着目して，資料を分類整理したものである。例えば，好きな遊びとその人数の表やグラフがそれにあたる。一次元の表は，数として表現することで，大きさを比べやすいよさがあり，○等を用いたグラフは，第1学年での絵グラフに比べて，簡潔に表現できるよさがある。ここでの指導では，目的を明確にしながら，同じ種類のデータを子ども自身がまとめて数値化することが大切である。さらに，分析した結果を活用することができるとよい。

②単元名　第3学年「棒グラフと表」，第4学年「折れ線グラフと表」

二次元の表は，2つの観点からデータを分類整理したものである。第3学年では，一次元の表を複数つなげた二次元の表を扱い，第4学年では2つの観点から分類整理

した分割表へと発展的に学習する。例えば，第3学年では，「読書力を向上させよう」という総合的な学習の時間の取り組みと関連させて「自分の学級が一学期（4月から6月）に図書室で借りた本の種類」を扱うことができる。その際，表の縦軸にあたる本の種類を冊数の大きい順にしておくと，各月の表の縦軸を並べ替える必要性が出てくる。2観点のうち一方（本の種類）を固定し，本の種類に対応するデータ（借りた人数）を集め整理し，簡単な二次元の表を作成する（表3）。

表3　一学期に借りた本の種類と冊数

本の種類	4月
物語	22
図鑑	16
科学	9
伝記	5
その他	4
合計	56

本の種類	5月
図鑑	31
物語	20
伝記	18
科学	7
その他	8
合計	84

本の種類	6月
物語	18
科学	15
図鑑	14
伝記	5
その他	5
合計	57

本の種類	4月	5月	6月	合計
物語	22	20	18	60
図鑑	16	31	14	61
科学	9	7	15	31
伝記	5	18	5	28
その他	4	8	5	17
合計	56	84	57	197

　第4学年の指導で大切なことは，最初から二次元の表を与えるのではなく，子どもが2つの観点からデータを分類整理することである。例えば，第4学年で，「好きな教科と入りたいクラブ活動」を扱うとすると，事前にアンケートをとり，それぞれのデータを1枚のカードに【算数・合奏】のように表記しておき，一人ひとりの子どもに学級人数分のデータをカードにして配布する（表4左）。そして，アンケートの結果がよく分かるように分類整理できるようにする。子どもは，まず同じ種類のカードを集め，次に一方の観点だけに着目してカードを整理する。さらに，より分かりやすくするために，もう一方の観点にも着目し，縦にも横にも整理された並べ方を見いだしていく。その後は，数値化したり各項目を表記したりして，二次元の表へとまとめていく（表4）。

表4　好きな教科と入りたいクラブ活動

理科・科学	体育・屋ス	体育・屋ス	算数・PC	体育・バド
体育・屋ス	体育・合奏	算数・バド	音楽・合奏	音楽・合奏
算数・PC	音楽・合奏	音楽・合奏	体育・屋ス	算数・科学
音楽・合奏	理科・PC	体育・屋ス	体育・バド	体育・屋ス
体育・バド	音楽・バド	算数・バド	理科・科学	体育・PC
体育・屋ス	算数・PC	音楽・屋ス	音楽・器楽	算数・屋ス

クラブ／教科	合奏	バドミントン	科学	コンピュータ	屋外スポーツ	合計
理科	0	0	2	1	0	3
算数	0	1	1	3	2	7
体育	1	3	0	1	7	12
音楽	6	1	0	0	1	8
合計	7	5	3	5	10	30

③単元名　第6学年「度数分布表」

　度数分布表は，分布の様子を数量的に捉えやすくするために，数量をいくつかの区間（階級）に分けて，各区間に入る度数を対応させた表である。階級の幅をどのようにとるか等，分類整理の仕方によって，資料の傾向や特徴がつかみやすくなることがあるので，配慮する必要がある。階級の幅の大きさを決める場合には，実際に柱状グラフを作成し，特徴を明確に表現できる階級幅を決定する。

④単元名　第3学年「棒グラフ」（複合棒グラフ）

　棒グラフは，各項目の数量の大きさを棒の長さで表しているグラフであり，項目の

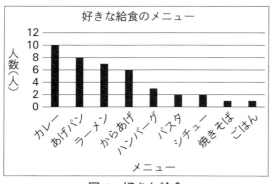

図1 好きな給食

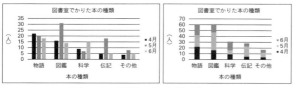

図2 2種類の複合棒グラフ

大きさの比較に適したグラフである。横軸に表されるのは項目や分類であって，ある程度独立している。棒グラフの棒一つ一つが表す数値は，そのうちの一つだけを取り出しても一定の意味をもち，連続しないものを表すので1本ずつ離して表現する。

例えば，各都市の人口を表すのに適したグラフである。一次元の表をもとに棒グラフを表すのであるが，表に比べて視覚的に大きさを捉えやすく，差や倍の見方・考え方で考察できるよさがある。また，目的に応じて大きさの順に並べることができるので，順序についての分かりやすさもよさといえる。指導にあたっては，棒グラフのかき方の指導だけでなく，第1・2学年のグラフの既習事項を発展させて考えることが重要である。例えば「好きな給食アンケート」をとり，それぞれのデータを1枚のカードに【カレー】【あげパン】のように表記し，一人ひとりの子どもに学級人数分のデータをカードにして配布する。そして，アンケート結果がよく分かるように分類整理させるとよい。子どもからは，同じ種類のカードをまとめたり，同じカードを縦に1枚ずつ並べたりすることで，比較しやすくする工夫が出てくる。

二次元の表をグラフ化する際には，（図2）のような複合棒グラフが便利である。例えば「自分の学級が一学期（4月から6月）に図書室で借りた本の種類」を棒グラフに表すには，（図2左）の集合棒グラフと（図2右）の積み上げ棒グラフの方法がある。前者は，それぞれの月の違いが分かりやすく，後者は，月の合計や内訳が分かりやすい。目的に応じてグラフを選択することを指導する。

⑤単元名　第4学年「折れ線グラフ」

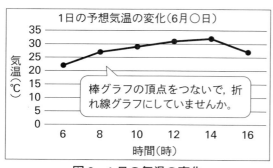

図3　1日の気温の変化

折れ線グラフは，時間の経過に伴って，数量がどのように変化するかを表したグラフである。横軸には，時刻や月などの時間的経過を，縦軸には変量をとり，対応する数量の大きさを点で表して，それぞれを折れ線で結んだグラフである。棒グラフと違って，例えば1日の気温の変化など，時系列の変化の特徴や傾

向を読み取るのに適したグラフである。また，最大値や最小値，変化の度合いの読み取りだけでなく，2つの事象の対応関係に着目することで，関数の考えにもつながる。さらに，読み取りに関しては，将来の予測も含めて問題解決的な学習に活用したり，調べた結果を発展させたりしたい。指導にあたっては，子どもは「棒グラフの頂点をつないで折れ線グラフにする」という発想をもつ場合もあることに留意したい。例えば，1日の気温の変化をグラフに表す際に，表にはない温度を読み取ろうとすると，棒グラフでは中間の温度を読み取れないといった疑問・困惑をまずもたせたい。そのうえで，折れ線グラフを指導したい。（図3）

⑥単元名　第5学年「帯グラフ，円グラフ」

　第5学年では，割合の学習後に，帯グラフと円グラフを扱う。例えば，「自由時間の使い方の変化」のように，合計が違う場合は，それぞれの項目の大きさを単純に比較することはできない。そこで，割合を求めて帯グラフや円グラフに表すのである。複数のグラフを比較する場合は，円グラフより各項目どうしの比較がしやすい帯グラフが適している。

　帯グラフと円グラフに表す場合は，グラフの長さや角度と割合が関係するので，配慮が必要である。また，複数のグラフを比較する場合，子どもは全体量が違っていることの把握が難しい。そこで，割合が大きくても実際の数量の大きさが小さい場合があるなどの理解ができるように指導することが必要である。

⑦単元名　第6学年「柱状グラフ（ヒストグラム）」

　柱状グラフ（ヒストグラム）は，度数分布表をグラフ化したものである。横軸に統計値の各階級を，縦軸に度数をとり，各階級の度数を長方形で表している。横軸に表されるデータは基本的に連続量で，それを階級に区切ったので，各柱を密着させる。したがって，全体での一つの図形としての形状が問題となる。また，棒グラフでは，長方形の底辺の長さに意味はなかったが，柱状グラフでは，長方形の底辺の長さが階級の幅を表している。（図4）

　指導にあたっては，複数の資料を比較する必要性を感じさせ，それぞれのデータの分布の仕方に着目して，特徴を明らかにするとよい。例えば，競技結果のデータの散らばりを「平均のまわりに集まっているので，確実な結果が得られそうだ」や「データはばらついているが，高い

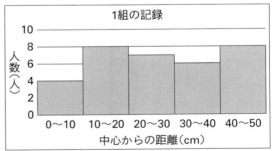

図4　的当てゲームの結果

記録があるので，試合でも期待できそうだ」等と考察することができる。

　小学校においても，データの広がりや形，対称性，区間内のデータの数等といった分布の仕方を根拠として，自分の考えを説明する学習に取り組むことが大切である。

⑧単元名　第5・6学年「代表値」

　小学校で扱う代表値には，平均値と中央値，最頻値がある。代表値のよさの理解と

いう点では，中央値や最頻値は紹介程度にとどまっている場合が多い。多くのデータを扱えないことも影響していると思われるが，極端な数値に平均値が引きずられる場合の，中央値や最頻値のよさを理解できるような指導が必要である。

例えば，2つの学級のソフトボール投げの結果の特徴を調べた後，一方の学級に高い記録をもつ子どもが転校してきたとして，2つの学級の記録の平均値と中央値を再度計算させる。すると，平均値には違いが出てくるが，中央値はほとんど変わらないというよさを感得できる。また，ある店の仕入れにおいて，A商品のどの値段が一番よく売れたのかを知りたい場合は，平均値ではなく最頻値が有効になる。

⑨単元名　第6学年「場合の数」

本単元では，起こり得る場合の数を順序よく分類整理して調べることがねらいである。分類整理する際に，思いつくままに列挙したのでは，落ちや重なりが生じてしまう。そこで，順序よく並べたり見やすく整理したりすることで，すべての場合を列挙することができる。例えば，A，B，C，Dの4人でリレーをする場合の走る順番が何通りあるか考えてみる。これを樹形図で表すと（図5）のようになる。また例えば，A，B，C，Dの4つのチームの総当たり戦の組み合わせを考える際には，（図6）のような図や表を活用することが有効となる。問題場面に応じて，図や表等を用い，根拠をもとに説明する力を伸ばすよう指導したい。

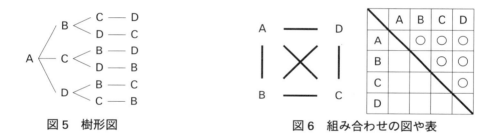

図5　樹形図　　　　　　　　　　　図6　組み合わせの図や表

4　中学校の学習内容との関連

(1)　箱ひげ図との関連

中学校第2学年では，箱ひげ図を扱う。箱ひげ図は，データを大きさ順に並べ，最小値，第1四分位数，第2四分位数（中央値），第3四分位数，最大値を用いて表した図である（図7）。例えば，漢字の小テストをして，11名の児童の結果が次のようになったとする【4点，7点，2点，7点，10点，8点，1点，6点，3点，5点，2点】。次に，中央値を決定する。データが11個なので，小さい順から数えて6個目の【5点】が中央

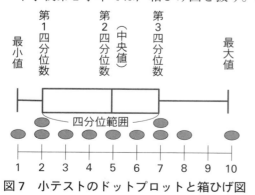

図7　小テストのドットプロットと箱ひげ図

値（第2四分位数）となる。さらに，中央値より小さいデータは5個あるので，小さい順から数えて3個目の【2点】が第1四分位数となり，同様に中央値より大きいデータは5個あるので，小さい順から数えて3個目の【7点】が第3四分位数となる。この第1四分位数から第3四分位数の範囲を四分位範囲と言い，箱ひげ図では長方形で表現する。最後に最小値の【1点】と最大値の【10点】から，長方形にひげを伸ばして箱ひげ図を完成させる。箱ひげ図は，柱状グラフ（中学校からは，ヒストグラムと表現）の作成に比べて簡便であり，中央値や分布の様子を調べるのに適している。

　箱ひげ図は，長方形の大きさや位置によって，散らばりの大きさや偏りを把握できる。さらに，異なる複数のデータの散らばりを比較しやすいよさもある。

　一方，箱ひげ図は，ヒストグラムのような分布の詳しい形状までは分からない。小学校では，正規分布に近いヒストグラムを扱うことが多いが，分布が一方向に長く伸びたような裾が長いタイプや2つの山があるタイプなど，データの分布の仕方にもいろいろな種類があることにも，触れておくとよい。

（2）確率との関連

　中学校では，第1学年で統計的な確率を，第2学年で数学的な確率を扱う。「統計的な確率」とは，「多数の観察や多数回の試行によって得られる確率」である。例えば，コインを実際に20回投げて表の出た回数が12回なら，相対度数は0.6である。投げる回数を増やしていくと，相対度数の散らばりは小さくなり，0.5に近づく。その場合，コインの表の出る統計的な確率を0.5という。小学校第5学年での割合や第6学年での柱状グラフにおける度数の割合が，この統計的な確率の学習につながる。

　一方，「数学的な確率」は，「起こり得る場合がどの場合も同様に確からしいときに，場合の数をもとにして得られる確率」である。

　例えば，2枚のコイン（AのコインとBのコイン）を投げて，1枚が表で1枚が裏の確率を求める場合，第6学年で学習した樹形図等を用いてすべての場合を考える。そして，4通りのうちの2通りであることより，数学的確率は0.5という結論を得る。

　ここでは，小学校第6学年の「起こり得る場合の数」の学習同様に，図表等を用いながら，落ちや重なりがないように数えることが求められる。中学校では，この2つの確率を目的に応じて使い分けることが重要となる。

（3）標本調査との関連

　中学校第3学年で扱う「標本調査」とは，集団全体（母集団）から無作為に一部（標本）を取り出し分析し，母集団の傾向を推定する調査である。例えば，テレビ番組の視聴率や政党の支持率などがこれにあたる。これに対して，「全数調査」とは，対象となる集団全部について調査することである。ある学校の体力測定の結果や国勢調査などがこれにあたる。

　中学校第3学年では，標本調査を用いた母集団の平均や割合の推定の問題を扱うのであるが，小学校第5学年では，例えば「牧場のえさの量」（4か月間のデータから1年間のえさの量を推定する）などの問題を扱うことがある。一部の資料の平均値や割合から，全体の傾向を推定する点では，標本調査の素地的な学習内容といえる。

5 算数科における他領域及び他教科等との関連

（1）算数科における他領域との関連

子どもの問題意識の醸成のため，「図形」領域と関連した単元構成が考えられる。例えば，不定形（琵琶湖等）の面積を求める場合，概形の図形や測定の誤差によって，結果に散らばりが出る。そこで，その散らばりをドットプロットに表し真の値との比較を行う。次に，できるだけ散らばりを少なくし，真の値に近づけるように概測の方法を見直し，再度面積を求める。そして，1回目と2回目のドットプロットの分布の違いについて比較を行い，適切な概測の方法を見いだす学習ができる。

（2）他教科等や総合的な学習の時間との関連

日常生活や他教科等や総合的な学習の時間と，「データの活用」領域の学習内容との関連を図ることで，データを考察する力を伸ばし，統計的な見方・考え方のよさを感得することができる。低学年の場合，生活科の学習と関連させて扱うことが有効である。例えば，「昔遊び」では，自分たちの好きな遊びと祖父母が行った遊びのアンケートの結果を表した2つの表やグラフを比較して，遊びに違いがあることに気づき，昔遊びへの関心を高め，高齢者との交流につなげていく。また，総合的な学習の時間では，例えば「けが数の減少」や「読書時間の増加」等，自分たちの生活を向上させることを目的とした「生活改善プロジェクト」といった内容を扱うと，統計調査の目的を明確にした問題解決的な学習と関連させやすい。

6 評価のポイント

（1）資質・能力の評価について

表からグラフを正しくかくことができるという「知識・技能」の評価だけではなく，グラフのどの部分に着目してデータの特徴を読み取っているか，表やグラフから言えることとそうでないことを判断できているかなどの「思考・判断・表現」の評価も大切にしたい。また，統計的な問題解決に取り組んだことを踏まえて，理由を明確にして次に調べたいことを考えることができたか等「主体的に学習に取り組む態度」も評価の対象とし，バランスのとれた評価を行う必要がある。

（2）形成的評価について

統計的な問題解決を行った際，（表1）のポイント例を示しながら評価を行いたい。例えば，自分たちの得た結論をグラフに表現する際には，「目的に応じたグラフが選択できているのか」や「強調したい部分が明確になっているのか」等についても評価し，グラフの表現の仕方の支援に生かしたい。また，子どもは自分の得たデータや結論を正しいと考えがちなので，「それでよいのだろうか」と疑いをかけることで，「本当に言えることは何だろうか」や「資料を集める対象は適切だったのか」，「次にしたいことは何か」等の振り返りができるようにしたい。

第**3**部

研究授業に使える実践と指導案
（板書計画，評価問題例）15 実践

	数と計算	図形	測定	変化と関係	データの活用
第1学年	①「大きなかず」1年生でもできるぞ！見つけたきまりを使って100までの表をつくろう！		②「どちらがながい」班で一番長い野菜をみつけ，クラスのチャンピオンを決めよう！		
第2学年		③「三角形と四角形」図形への感じ方の違いから，三角形や四角形のひみつをみつけよう！			④「ひょうとグラフ」「自分がしたい仕事」と「家の人がしてほしい仕事」の違いを考えよう！
第3学年	⑤「あまりのあるわり算」どのわり算でもあまりはわる数より小さくなるのかな？		⑥「重さ」「はかりにめもりがない！」めもりのつくり方について考えよう！		
第4学年		⑦「面積」「式を読む」活動から，求積した図形（複合図形）を考えよう！		⑧「変わり方」自分が見つけた伴って変わるものを調べ，問題を解決しよう！	⑨「折れ線グラフと表」学校の水道料金について，データを選び考察しよう！
第5学年	⑩「整数の性質」最小公倍数を活用して，シャッターチャンスを見つけよう！	⑪「図形の面積」ひし形の公式づくりについて，タブレットを活用して考えよう！		⑫「割合」必要な2量を選択し，求めた割合からバスケットボールの勝者を決めよう！	
第6学年	⑬「分数のわり算」「なぜ，ひっくり返してかけるのか」を考えよう！			⑭「比例と反比例」てこのはたらきは反比例になるのかな？調べてみよう！	⑮「場合の数」プッシュボタン式錠（カギ）のセキュリティが高い数字の組み合わせを考えよう！

第1学年「大きなかず」

1年生でもできるぞ！見つけたきまりを使って100までの表をつくろう！

この単元における場の設定や指導・支援，教材の工夫について

　本単元では，実際にものを数え，数を10にまとめ10ずつ数える活動を通して，大きい数を数えるときには10にまとめることのよさを感じることが大切だと考える。

　また，数を2つの数の和や差で捉えたり，数の大きさや位に着目して多面的に捉えたりすることで，数の理解や感覚を豊かにできるようにしていきたい。

　本時は，100までの数表を横や縦に見ることできまりを見つける授業となるが，さらに，きまりを活用して問題を解決できるように，2校時1時間扱いとした。本時①では，空欄のある69までの表をつくり，数の並びからきまりを見つける。本時②では，見つけたきまりを用いて100までの表をつくり，その際，縦横のきまりを見つけるだけでなく，縦に見て横に見る等（ななめ）のきまりを見いだし，ななめの数表のパズルを敷き詰めながら表を完成させる。きまりを見つけ活用する楽しさやよさを感じるような学習展開をしていきたい。

第1学年　算数科学習指導案

1　単元名「大きなかず」

2　単元目標

（1）120程度までの数の構成，よみ方，かき方や順序や系列，大小を理解する。

（2）数のまとまりに着目し，数の表し方やくらべ方を考えるとともに，十進位取り記数法のよさに気づき，今後の学習にすすんで活用しようとする態度を養う。

3　評価の観点と規準

【知識・技能】

・120程度までの数の構成，よみ方，かき方，順序や系列，大小を理解し，正しく数えたり，数字で表したり，数直線に表したりすることができる。

【思考・判断・表現】

・数のまとまりに着目し，数の表し方やくらべ方を考え，多くの数を数えるとき，10ずつのまとまりをつくって考えている。

・120までの表をつくる過程で，これまでに見いだしたきまりの活用の仕方を考えている。

【主体的に学習に取り組む態度】

・数のまとまりに着目することによって，10ずつまとめるよさに気づき，身の回りのものの個数を10のまとまりをつくって，数えたり表したりしようとする。

・数の並びからきまりを見つけ，そのきまりを活用しようとし，120までの数表をつくろうとしている。

94　第3部　研究授業に使える実践と指導案

4 本単元との内容の関連

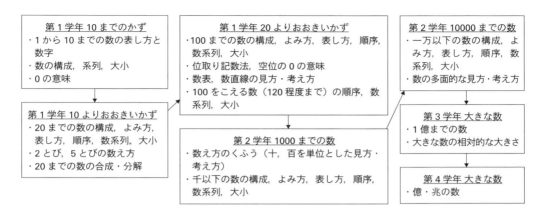

5 授業づくりの視点

(1) 教材観（学習材について）

第1学年では，これまでに十進位取り記数法の原理についての基礎的な理解を図ることをねらいとし，2位数については，「10のまとまりの個数と端数」という数え方をもとにして表現し，数の構成について学んできた。

本単元では，「一の位」，「十の位」の意味と用語を学び，数の意味や表し方，120程度までの簡単な3位数の表し方を学ぶ。ここでは，10を単位とした数の見方・考え方を働かせ，数の構成について理解を深め，加法及び減法の計算の仕方を考える。

さらに，120程度までの数表をつくる活動を行う。ここでは，数の並び方や位に着目して数表を横や縦に見る活動を行い，数の並び方のきまりを見つけ，見つけたきまりを活用して表の続きをつくっていく。その後，数直線に表したり位に着目したりしながら，数の大きさを比べる活動や数を様々な方法で表す活動も行う。具体的には，数字からその数の大きさを捉え大小を比べたり，2つの数の和や差で表したり，数を位に着目して表したりする等，様々な方法で数を表現できるようにしていく。

これらの活動を通して，数について多面的な見方・考え方ができるようになり，数の仕組みのおもしろさ等，数についての感覚を豊かにしていくことが大切となる。

そして，これらの学習は，第2学年以降の大きい数における百や千を単位とした数の見方・考え方や，小数や分数などの計算で用いる「単位の考え」につながっていく。また，第2学年のかけ算の学習において，きまりを活用して九九表をつくったり，九九表から新たなきまりを見つけたりする活動にもつながっていく。

(2) 児童観（子どもの実態について）

本学級の子どもたちは，これまでに合成や分解，数直線を使った数の序列や大小について学習してきている。その際，10のまとまりを意識しながら学習を進めてきたので，「10が2つで20」という考えは定着しているが，「20は10が2つ分」といった「10のいくつ分」という考えはあまり定着していない。また，計算の方法を考え

る際には，ブロックや図などを用いながら，自分の考えを表現し，友達に伝えることもできるようになってきている。しかし，全体で交流する場面では，多様に考えた方法を関連づけながら対話を深めるには至っていない。

（3）指導観（指導の工夫について）

本単元では，これまで培ってきた具体物や絵，図や数など多様な表現方法を生かしながら学習を進めていく。特に，子どもたちの課題でもある多様な表現や解決方法を関連づけて考える活動を繰り返すことで，具体物や絵，図から数字へと，数概念の抽象化を図り数の大小や順序，数の概念や表し方を理解できるようにしていきたい。

第5時（本時①）では，数表の数の並び方に着目し，表を横や縦に見ることで横や縦のきまりを見つけ，69までの表を完成させていく。その際，位に着目することで，「横に見ると一の位が1増えるが，十の位は変わらない」等，二つの数の関係がどう変化するかを捉える活動も大切にしながら，関数の考えの素地につながる数の見方・考え方ができるよう支援していきたい。

第6時（本時②）では，数表づくりの続きとして，数表のパズルを使って100までの数表を完成できるようにする。ななめにつながるようにパズルの形を工夫することで，横や縦だけでなく，ななめの見方・考え方にも着目できるようにしたい。そこで，数の並びの関係に着目することで，今まで見つけた横や縦のきまりを活用し，右ななめ下や左ななめ下に進むと数がどう変化していくかを考え，ななめのきまりも見いだせるように支援していきたい。このような学習をすることにより，子どもの数表を完成した達成感や見つけたきまりの活用のよさが感じられ，数についての多面的な見方・考え方や数についての感覚を豊かにしていくことができると考えている。

6 単元指導計画（全12時間）

	学習内容	評価の観点・規準
1 ： 2	かずのあらわしかた① ・20より大きい数を落ちや重なりがないように数える。 ・絵とブロック，数字を関連づけ，大きな数の表し方を知り，2位数の数え方（10がいくつ分とあといくつ）の定着を図る。	【主体的に学習に取り組む態度】 身の回りのものの個数を，10のまとまりをつくって，数え，表そうとしている。 【知識・技能】 2位数が示す数字の意味やその数の大きさを理解し2位数を読んだり，かいたりできる。
3	かずのあらわしかた② ・数を「10がいくつと1がいくつ」と見てブロックを並べたり，図で表したりし，数とブロックや図を関連づける。	【知識・技能】 2位数の構成を「10がいくつと1がいくつ」で捉えることができる。
4	100までのかず① ・100あるものの数を，落ちや重なりがないように工夫しながら進んで数えたり表したりしようとする。 ・10が10個で100になることや99より1大きい数は100になることを理解する。 ・100のよみ方，かき方を知る。	【主体的に学習に取り組む態度】 100までの数を，10のまとまりをつくって，数えたり表したりしようとしている。 【知識・技能】 10が10個で100になることや99より1大きい数は100になることを理解している。

96　第3部　研究授業に使える実践と指導案

5 （本時①）	100 までのかず② ・数表を横や縦に見ることで，数表の規則性を見いだし，69 までの数表をつくる。	【主体的に学習に取り組む態度】 数の並びに着目し，69 までの数の並び方を考え，すすんできまりを見つけようとしている。
6 （本時②）	100 までのかず③ ・見つけたきまりから，数表のパズルの空欄を埋め，100 までの数表を完成する。	【思考・判断・表現】 数の並びから見つけたきまりを活用し，100 までの数表のつくり方を考えている。
7	100 までのかず④ ・数の線（数直線）を使って，100 までの数の系列や大小関係を考える。	【思考・判断・表現】 数の線（数直線）を使い，100 までの数の順序や系列，大小関係を考えることができる。
8	100 より大きいかず① ・100 をこえる数の表し方を考え，読み方，かき方を知る。	【知識・技能】 100 をこえる数の構成や読み方，かき方を理解し，読んだりかいたりすることができる。
9	100 より大きいかず② ・100 をこえる数の系列や大小関係を考える。	【思考・判断・表現】 120 程度までの数の順序や系列，大小関係について考えることができる。
10	100 より大きいかず③ ・120 までの数について，120 は 100 と 20 と様々な表し方を考え，数を多面的に捉え，考える。	【思考・判断・表現】 120 程度までの数について，合成・分解などの多面的な見方・考え方で考え，説明している。
11	100 より大きいかず④ ・身の回りにあるものから，120 程度までの数を探す。	【主体的に学習に取り組む態度】 身の回りで，120 程度までの数が使われているものをすすんで探そうとしている。
12	大きな数の習熟と発展 ・タブレット端末（ICT）を使って復習問題をする。 ・チャレンジ問題から自分で選んだ問題をすすんで解決する。	【知識・技能】 120 程度までの問題を解決できる。 【主体的に学習に取り組む態度】 自ら問題を選び，すすんで解決しようとしている。

7　本時の学習

> **本時における場の設定や指導・支援，教材の工夫について**
>
> 本時①（第 5 時）では空欄がある 69 までの数表を，横や縦に見ることで，「横に見ると 1 増える」や「縦に見ると 10 増える」など，いろいろなきまりを見つけ完成させる。本時②（第 6 時）では，表の続きとして前時で見つけたきまりを活用し，表を構成する数表パズルの空欄にあてはまる数を考える。すべての数表パズルを合わせると 100 までの表が完成し，表を完成させることで，数表からきまりを見つけ活用する楽しさや数表を完成させた達成感を感じるよう支援していきたい。

（1）本時の目標

・数表を横に見たり縦に見たりすることで，きまり（数表の規則性）を見いだしながら，69 までの数表をすすんでつくろうとしている。**本時①（第 5 時）**

・数表から数の並び方（横，縦，ななめ）のきまりを活用して，数表パズルの空欄にあてはまる数を考えながら，100 までの数表をつくっている。**本時②（第 6 時）**

1　第 1 学年「大きなかず」　　97

(2) 本時の展開

学習活動	指導上の留意点
本時①（第5時） **1．本時①（第5時）の問題をつかむ** 	0	1	2	3	4	5	6	7	8	9
10	11	12				16	17		19
20	21	22	23	24	25	26	27		29
30	31	32	33	34		36	37		39
				44	45		47		49
50	51	52	53	54	55	56		58	59
60	61	62	63	64	65	66	67		69 | C：穴があいているぞ。 C：ななめにも穴があいているよ。 ｜ ⓣ　69までのひょうをかんせいすることができるかな。 ｜	●巻物状の表をつくっておき，少しずつ表を見せることで，関心を高めるようにする。 ●表に空欄をつくることで，どんな数が入るのか，疑問・困惑等が起こるようにし，問題意識が醸成できるよう支援する。
2．本時のめあてをつくる ｜ ⓜ　69までのひょうのつくりかたをかんがえよう。 ｜	
3．解決への見通しをたてる C：横や縦に見ると入る数が分かる！ C：ななめもあるけれど，難しそう！ C：ななめは，縦・横に見ると分かる。	●表の数の並びに着目し，規則性があることに気づくよう支援する。
4．自分なりの考えで解決する C：順序よく，数を埋めていこう。 C：縦は10ずつ増えている。	●どのように表を見てきまりを見つけているのか見取り，机間指導する。
5．自分の考えや解決方法を発表し，話し合う（集団による解決） 	0	1	2	3	4	5	6	7	8	9
10	11	12	①	①	①	16	17	③	19
20	21	22	23	24	25	26	27	③	29
30	31	32	33	34	④	36	37	③	39
②	②	②	②	44	45	④	47	③	49
50	51	52	53	54	55	56	④	58	59
60	61	62	63	64	65	66	67	④	69 | C：①は横に見ると1ずつ増えるので，12・13・14・15・16になる。 C：②も同じだ。	┌─ 評価基準【主体的に学習に取り組む態度】 ─┐ A：数の並びに着目し，69までの数の並び方を考え，すすんできまりを見つけ説明しようとしている。 B：数の並びに着目し，69までの数の並び方を考え，すすんできまりを見つけようとしている。 C：69までの数の並び方を考えるに至っていない。 └───────────────┘ 〈Cの子どもへの支援〉 ・数を順に読んだり位に着目したりすることで，空欄の数に気づかせる。

C：反対に見ると，1ずつ減っている。
C：横に見ると，1の位は1増えて，十の位は変わらない。
T：いろいろなきまりを見つけてるね。
C：③のように縦に見ると，10ずつ増えているよ。
C：④のななめも分かった！横に見ると1，縦に見ると10増えているよ。
T：ななめのきまりも見つけてすごい。

6．本時の学習を振り返る
C：69までの表が完成してうれしい。
C：ななめは縦と横に見たらできる。
C：表の続きを考えたい！

〈Bの子どもへの支援〉
・位に着目させることで，数の並び方のきまりに気づかせるようにする。

●表に矢印をつけたり，「＋1」や「＋10」等と書いたりし，「横に見ると一の位が1増えるが，十の位は同じ」といった2つの数の変化に気づくよう支援する。

●板書を振り返り，見つけたきまりのことや感じたことも書くように言葉がけする。

本時②（第6時）

主体的な学習を喚起する「問題意識の醸成」のあり方
　前時の子どもの活動をテレビに映し（ICTの活用），前時の振り返りを紹介することで，本時の「（続きの）表を完成させたい」という意欲を喚起する。
　封筒の中から数表のパズルを取り出すことで，「なんだろう」，「できるかな」などの気持ちから，「やってみたい」という気持ちにつなげる。ななめになっている数表のパズルに注目することで，「どうしたらできるだろう」，「今までの横や縦のきまりを使ったらできそう」といった問題意識を醸成する。

1．本時②（第6時）の問題をつかむ

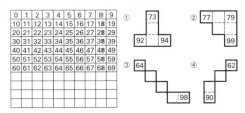

④　見つけたきまりをつかって，パズルをつくり，100までのひょうをかんせいできるかな。

T：続きの表をつくるためにパズルが使えそうかな。
C：パズルを組み合わせたらできるよ。
C：パズルになると難しそう。
C：表がパズルになってバラバラでも，きまりを使えばできるよ。

●テレビに映った前時の数学的活動の様子と提示された69までの数表を振り返ることで，横や縦のきまりを思い起こさせる。「昨日の続きをしたい」という意欲を喚起する。

●封筒から数表のパズルを一つずつ出し，横や縦，ななめに見ながら空欄の部分の数を考えるよう支援する。

●「数表のパズルの空欄を埋め，前時の表に貼ることで100までの表が完成できる」という意欲を喚起する。

●前時に見つけたきまりがすぐに分かるように，掲示しておく。

1　第1学年「大きなかず」　99

2．本時のめあてをつくる

> め　今まで見つけたきまりをつかって，100までのひょうのつくりかたをかんがえよう。

3．解決への見通しをたてる

C：横に見ると…，縦に見ると…。
C：ななめは，横に見て縦に見る。

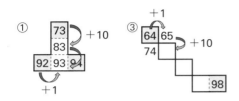

●数表パズルの①でしっかり見通しがもてるように話し合う。

●数表パズルの③のななめは，横と縦を使えば解決できることに気づくよう途中まで子どもと一緒に考える。

4．自分なりの考えで，解決する（自力解決）

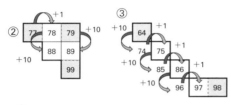

評価基準【思考・判断・表現】
A：数の並びから見つけたきまりを活用し，100までの数表のつくり方を考え，説明することができる。
B：数の並びから見つけたきまりを活用し，100までの数表のつくり方を考えている。
C：100までの数の並び方を考えるに至っていない。

〈Cの子どもへの支援〉
・数を順に読み位に着目することで，空欄の数に気づくよう支援する。
〈Bの子どもへの支援〉
・縦と横のきまりを活用するよう助言する。

「対話」を広げるための指導・支援の工夫

全体での交流の場面では，横や縦のきまりの発表を関連づけながら，ななめの数表のパズルを完成させる考えとつないでいく。できたパズルを数表に貼ることで，空いている部分に気づき，さらに考えたいという意欲を生む。ななめのきまりを使いながら，100までの数表を完成させることで，達成感を味わえるようにする。

5．自分の考えや解決方法を発表し，話し合う（集団による解決）

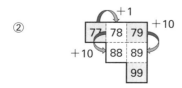

C：横に見ると1増えて，縦に見ると10増えている。

●前時や見通しで見つけたきまりを使えるよう，確認しながら進める。
●「横に1増える」「一の位が1増えて十の位は同じ」など，多様に表現できるようにする。

③

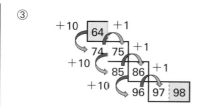

C：右ななめ下に見ると11増えている。
（十の位は1増えて，一の位も1増えている）

④

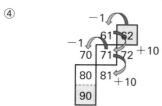

C：左ななめ下に見ると9増えている。
（十の位は1増えて，一の位は1減っている）

6．適用問題を解決する

C：今日のパズルを表に貼ってみたい。
T：うまく貼れるかな。
C：空いているところがまだあるよ。

0	1	2	3	4	5	6	7	8	9
10	11	12	13	14	15	16	17	18	19
20	21	22	23	24	25	26	27	28	29
30	31	32	33	34	35	36	37	38	39
40	41	42	43	44	45	46	47	48	49
50	51	52	53	54	55	56	57	58	59
60	61	62	63	64	65	66	67	68	69
70	71	72	73	74	75	76	77	78	79
80	81		83		85	86	87	88	89
90		92	93	94		96	97	98	99

T：あれ，封筒にパズルが残っている。

⑤

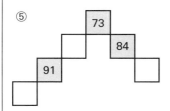

C：右ななめは，十の位も一の位も1ずつ増えるから，84の右下は95。

●ななめのきまりを見つけるために，見えていない横や縦に入る数を考えることで，ななめの空欄にあてはまる数を見つけるよう支援する。
●64，75，86の右（65，76，87）からも同じように考えられるようにする。

●③のななめのきまりを確認することで，④のななめのきまりとの違いに気づくよう支援する。
●直接ななめに見て考える子どももいるので，見つけた考えを説明できるよう助言する。

●できた数表のパズル（①，②，③，④）を表に貼ることで，まだ表が完成しないことに気づくようにし，「空いている部分に何が入るのか，表を完成させたい」という意欲を喚起する。

●ななめのパズルを考えるために使った見えていない横や縦に入る数（65，74，76，85，87，96，61，70，72，81）もパーツの1部として表に貼るよう言葉がけする。

●残っていたななめのみの数表のパズル⑤を見せることで，ななめのきまりが活用できるよう支援する。

1　第1学年「大きなかず」　101

C：左ななめに見たら，十の位が1増えても一の位は1減るから82だ。 C：同じように，91の左下は100だ。 C：やった！100までの表が完成した。	●できた数表のパズルを表に貼ることで，100までの表が完成した達成感やきまりを活用することのよさを感じるよう支援する。

> **学びを深めるための「振り返り」への指導・支援の工夫**
> 板書をもとに，はじめにもった疑問・困惑やめあてから振り返り，見つけたきまりを活用して100までの数表を完成できた喜びやきまりのよさに気づくように支援する。さらに，もっと大きい数に対しても調べてみたいという関心が高まるようにする。

7．本時の学習を振り返る C：きまりをみんなで使って，100までの表ができてうれしかった。 C：横と縦のきまりが使えた！ C：ななめのきまりは難しかったけど，横と縦に見たら分かった。 C：100より大きい数の表もやってみたい。	●板書を振り返り，横と縦のきまりからななめのきまりを見つけ数表を完成させた喜びやきまりを見つけ活用できたよさにも感じるよう支援する。

8　板書計画（本時①，②）

本時①（第5時） 〈本時②（第6時）の導入でテレビで提示〉

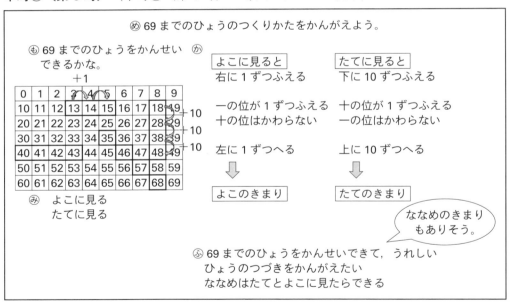

本時②（第6時）

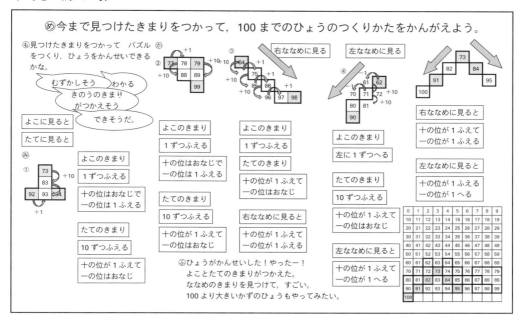

9　本時に関する観点別評価問題例
①【主体的に学習に取り組む態度】　②【思考・判断・表現】
（適用問題にも活用できる）

12	13	14	15	16
22	23	24	25	26
32	33	34	35	36
42	43	44	45	46
52	53	54	55	56

① 100までの かずの ひょうを つくったときに，あなたは どんなきまりを 見つけて かんがえましたか。見つけたきまり すべてに ○をつけましょう。

( ) よこに 見ると　1 ふえる　　　( ) たてに 見ると　5 ふえる　　　( ) ななめに 見ると　3 ふえる
( ) よこに 見ると　10 ふえる　　 ( ) たてに 見ると　10 ふえる　　( ) ななめに 見ると　9 ふえる
( ) よこに 見ると　1 へる　　　　( ) たてに 見ると　10 へる　　　( ) ななめに 見ると　11 ふえる

② みんなが つくった かずの ひょうを きりとりました。?に あてはまる かずを かんがえます。
どのように かんがえたか あうものを 下の □ からえらびましょう。

	63		65
		?	
	83		85

①63からかんがえました。
まず，63をよこに見ると（　　　）ので，64です。
つぎに，64をたてに見ると（　　　）ので，74です。

②85からかんがえました。
まず，85をよこに見ると（　　　）ので，84です。
つぎに，84をたてに見ると（　　　）ので，74です。

　　あ　1 ふえる　　　い　1 へる　　　う　10 へる　　　え　10 ふえる

1　第1学年「大きなかず」　103

2 第1学年「どちらがながい」

班で一番長い野菜をみつけ，クラスのチャンピオンを決めよう！

この単元における場の設定や指導・支援，教材の工夫について

　本単元では，身の回りのものの大きさに関わる数学的活動を通して測定の4段階のうち，「直接比較」，「間接比較」，「任意単位による数値化」を学習する。

　単元を通して，導入場面では，鉛筆，ひも，紙，机の長さ等を「どのように比べればよいか」という問題意識から，解決への意欲を高め，子ども自らが比べ方を考える場の設定を行う。自力解決の場面では，操作活動の時間を十分に確保し，子どもたちが目的意識をもって取り組めるようにする。集団解決の場面では，タブレットを活用し，操作活動の様子や各班の結果等を大型TVに映すことで，一人ひとりに気づきがあるように支援する。

　本時では，第2学年で学習する「普遍単位」の学習に向けて，「共通の任意単位」に触れる。各班の長さのチャンピオンを決めた後，クラスの長さのチャンピオンを決める。その際，それぞれの班の長さを測定した「基準量」がちがうことから，数値で正しく比べることができず，その問題意識を大切にして学習を深めていきたい。

第1学年　算数科学習指導案

1 単元名「どちらがながい」

2 単元目標

（1）長さの意味を理解し，適切な方法で長さを比べながら測定の技能を身につけ，比べ方を見いだしたり，大きさを表現したりしている。

（2）すすんで長さを測定し，測定することのよさや楽しさを感じながら，意欲的に数学的活動に取り組もうとしている。

3 評価の観点と規準

【知識・技能】

・身の回りのいろいろなものの長さのはかり方，比べ方を理解する。

・長さを比べたり，任意単位を用いて数値化して表したりすることができる。

【思考・判断・表現】

・身の回りの長さに着目し，いろいろなものの長さの比べ方を考えている。

・任意単位を用いて数値化して表す方法を考えている。

【主体的に学習に取り組む態度】

・身の回りのいろいろなものの長さに関心をもち，工夫してその長さを比べようとしている。

4　本単元との内容の関連

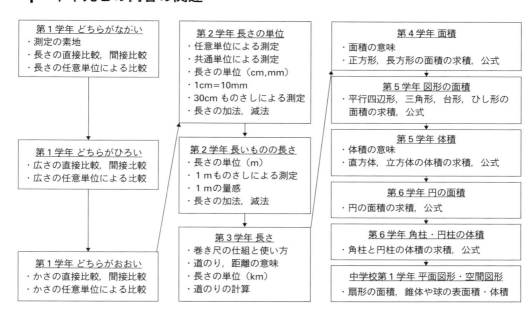

5　授業づくりの視点

(1) 教材観（学習材について）

　子どもたちは，これまで，日常生活の中で，長さを比べて長い方を選択したり，「長い，短い」という言葉等で長さを表現したりする等，量と測定に関する素地的な経験をしてきている。

　本単元では，日常で用いられている量の単位を活用して測定する前段階として，測定の4段階のうち「直接比較」，「間接比較」，「任意単位による数値化」をその内容としている。

　まず，直接比較の段階として，端をそろえて鉛筆の長さの比較，ひもの長さの比較，紙の長さの比較を扱い，次に間接比較の段階として絵本の縦横の長さをテープを利用して比較することや，目的をもって長さをはかり，身の回りや校内のいろいろな長さをテープの長さで比較することを取りあげていく。

　最後に，鉛筆やカードを任意単位とする長さの数値化を行う。長さを数値化する活動は，直接比較，間接比較に比べ，「どちらが長いか」だけでなく，「どちらがどれだけ長いか」を表現できる。長さの概念をより明確に捉えることができるというよさがある。

　本単元は，同学年の「広さ」や「かさ」，第2学年の「普遍単位による比較」，第3学年の「巻き尺による長さの測定」や「道のりの計算」等の学習にもつながっていく。「直接比較→間接比較→任意単位による比較」という学習の流れを，広さやかさ等，対象とする量が変わっても繰り返し経験できるようにし，量の測定についての考え方を育てていきたい。

　一般的には，第2学年の「普遍単位」の学習の際に「共通単位」について学ぶが，

本実践では，「任意単位」の学習の際に，「普遍単位」の素地となる「共通の任意単位」について考える学習を行う。

（2）児童観（子どもの実態について）

本学級の子どもたちは，算数に意欲的に取り組むことができ，自分で考えたり友達と話し合ったりして問題解決しようとする子どもが多い。特に，「なぜ，そうなるのか」という問いをもったときには，学習に対して高い意欲を示す場面が多い。

また，ブロックやおはじき等を用いた数学的活動を行い，試行錯誤しながら考えようとする姿も見られる。

一方で，この単元の学習前に実施したレディネステストでは，「向き」や「幅」が違う魚の絵を比べる問題や，なわのように「曲がっている」ものの長さを比べる問題の正答率が低い。視覚的な直観で「長い」や「短い」を判断している様子が見られる。

そこで，「端をそろえて比べる」や「ものを使っていくつ分で数えて比べる」といった経験が必要であると考える。

（3）指導観（指導の工夫について）

本単元では，長さを比較するため，「色や形によって長さが変わるのではないか」という疑問・困惑から，「長さの比べ方を見つけたい」という問題意識をもつように働きかける。

ここでは，「端をそろえる」，「ぴんと伸ばす」，「いくつ分で数える」といった方法で，比べたり，測定したりする数学的活動を子ども自らが行っていけるように授業展開をしていきたい。

本時で大切にしたい数学的な見方・考え方は，任意単位を用いて，基準量のいくつ分としての表し方を考えることである。長さを比較する際に，直接比較・間接比較がしにくい場面でも，基準量のいくつ分で数値化することで比べることができる。測定する対象が多い場合でも，いくつ分と数値化することで，一度に比較することができることや，どれだけ長いかを表現できること等，任意単位のよさを感じられるように指導していきたい。

6 単元指導計画（全5時間）

	学習内容	評価の観点・規準
1	2つのものの長さの直接比較 ・2本の鉛筆やひも，紙の縦と横の長さについて，どちらが長いかを予想して，比べる方法を考える。 ・実際にいろいろなものを直接比較で比べる。	【思考・判断・表現】 長さを直接比較で比べる方法を考えている。 【主体的に学習に取り組む態度】 身の回りのものの長さに関心をもち，すすんで比べようとしている。
2	長さの間接比較（テープによる長さの抽出） ・教室の入り口の幅と窓枠の幅等の長さについて，テープを用いて間接比較で比べる方法を考える。 ・実際にいろいろなものを間接比較で比べる。	【思考・判断・表現】 長さを間接比較で比べる方法を考えている。 【知識・技能】 長さを間接比較で比べることができる。

106　第3部　研究授業に使える実践と指導案

3 (本時)	任意単位を使って数値化する比較 ・色や形の違う野菜（イラスト）の長さについて，任意単位を用いた測定の仕方を予想し，比べ方を考える。 ・任意単位を用いて，班の中で一番長いもの（班の1位）を決める。 ・クラスの中での長さの順位（クラスの1位・2位…等）を決める活動の中で，共通の任意単位の必要性について話し合う。	【思考・判断・表現】 任意の基準量のいくつ分として数値化することを通して，任意単位を用いた長さの比べ方を考えている。
4	共通の任意単位を使って数値化する比較 ・方眼のマス目を使った測定の仕方を予想し，比べ方を考える。 ・共通の任意単位を使って，数値化して比べる。	【思考・判断・表現】 共通の任意単位を用いて，数値化して表す方法について考えている。
5	「長さ」についての習熟と発展 ・「長さ」についての適用問題に取り組む。 ・「長さ」についての様々な難易度の問題に対して，個人用タブレットを活用し，自分で問題を選択して取り組む。	【知識・技能】 長さの比べ方を理解し，長さを比べることができている。 【主体的に学習に取り組む態度】 長さを比べる問題にすすんで取り組んでいる。

7 本時の学習

本時における場の設定や指導・支援，教材の工夫について

　導入場面では，「野菜の中で一番長いものはどれか」という問題とともに，「向き」や「幅」，「色の濃さ」が違う野菜がかかれたワークシートを提示する。子どもにとって，「パッと見てすぐ分かるものもあるけれど，どちらが長いか分からないものもある」という疑問・困惑等や，TVの画面に映っているので，直接比較や間接比較ができない状況から，「どのようにして比べるのだろう」といった問題意識を醸成する。

　子どもたちは「任意単位」を用いて「数値化」することで，「野菜の長さのチャンピオン（班の中の1位）」を決める方法を考える。

　その後，「クラス全体の1位はどれか」や「クラスの中での班の順位はどうなっているのか」という問題に発展するように働きかける。長さを測定する際の「基準量」が班ごとに違うことから，さらに子どもに問題意識の醸成を図り，比べ方についての対話を深めていく。

　ここでは，長さを測定する数学的活動の様子や各班の記録をまとめた表を大型TVに映すことで，それぞれの班の「基準量」が違うということに気づくようにし，任意単位による比較の際は，同じもので数える必要性が感じられるように支援していきたい。

（1）本時の目標

・任意の基準量のいくつ分として数値化することを通して，任意単位を用いた長さの比べ方を考える。

2　第1学年「どちらがながい」　　107

（2）本時の展開

学習活動	指導上の留意点
<td colspan="2">**主体的な学習を喚起する「問題意識の醸成」のあり方** 　導入場面では，大型TVに「向き」や「幅」，「色の濃さ」が違う野菜がかかれたワークシートを映す。直接比較や間接比較ができないことから，「比べ方が分からない」等の疑問・困惑を生み，問題意識を醸成する。ここでは，1週間前から触って遊べるように教室に置いていた具体物（ブロック，クリップ等）を見せて，「いくつ分で数えればできそう」と想起できるようにして，解決への意欲を高める。</td>

1．本時の問題をつかむ

C：たけのこだ！

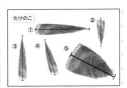

C：向きが違う。
C：太さも違う。
C：色も違う。
C：②は短い。
C：⑤は太く長い。

C：①と③も長く見える。
C：見るだけでは分からないな。
C：切って重ねたり，テープを使って比べたりできないみたいだし……。

　④はんで1ばんながいやさいは，どれかな。

T：封筒の中に，各班のワークシートがそれぞれ入っているので，見てみましょう。
C：にんじんだ！　一番太い⑤が一番長い。
C：だいこん？　向きが違うから比べにくい。
T：切って重ねたり，テープを使ったりしなくても，比べることはできるのでしょうか。
C：まわしてみても，分からない……。
C：教室の後ろに置いてあるブロックを置いて，置いた数を数えれば比べられる。
C：クリップでもよいと思います。
C：「もの」を置いて，いくつ分で長さをはかればよいです。

指導上の留意点：

● 大型TVに，「向き」や「幅」，「色の濃さ」の違う「たけのこ」のワークシートを映す。ここでは，「切る」，「重ねる」，「テープで測る」という比較ができないこと（ルール）を知らせ，「どのようにして比べるのだろうか」等の疑問・困惑から問題意識を醸成する。

● もの（ブロック・クリップ・ビーズ・キャップ・ボタン・おはじき）を準備し，自由に選べるようにする（1週間前から教室に置き，自由に操作できるようにしておく）。

● 6つの班に，それぞれ違う野菜のワークシートを用意する。

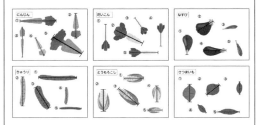

● ワークシートは，封筒の中に入れておき，子どもが選べるようにする。

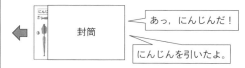

2．本時のめあてをつくる

　○○のいくつぶんでながさをはかって，はんで1ばんながいやさいをみつけよう。

3．解決への見通しをたてる
・もの（ブロック，クリップ等）を置いて長さをはかる。
・いくつ分で数える。

● 6つの班が，それぞれブロックやクリップ等の違うものを1組ずつ選べるように働きかける。
● 班全員で協力して操作を行えるように役割分担をするよう言葉がけする。

4．長さの測り方を考え，実際に測る（班による解決）

C：クリップの数を数えたよ。

C：5つの野菜の順番がわかった。

●操作活動の様子をタブレットで動画撮影し，大型TVに映す。

「対話」を広げ深めるための指導・支援の工夫

　　大型TVに「各班の記録（班で一番長かった野菜・測定した個数・長さを測るのに用いたもの）をまとめた表」を映すことで，「クラスで一番長い野菜はどれだろう」という問いを引き出す。6つの班の一番を比べた際に，各班の「長さを測るのに用いたもの」が違うことから，「どうすれば6つの班の長さを比較することができるか」という問題意識を醸成する。その後，同じもので測定し，記録を表（※板書計画に記載）にまとめクラスのチャンピオンを決める。共通の任意単位のよさや，方眼のマス目を使った測定の仕方（次時）につながるよう対話を深めていきたい。

5．班の中の1位を決め，その理由や気づきを発表する（クラス全体での解決）

C：「いくつ分」の数を数えて，数が大きい方が長いです。

C：「もの」を使ってはかったら，1位だけでなく，順位や長さの違いもわかる。

T：測れた班から表に数字を書きにきましょう。

〈評価の観点・基準〉【思考・判断・表現】

A：任意単位を用いて数値化して表す方法について考え，共通の任意単位のよさについても考えることができる。

B：任意単位を用いて数値化して表す方法について考えている。

C：任意単位を用いて数値化して表す方法について考えるに至っていない。

6．クラス全体の野菜のチャンピオンを決めるには，どうすればよいか話し合う

C：クラスの1位はどれなのだろう。

---

④クラスで1ばんながいやさいのチャンピオンはどれかな。

C：なすびだと思う。

T：どうして，そう思ったのですか。

C：TVに映っている表を見れば分かるよ。

C：数が12で1番多いからです。

C：きゅうりの方が長く見えるよ。

C：小さいものではかったら，数が多くなるからだと思います。

C：「同じもの」ではからないと，クラスのチャンピオンを決めることができない。

C：ブロックがよいと思います。

T：それでは，6つの野菜（班で一番長い）をブロックで測ってみましょう。

C：やった！　きゅうりが10でチャンピオンだ。

〈Cの子どもへの支援〉

・基準量となるものを1つずつ数えていくように言葉がけする。

〈Bの子どもへの支援〉

・任意単位のよさについて考えるように言葉がけする。

●大型TVに「各班の記録をまとめた表」を提示する。

はん	はんで1ばんながかったもの	かず	ながさをはかるのにつかったもの
1	にんじん①	7	ボタン
2	だいこん②	8	ブロック
3	なすび④	12	ビーズ
4	きゅうり①	4	キャップ
5	とうもろこし③	9	おはじき
6	さつまいも⑤	9	クリップ

●6つの班の1位どうしを比べる際，各班の基準量が違い，クラス全体では比較できないので，「どうすれば，比較することができるのか」という問題意識を醸成する。

2　第1学年「どちらがながい」　　109

> **学びを深めるための「振り返り」への指導・支援**
> 振り返りの記述をかくことに課題がある子どもに配慮して,「選択式の質問を用意する」や「振り返りの視点を示す」,「今の自分の気もちに合った 😊 等のイラストを選ぶ」等の指導・支援を行う。さらに ICT（タブレット）を活用し,自由に交流できるようにする。

7．本時の学習を振り返る

T：黒板を見て授業を振り返りましょう。はじめに思ったこと,解決できてうれしかったこと,次にしてみたいことはありますか。

C：はじめは一番長い野菜が分からなかったけど,ものを使って数えると分かった。

C：みんながブロックにそろえてはかったら,クラスのチャンピオンが分かった。

C：野菜がたくさんあったけれど,同じもので測って数字で表すと一度に比べることができた。

C：いくつ分と数字で表すとどれぐらい長いのかが分かった。

C：もっと他の長さを調べてみたい。

●「振り返りカード」には,分かったことだけでなく感じたことも書くよう言葉がけする。

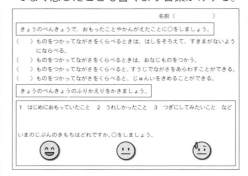

●みんなが見つけた共通単位（ブロック）で身の回りの長さを測るように言葉がけをする。

8　資料（本時で各班が使用するワークシート）〈A3 サイズ〉

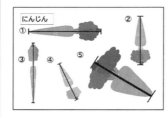
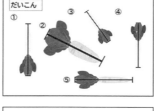
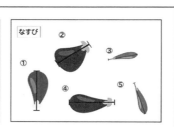
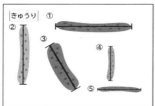
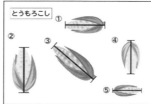
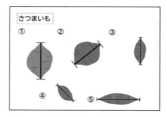

（注）測るものによって,「○つぶんとちょっと」「○つ分と半分」等の誤差があります。

9 板書計画

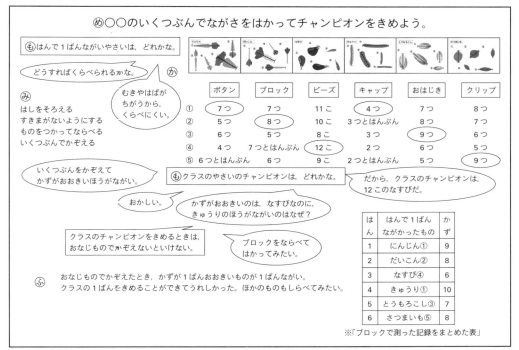

10 本時に関する観点別評価問題例【思考・判断・表現】
（適用問題にも活用できる）

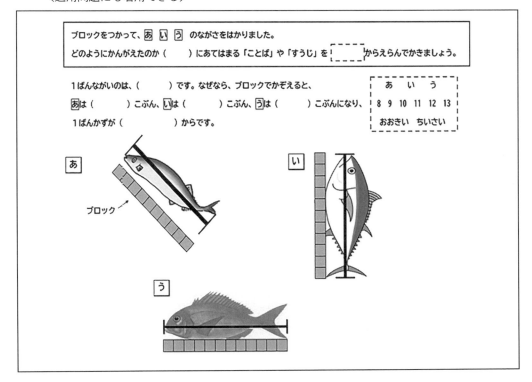

2 第1学年「どちらがながい」

3　第2学年「三角形と四角形」

図形への感じ方の違いから，三角形や四角形のひみつをみつけよう！

この単元における場の設定や指導・支援，教材の工夫について

　本単元では，子どもが身の回りから見つけた三角形や四角形を取り扱い，図形を身近に感じることを大切にする。また，「切る，折る，重ねる」などの数学的活動の充実とともに，ICT の活用でお互いの考えを視覚化し，それにより言語活動の活性化を図ることで，三角形や四角形の性質を子ども自らが見いだすようにする。本時では，「直角を含まない三角形や四角形のみを敷き詰めた模様」と「長方形や正方形，直角三角形のみを敷き詰めた模様」の 2 つを見たときの感じ方の違いを取りあげ，「なぜどちらも三角形と四角形なのに感じ方が違うのだろう？」という疑問・困惑等から問題意識を醸成し，正方形や長方形の性質・特徴を明らかにしていくことで，問題解決の達成感や図形の美しさ，おもしろさを感じるよう指導していく。

第2学年　算数科学習指導案

1　単元名「三角形と四角形」

2　単元目標

（1）三角形や四角形について，数学的活動を通して弁別し，構成要素について調べたり，図形を構成したりして，三角形や四角形の性質や特徴を捉える。

（2）図形の美しさを感じ，身の回りから図形を見つけようとする態度を養う。

3　評価の観点と規準

【知識・技能】

・三角形，四角形及び長方形，正方形，直角三角形を弁別し，これらの性質や特徴を理解することができる。

・点を直線でつないだり，紙を折ったり，方眼紙を使ったりして，三角形，四角形，長方形，正方形，直角三角形を作図することができる。

【思考・判断・表現】

・三角形，四角形について，辺の数や長さ，直角などに着目して考えたり，長方形，正方形，直角三角形の性質や特徴を見いだしたりしている。

・長方形，正方形，直角三角形の性質や特徴を調べ，その関係に気づいている。

【主体的に学習に取り組む態度】

・すすんでいろいろな三角形や四角形を身の回りから見つけたり，つくったりしようとしている。

・長方形，正方形，直角三角形を敷き詰める活動に取り組み，図形の美しさやおもしろさを感じている。

4 本単元との内容の関連

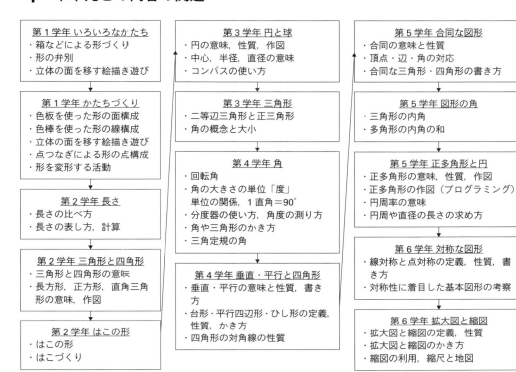

5 授業づくりの視点

(1) 教材観（学習材について）

　子どもたちは，第1学年で，「さんかく」や「しかく」などについて，具体物から形を見いだし，ものの概形や機能について着目し，形の特徴を捉えることができるようになっている。その際，色や大きさ，向きなどを捨象し，それらの形の特徴を捉えながら，形への理解を深めることを経験してきた。

　本単元は，三角形や四角形を「切る，折る，重ねる」などの数学的活動を通して，図形の辺や頂点，直角などの構成要素に着目して，三角形や四角形について理解を深めることをねらいとしている。また，点つなぎや図形の弁別，敷き詰めなどの活動を楽しみながら，子どもたち自身が三角形や四角形の性質や特徴を見いだしていく。

　本時では，一般三角形と一般四角形を敷き詰めた模様と長方形と正方形，直角三角形を敷き詰めた模様を見比べ，Aは「整っていない」や「バラバラ」等，Bは「整っている」や「直角がある」等の感じ方の違いから問題意識を醸成し，「切る，折る，重ねる」等の数学的活動を通して正方形や長方形の性質（共通点や相違点）を見いだすことで，2つの模様の特徴に気づき，問題を解決する達成感や図形の美しさを感じられるように学習を進めていきたい。

　これらの学習を踏まえ，第3学年でも構成要素に着目し，二等辺三角形や正三角形の性質や特徴を考察したり，図形どうしの関係に気づいたりしていく。

（2）児童観（子どもの実態について）

　本学級の子どもたちは，算数の学習に意欲的に取り組み，学校生活のあらゆる場面で「算数の授業でできそう」や「算数で習ったことが使えそう」と日常の事象を算数の視点で捉えて，解決しようとする姿が見られる。

　また，第1学年で学習した「はこの形」で，箱を組み合わせて立体図形を自由に創作し，楽しみながら立体図形や平面図形を構成することができた。一方で「かたちづくり」の学習では，色板を裏返したり，回したり，ずらしたりしながら船や鳥などの形に図形を変形する活動に課題がある子どももいた。子どもたちへのアンケート調査「みなさんの身の回りには，どのような形がありますか？」では，日常生活にある図形をたくさん見つけることができており，図形に対する関心が高いことが読み取れた。

（3）指導観（指導の工夫について）

　子どもの実態からそのよさを生かすために，様々な数学的活動を通して，子ども自らが性質を見いだす喜びを感じ，問題を解決できた達成感と図形に潜む魅力（美しさやおもしろさ）を感じられるような学習展開が必要であると考える。

　単元の導入では，点つなぎや身の回りの図形探しなどを通して，子どもたちが図形を身近に感じ，私たちの生活を形づくるものであることに気づくように支援したい。その後，自分たちが見つけた図形の弁別や作図などを通して，共通点や相違点に着目しながら長方形や正方形の性質や特徴を整理し理解を図りたい。

　本時では，図形に対して子どもが感じたことを丁寧に取りあげ，正方形や長方形の性質や特徴，それらの関係に着目しながら，切る，折る，重ねるなどの数学的活動に取り組めるようにする。また，ICTを活用し，言語活動を活性化させ，見つけた共通点や相違点を話し合えるよう支援する。本実践を通して，図形は世の中に溢れており，その美しさやおもしろさなどの魅力があることを感じられるようにしたい。

ITC教材「ロイロノート・スクール」の活用について

　「ロイロノート・スクール」は，子どものつくったスライドを共有したり，アンケートを集約したりすることができるクラウド型授業支援アプリである。

　本時は，子どもたちが図形や敷き詰め模様に自由に気づいたことを書き込み，全体に提示したり，子どもどうしが比較したりする。授業後は，データを保存や印刷ができ，ノートに貼ることで自分の学習の履歴を蓄積する。

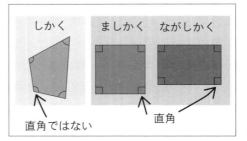

子どもの記述の様子

6 単元指導計画（全12時間）

	学習内容	評価の観点・規準
1	点つなぎによる形づくり ・動物のイラストの点と点を直線で囲む活動を通して，三角形と四角形の意味を考える。	【知識・技能】 三角形と四角形の意味を理解し，点を直線でつないでつくることができる。
2	身の回りの三角形や四角形見つけ ・身の回りの三角形や四角形を見つける。	【主体的に学習に取り組む態度】 すすんで三角形や四角形を見つけている。
3	三角形と四角形の弁別 ・三角形と四角形の弁別を行い，それらの構成要素について調べる。	【思考・判断・表現】 図形の構成要素に着目し，三角形や四角形と言えるわけを考えたり説明したりしている。
4	三角形や四角形の性質や関係 ・紙を切ったり，折ったりする活動を通して，三角形や四角形の性質や関係を調べる。	【思考・判断・表現】 図形の構成要素に着目し，どのような操作でどのような形ができるか考えている。
5	直角の意味 ・紙でかどの形をつくる活動を通して，直角の意味を調べる。	【知識・技能】 直角がどのような形か理解することができる。
6 (本時)	長方形や正方形の性質や特徴，関係 ・様々な数学的活動を通して，長方形や正方形の性質や特徴，図形どうしの関係を調べる。	【思考・判断・表現】 長方形や正方形の性質や特徴，関係を調べ，共通点や相違点を見いだしている。
7	長方形の意味 ・長方形の性質や特徴を考え，長方形をつくる。	【知識・技能】 長方形の性質や特徴を理解し，形をつくることができる。
8	正方形の意味 ・正方形の性質や特徴を考え，正方形をつくる。	【知識・技能】 正方形の性質や特徴を理解し，形をつくることができる。
9	直角三角形の意味 ・直角三角形の性質や特徴を考え，直角三角形をつくる。	【知識・技能】 直角三角形の性質や特徴を理解し，形をつくることができる。
10	方眼紙による長方形や正方形，直角三角形の作図 ・方眼紙を使って，長方形や正方形，直角三角形の作図の仕方を考える。	【思考・判断・表現】 定義に基づいて，長方形や正方形，直角三角形の作図の仕方を考えている。
11	敷き詰め模様づくり ・長方形や正方形，直角三角形の性質や特徴を生かして，敷き詰め模様をつくる。	【思考・判断・表現】 長方形や正方形，直角三角形の性質や特徴を生かして，敷き詰め模様をつくっている。 【主体的に学習に取り組む態度】 長方形や正方形，直角三角形などの性質に基づき，敷き詰め模様をすすんでつくっている。
12	三角形や四角形についての習熟と発展 ・適用問題を解決し，三角形や四角形について，学習の定着を図る。 ・自分が美しいと感じる図形や模様を見つける。	【知識・技能】 三角形や四角形，長方形，正方形，直角三角形についての問題を解決することができる。 【主体的に学習に取り組む態度】 自分が美しいと感じる図形や模様をすすんで見つけ，考えた理由を説明している。

3 第2学年「三角形と四角形」 115

7 本時の学習

> **本時における場の設定や指導・支援，教材の工夫について**
>
> 本時では，導入場面で「一般三角形と一般四角形のみで敷き詰めた模様」と「長方形や正方形，直角三角形で敷き詰めた模様」の２つを見て感じたことの違いから，「ながしかく（長方形）やましかく（正方形）には何かひみつがあるのではないか？」という問題意識をもつ。そして，長方形や正方形を切ったり折ったりする数学的活動を通して，辺や角の性質を調べたり，対角線で切ると合同な直角三角形ができるなどの特徴を調べたりする。さらに，長方形と正方形の共通点や相違点について話し合うことで，長方形や正方形の性質や特徴を見いだしたり，敷き詰め模様の美しさやおもしろさに感じたりするよう働きかけていきたい。

（1）本時の目標

・長方形や正方形の構成要素に着目し，性質や特徴，直角三角形との関係を見いだしている。

（2）本時の展開

学習活動	指導上の留意点
主体的な学習を喚起する「問題意識の醸成」のあり方　導入場面で，テレビ画面にＡ「直角を含まない三角形と四角形のみで敷き詰められた模様」を提示した後，Ｂ「長方形や正方形，直角三角形で敷き詰められた模様」を映し提示する。子どもたちは２つの模様を比較し，Ａに対しては「バラバラ」や「整っていない」等，Ｂに対しては「直角がある」や「整っている」等の感じ方の違いが表出されると予想される。そこで「どちらも三角形や四角形を敷き詰めただけなのに，なぜ感じ方が違うのか？」という問いに対し，模様を構成する形に着目し，その理由を明らかにしたいという問題意識を醸成する。その問題意識を丁寧に取りあげ，子どもの発言からめあてにつないでいきたい。	

学習活動	指導上の留意点
１．本時の問題をつかむ Ｃ：Ａの模様は，バラバラな感じがする。 Ｃ：とがっている。そろっていない。 Ｃ：Ｂの模様は，整っている感じがする。 Ｔ：どちらも三角形と四角形だけでできているのに，なぜ感じ方が違うのですか？ Ｃ：本当だ。なぜだろう。	Ⓐ Ⓑ  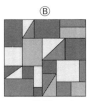 ●Ａ，Ｂの順に提示し，２つの模様の違いをより感じやすいようにする。 ●２つの模様を見て子どもが感じたことを吹き出しで板書し，疑問・困惑等を喚起する。
㉄なぜ，Ｂのもようは整っている感じがするのだろうか？	
２．本時のめあてをつくる Ｃ：直角があるからだ。 Ｃ：ながしかくやましかくのひみつを調べたい。 Ｔ：では，今日はそれをめあてにしましょう。	●「長方形や正方形に何かひみつがあるのではないか」という視点をもつよう働きかける。

め 「ながしかく」や「ましかく」を調べて，ひみつを見つけよう	
3．解決への見通しをたてる 【構成要素に着目する】 ・角の形が直角かどうかや直角の数を調べる ・辺の長さを調べる ・角の形（大きさ）を調べる 【調べる方法】 ・切る，折る，重ねる ・ものさしで測る ・頂点どうしを線で結ぶ（対角線）	●「何を調べるのか」を問いかけ，構成要素に着目するよう働きかける。 ●「どのように調べるのか」を問いかけ，調べ方を全体で確認する。
4．自分なりの考えで解決する（自力解決） C：ましかくを2つに折ると，どの辺もぴったり重なるから，どの長さも同じだ。 C：ものさしで測っても，同じ長さだったよ。 C：直角がある三角形ができた。 T：よく見つけましたね。ながしかくはどうですか？ C：ながしかくは，2つの辺の長さが同じだ。 C：頂点から線で引くと同じ三角形が4つできた。	 ●様々な大きさの正方形や長方形を用意しておき，子どもたちが調べたいものを選び，個別最適な学びを進める。 ●切ったり折ったりしている子どもには，長さや直角，同じ形の図形はあるか調べられるよう助言する。 ●複数の図形を比較しながら調べることで，それぞれの図形の共通点や相違点に着目できる

対話を広げ深めていくための指導・支援の工夫

ICT教材「ロイロノート・スクール」を活用し，子どもの考えを全体に提示し共有する。そして，どのような操作で見つけたひみつなのかを，映し出した子どもの考えをもとに，他の子どもが説明する活動を取り入れ，お互いに説明し合うことで，対話を深める。また，子どもが見つけた長方形や正方形のひみつを，表に整理することで，子どもが比較しやすくなり，共通点や相違点を見つけられるようにする。

5．自分の考えや解決方法を発表し話し合う（集団解決） C：いろんな調べ方でひみつを見つけたよ。 C：切って重ねると「ながしかく」も「ましかく」も4つの角がみんな直角だった。 C：「ましかく」は，辺がぴったり重なったよ。 C：「ながしかく」も重なったよ。でも重ならないところもあったよ。 C：頂点どうしを2本の線で結ぶと，「ましかく」は4つの同じ直角がある三角形ができた。	〈評価の観点・基準〉【思考・判断・表現】 A：長方形や正方形の構成要素に着目し，性質や特徴，直角三角形との関係を調べ，共通点や相違点を見いだしている。 B：長方形や正方形の構成要素に着目し，性質や特徴，直角三角形との関係を見いだしている。 C：長方形や正方形の性質や特徴，直角三角形との関係を見いだすに至っていない。

3 第2学年「三角形と四角形」

C：「ながしかく」は，同じ三角形が2つずつだけど，直角がある三角形にはならない。

T：表を見て，気がつくことはありますか？

C：「ながしかく」と「ましかく」のひみつには，同じものがある。

C：違うところもあるよ。

ながしかく（長方形）	ましかく（正方形）
4つの角がすべて直角	4つの角がすべて直角
向かい合わせの辺の長さが等しい	すべての辺の長さが等しい
直角がある三角形が2つ	直角がある三角形が2つ
直角がある三角形がない	直角がある三角形が4つ

〈Cの子どもへの支援〉

・見通しを想起するよう言葉がけをしたり，操作の仕方を助言したりする。

〈Bの子どもへの支援〉

・子どもの見つけた性質や特徴を表に整理し，共通点や相違点を視覚的に見つけやすくする。

●正方形と長方形の相違点に着目しやすいように，「表を見て違うところは？」と問いかける。

●長方形や正方形を分割すると，三角形や直角三角形になることなど，図形どうしの関係に気づくよう支援する。

学びを深めるための「振り返り」への指導・支援の工夫

　振り返りの視点を明確化する。本時では，問題を解決した手応えや喜びを自覚できるように「自分や友達の考えのよかったところ」，「今日の学習で大変だったことやうれしかったこと」，「次にしたいこと」の3つに加え，子どもたちが感じた「図形の美しさやおもしろさ」についての記述があれば取りあげ，自分なりの振り返りができるように支援する。

6．本時の学習を振り返る

C：辺や角を重ねて調べると，すべての角が直角ということや同じ長さの辺があると分かった。

C：直角があるだけで違う感じがするのがおもしろい。

C：「ながしかく」や「ましかく」は，分けると三角形や直角がある三角形ができるのが驚いた。

C：次は，違う形を調べたい。

C：自分でもようをつくりたい。

●導入で抱いた疑問・困惑等を振り返るよう促し，それが，解決されたかどうか問いかける。

●振り返りの視点を示したり，本時での成果を伝えたり支援を行う。

●子どもの許可を得たうえで，ロイロノート・スクールを使って振り返りを自由に交流してよいことを言葉がけする。

1994年度，藤田英治が大阪教育大学附属平野小学校公開授業で行った実践を，再構成し，ICT等の活用を加えて実践した。

8 板書計画

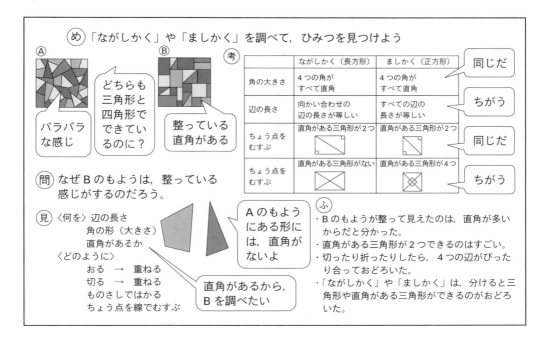

9 本時に関する観点別評価問題例【思考・判断・表現】
（適用問題にも活用できる）

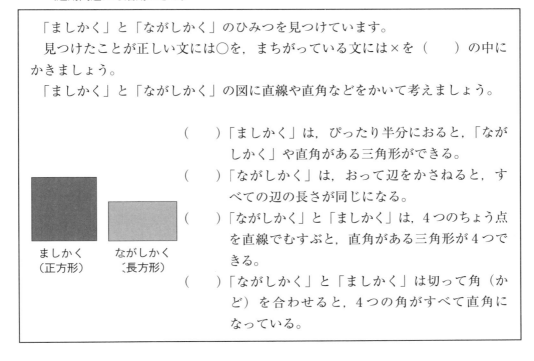

4 第2学年 「ひょうとグラフ」

「自分がしたい仕事」と「家の人がしてほしい仕事」の違いを考えよう！

この単元における場の設定や指導・支援，教材の工夫について

　この単元では，数量を「○のグラフや表」に表すこと，そして，その結果から特徴を見いだしていくことを学習する。ここでは，子ども自身が○で表したグラフのよさを感じ，学んだことを生活に生かしていこうとする態度の育成が重要である。

　そのために，2年間24か月の生活科と算数科のカリキュラムを関連づけて学習を進めていきたい。ここでは，第1学年で学習した生活科の「お手伝い」のデータからつくった「絵グラフ」をもとに第2学年で「○グラフ」につくりかえる。

　本時では，第2学年の夏休みに取り組む「お手伝い」について考えるために，第1学年で行ったお手伝いの「○グラフ」と，アンケートで家族の希望も取り入れたお手伝いの「○グラフ」を比較検討し，子ども自らが家族の一員として活動できるように支援することで，算数科と生活科の横断的な学習が成立すると考える。

第2学年　算数科学習指導案

1　単元名「ひょうとグラフ」

2　単元目標

（1）身の回りの事象について，数量を分類整理し，一次元の簡単な表や○を用いたグラフに表したり読み取ったりする。

（2）整理する観点に着目して，データをグラフに表す方法を考え，データの特徴を捉えるとともに，簡潔で分かりやすく表せる表やグラフのよさに気づき，学習したことを生活や今後の学習に活用しようとする態度を養う。

3　評価の観点と規準

【知識・技能】

・身の回りにある数量を分類整理し，一次元の簡単な表や○を用いたグラフに表したり，それらを読み取ったりすることができる。

【思考・判断・表現】

・データの整理について，分析する観点に着目し，身の回りの事象を簡単な表やグラフに表す方法を考える。

・一次元の簡単な表や○を用いたグラフからデータの特徴を捉えている。

【主体的に学習に取り組む態度】

・データを分かりやすく表そうとするとともに，簡単な表や○を用いたグラフで表したことを振り返り，簡潔で視覚的に分かりやすく表せるよさに気づき，生活や今後の学習に活用しようとしている。

4 本単元との内容の関連

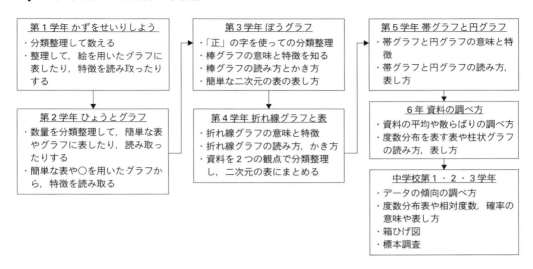

5 授業づくりの視点

(1) 教材観（学習材について）

　算数科において，第1学年で，ものの個数を種類ごとに分類し，「絵グラフ」で表すことを学習してきている。「絵グラフ」に表すことで，数量の大小関係が視覚的に捉えやすいことにも気づいてきている。

　第2学年「ひょうとグラフ」では，さらに簡潔な表現として絵を○に置き換えて表したグラフについて学習する。ここでは，身の回りの事象に関心をもち，データを整理する観点を決め，簡単な表やグラフを通じて特徴を捉え，考察することをねらいとしている。本実践では，生活科との関連を図りながら学習を構成していく。

　まず，第1学年の生活科で自分たちが取り組んだ家の仕事の絵グラフを，データを整理する観点を決め，簡単な表や○を用いたグラフに表し，その特徴を捉える学習を行う。次に，家族へのインタビューをもとに，「夏休みに家族が取り組んでほしいと思っている家の仕事」について，表や「○グラフ」に整理する活動を行う。

　その際，目的意識をもってデータを収集し，「○グラフ」に整理した結果を根拠に，「自分たちが家族の一員として，どのように家の仕事に取り組んでいけばよいか」について考えられるように支援していき，算数科の学びを生活科や日常の生活の中に広げていくことができるよう学習を展開したい。

　さらに，この学習は第3学年の「棒グラフ」を活用してデータを比較する学習につながっていくので，目的に応じてデータを比較検討する学習を大切にしていきたい。

(2) 児童観（子どもの実態について）

　本学級の子どもたちは，操作活動や調べる活動に意欲的に取り組み，問題を解決しようとする姿が見られる。しかし，自分の考えをもち，それを伝え合うことは十分にできていない子どももいる。

そして子どもたちは，第1学年「わかりやすくせいりしよう」の学習では，ものの個数について，絵カードにして並べたり，色を塗ったりする活動を通してグラフに表す学習をしている。その際，絵カードの大きさをそろえることで，比べやすくなることに気づくことができた。また，1週間で咲いた朝顔の数を，一日ごとの総数を表すグラフにしたり，色ごとの数を表すグラフにしたりしながら観点を見つけて絵グラフをつくることに意欲的に取り組めた。しかし，項目ごとに分けることは理解できていても，そのデータを自分たちの生活に生かしていく経験が少ないと感じた。

生活科の「じぶんでできるよ（お手伝い）」の学習においては，自分の興味・関心を中心としたお手伝いには一生懸命になれるものの，家族の思いに気づいたうえで，自分ができるお手伝いを考えることができる子どもは多くないのが実態である。

（3）指導観（指導の工夫について）

「問題の設定」として，タブレット端末で撮影しておいた第1学年の生活科で学習した家の仕事の絵グラフを提示する。それを○グラフに表し，特徴を見つけ出すことを学習する。さらに，「次回は，他の仕事を手伝ってほしい」という家の人からの感想を紹介し，「夏休みに家の仕事に取り組みたい」，「家の人はどんな仕事をしてほしいと思っているのか知りたい」という思いを喚起する。

ここでは，調査する等の学習に意欲的な子どもたちのよさを生かし，「調査の計画」や「データの収集」の段階として，「どんなお手伝いをしてほしいのか」について，家族にインタビューし，データを集めるようにする。「分析」の段階としては，第1学年のときに取り組んだ家の仕事の「○グラフ」と，家族がしてほしいと思っている家の仕事の「○グラフ」を同時に提示し，それぞれの特徴を捉え，違いやその理由を考察していく。そして，子どもたちの課題でもある「自分の考えをもち伝え合う」ことを重視し，対話を深めていくことを支援していく。そして最後に，「結論づけ」の段階として，2つの「○グラフ」を分析したことをもとに夏休みにどんな家の仕事に取り組んでいくのか考えられるようにしていく。

このように算数科では，データをもとに考えることで，学習や生活をよりよいものにしていこうとする態度を育むことができると考えた。また，算数科と生活科の学習を関連づけることで，双方の学習のねらいを達成できるように学習を展開したい。

6 単元指導計画（全3時間）

	学習内容	評価の観点・規準
1	一次元の表や○グラフ ・第1学年で取り組んだ家の仕事の絵グラフをもとに，自分で観点を設定し，表や○を用いたグラフに表す。 ・アンケートをもとに，家族がしてほしい仕事のデータを整理し，表や○を用いたグラフに表す。	【知識・技能】 数量を分類整理して，表や○グラフで表したり，読み取ったりすることができる。 【思考・判断・表現】 着目する観点に合わせてデータを整理し，特徴を捉えている。

2 (本時)	2つの表や〇グラフの比較検討 ・アンケートをもとに作成した家族が取り組んでほしい家の仕事と,自分たちが1年生のときに取り組んだ家の仕事について,2つの表や〇グラフを比較し,特徴や違いを捉え,夏休みに取り組む家の仕事を考える。	【思考・判断・表現】 2つの表や〇グラフを比較し,その特徴の違いについて考えたことをもとに,自分の考えを表している。
3	表と〇グラフについての習熟と発展 ・「好きな給食」や「好きな遊び」など,身の回りのことについて,表や〇グラフに表す。 ・表や〇グラフについての基本的な問題を解決する。	【主体的に学習に取り組む態度】 自分が調べたいことを決め,データを集め,そのデータを分かりやすく表や〇グラフに表そうとしている。 【知識・技能】 表や〇グラフについての基本的な問題を解決することができる。

7　本時の学習

本時における場の設定や指導・支援,教材の工夫について

　本時では,1年生のときに取り組んだ家の仕事についての「絵グラフ」をもとにつくった「〇グラフ」と,家の人へのインタビューをもとにつくった「家の人が取り組んでほしいお手伝い」についての「〇グラフ」とを比較し,それぞれの特徴の違いを考察したことをもとに話し合い,夏休みに新たに取り組むお手伝いの根拠としていく。

　ここでは,生活科と関連づけることで,子どもが問題意識をもつことができるようにし,分析した結果を生活に生かしていくことができるような学習を展開する。このことにより,算数科における統計的な問題解決が生活科の学習に生かされていくと考えた。

（1）本時の目標

・2つの表や〇グラフを比較し,それらの特徴の違いについて考え,それをもとに夏休みに取り組みたい家の仕事について考えている。

（2）本時の展開

学習活動	指導上の留意点
主体的な学習を喚起する「問題意識の醸成」のあり方 　前時に,自分たちが1年生のときに取り組んだ家の仕事を〇グラフに表す学習を行った。さらに,夏休みに行う「お手伝い」について,家族へのインタビューをもとに「家族が取り組んでほしいと思っている家の仕事」についても〇グラフに表した。 　本時は,2つの〇グラフを並べて提示することで,「なぜ違うのか」という疑問・困惑等から,その理由を考えたいという問題意識を醸成する。	
1．本時の問題をつかむ 問題　夏休みにとりくむ家のしごとは,どんなしごとがよいのかな。 T：2つの表やグラフを見て,夏休みに取り組む仕事（お手伝い）を考えることができる	●自分たちが1年生で取り組んだ家の仕事の〇グラフ（図1）と,家族が取り組んでほしいと考えている家の仕事（図2）の2つの〇グラフを並べて提示することで,問題意識を醸成し,違いを見いだしやすくする。

4　第2学年「ひょうとグラフ」　123

かな。
C：2つの表やグラフは○の数が全然違う。
C：自分たちが取り組んだことと，家の人が取り組んでほしいことは違うんだ。
T：よいところに気づきましたね。
C：どうしてこんなに違うんだろう。

●子どもたちの疑問からめあてにつなぐ支援をする。

2．本時のめあてをつくる

> めあて　　2つの表やグラフをくらべて，夏休みにとりくみたい家のしごとを考えよう。

3．解決への見通しをたてる

C：どんなしごとが多いか見る。
C：同じしごとについて，数を比べる。
C：なぜ，数が違うのか考える。

●グラフの違いについての気づきをもとに，見通しを考えるように言葉がけする。

4．自分なりの考えで解決する（自力解決）

（図1）「1年生のとき，自分たちが取り組んだ家の仕事の○グラフや表」

（グラフ）じぶんがとりくんだえのしごと

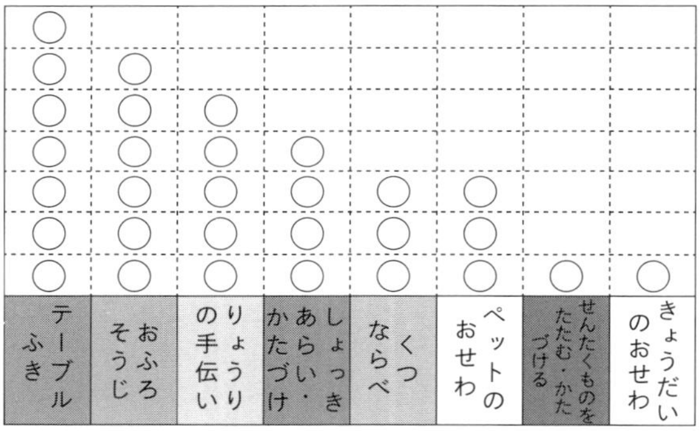

（ひょう）じぶんがとりくんだえのしごと

テーブルふき	おふろそうじ	のりょうりの手伝い	かたづけ・しょっき・あらい	ならべくつ	ペットのおせわ	せんたくものを・たたむ・かた・ける	きょうだいのおせわ
7	6	5	4	3	3	1	1

●まず，それぞれの表やグラフから分かることを書くよう助言する。
●自分の考えが書けずにいる子は，机間指導で，「同じ家の仕事を見て数を比べてごらん」と助言する。

（図2）「家族がしてほしいと思っている家の仕事の○グラフや表」

（グラフ）かぞくがしてもらいたいと思っているいえのしごと

（グラフ）かぞくがしてもらいたいと思っているいえのしごと

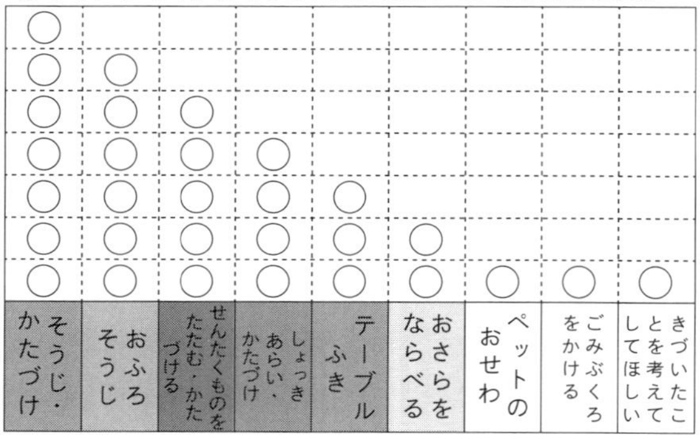

そうじ・かたづけ	おふろそうじ	せんたくものを・たたむ・かた・ける	しょっき・あらい・かたづけ	テーブルふき	おさらをならべる	ペットのおせわ	ごみぶくろをかける	きづいたこと・しときてをほしい考え
7	6	5	4	3	2	1	1	1

●2つの表やグラフから分かることや特徴と合わせて，どうして違いがあるのか，その理由について自分の考えを書くように支援する。

C：1年生のときの仕事と家族がしてほしい仕事は違う。なぜかな？

T：そうですね。仕事の種類が同じものと違うものがありますね。

C：自分がした仕事と家族がしてほしい仕事は違うからかな？

C：家の人が取り組んでほしい仕事は，掃除や片付け，お風呂そうじ，洗濯物をたたむ仕事が多い。

C：家の人は，どうして掃除や片付けをしてほしいのかな。

T：よいことに気づきました。その理由を一緒に考えていきましょう。

〈評価の観点・基準〉【思考・判断・表現】

A：2つの表や〇グラフを比較し，その特徴について友達の考えとの共通点や相違点を見つけ自分の考えを表している。

B：2つの表や〇グラフを比較し，その特徴の違いについて考えたことをもとに，自分の考えを表している。

C：2つの表や〇グラフの比較はできつつあるが，自分の考えを表現することに至っていない。

〈Cの子どもへの支援〉
・調べる項目を決めて比較し，見いだしたことをノートに書くよう支援する。

〈Bの子どもへの支援〉
・2つの表やグラフの違いから，理由を考えるよう支援する。

対話を広げ深めていくための指導・支援の工夫

　自分たちが取り組んだ仕事とアンケートから分かった家族がしてほしい仕事のデータを分類整理した過程で気づいたことについて対話をすすめる。2つの表やグラフの違いを意識させ，項目ごとに調べていき，その理由を子どもたちなりに考え対話を通して考えを広げ深めていく。そして，表や〇グラフに表した内容をより深く考察できるようにする。

　このような対話を通して家の人の思いやその理由を知り，自分ができることを考えていくことにつなげる。

5．自分の考えを発表し話し合う（集団解決）

C：家の人は，そうじや片付けをしてほしいと思っている人が多い。

C：「自分の机を片付けなさい」とよく家の人から言われる。

C：お風呂そうじは，自分も家の人も多い。

C：簡単にできるからだと思う。

T：料理はどうかな。

C：家の人は料理を手伝ってほしいと思っていないみたいだ。なぜだろう？

C：家の人が料理は子どもがすると危ないと思っているのだと思う。

T：家族の思いがあるんですね。ほかの仕事はどうですか。

C：家の人がしてほしい仕事は，自分一人でもできる仕事が多いのかな。

T：他に気づいたことはありますか。

●まずは，2つの表やグラフを仕事の種類ごとに発表できるように支援し，徐々にその違いに着目できるようしながら対話を構成していく。

●自分のしたい仕事と家族がしてほしい仕事の違いだけではなく，共通点についても考えるよう言葉がけする。

●数の違いだけでなく，その理由について考えを深められるよう言葉がけする。

●どうして違いが生じているのか，家の人にアンケートをとったときのことを思い起こすよう助言し，家の人の思いを考えられるようにする。

●今まで気づかなかった仕事についても考えることができるよう支援し，お手伝いに対する意欲を喚起する。

4　第2学年「ひょうとグラフ」

C：「ゴミ袋をかける」というのも家の仕事なんだと思った。	
C：「気づいたことをしてほしい」という話はびっくりした。	●家族の思いも考えるよう助言する。
T：どのように家の人は思っているのかな。	
C：言われたことをするのではなくて，自分で考えてやってほしいと思っている。	●2つのグラフを比較して分かったことから，夏休みに取り組みたい家の仕事について，考えるように助言する。
C：まず，自分の身の回りをきれいにすることからしてほしいと思っている。	
C：今度は，自分があまりしていない家の仕事も頑張ってみようと思う。	

> **学びを深めるための「振り返り」への指導・支援の工夫**
>
> 　振り返りの場面においては，2つの表やグラフを比較し，その結果を分析した結果をもとに，夏休みに取り組みたい家の仕事について考えていくよう働きかける。算数科で学んだことを自分たちの生活に生かしていくことで，統計的な問題解決のよさを振り返ることができるようにする。このような振り返りをすることで，算数科で学んだことを日常の生活や生活科の学習に生かしていくことができる。

6．本時の学習を振り返る

C．グラフについて話し合ったから，はじめ「なぜだろう？」と思っていたことが分かった。	●板書から，はじめにもった疑問を解決するための問題意識やめあてに戻って振り返るよう支援する。
C．グラフにすると，家の人と自分たちの考えが違うことが分かってよかった。	●分かったことだけでなく，グラフを比較して感じたことも振り返るよう言葉がけする。
C．家の人が「お母さんが困っていたら，自分で気がついて動いてくれると助かるよ」と前に話してくれていたよ。	●自分たちで集めたデータを，観点を決め整理してつくった表や〇グラフを比較し，読み取り，考察したことのよさが感じられるよう支援する。
C．自分のしたいことだけではなく，家族が喜ぶ仕事をしたい。	
C．今日の学習をもとに，一度自分で考えた後に，家の人にも相談して決めたいな。	●「お手伝い」という活動から，家庭での生活を自分との関わりから見つめ直し，家庭生活における自分の存在や役割に気づくよう支援する。
T．それは大変よいことに気づきました。家族の一員として，自分の役割を見つけましたね。	
C．はやく夏休みの仕事がしたいな。	

8 板書計画

め ２つの表やグラフをくらべて，夏休みにとりくみたい家のしごとを考えよう。

問 夏休みにとりくむ家のしごとは，どんなしごとがよいのかな。

見 ・どんなしごとが多いか見る。・同じしごとについて，数をくらべる。
・なぜちがうのか考える。

（ひょう）じぶんがとりくみたいえのしごと

テーブルふき	おふろそうじ	のりょうりの手伝い	かあらづけ・あしつき・	しょっき ならべ	ペットのおせわ	せんたくものをたたむかた	きょうだいのおせわ
7	6	5	4	3	3	1	1

（グラフ）かぞくがしてもらいたいと思っているいえのしごと

そうじ・かたづけ	おふろそうじ	せんたくものをたたむかた	かあらづけ・あしつき・	テーブルふき	おさらをならべる	ペットのおせわ	をごみぶくろ	しときをかけてほしい・たこ
7	6	5	4	3	2	1	1	1

（グラフ）じぶんがとりくみたいえのしごと

（グラフ）かぞくがしてもらいたいと思っているいえのしごと

「かぞくがよろこぶしごとがしたい！」

考 家の人がとりくんでほしいしごとと自分たちがとりくみたいしごとはちがう。

「どうしてちがうのか？」

〈家の人がしてほしいしごと〉
子どもでもかんたんにできる。
自分のみのまわりのかたづけ。

〈家の人があまりしてほしくないしごと〉
子どもだけだとあぶない。
子どもがすると，時間がかかる。

〈自分がしたいしごと〉
・かぞくがたすかること
・自分でできるつくえのかたづけ

ふ ・ひょうやグラフをくらべて考えると，分かりやすい。
・「なぜちがうのか」が分かった。
・かぞくの気持ちがよく分かった。

9 本時に関する観点別評価問題例【思考・判断・表現】

（適用問題にも活用できる）

夏休みにする家のしごとについて「子どもたちがしようと思っている家のしごと」と「お家の人がしてほしい家のしごと」をあらわしたグラフをくらべて考えています。

ア．子どもがしようと考えているいえのしごと　　イ．家の人がしてほしいと考えているいえのしごと

●アとイのグラフをくらべて，気づいたり考えたりしたことに，すべて○を書きましょう。

（　）子どもは，りょうりをしようと思っている人が一ばん多いけれど，家の人はりょうりが一人で，あまりしてほしくないと思っているかもしれない。
（　）家の人がしてほしいしごとのうち，2番目に多いのは，せんたくもののかたづけだ。
（　）おふろあらいは，人数はどちらも5人なので，子どもも家の人もするとよいと思っている。
（　）家の人は，一ばんへやのそうじをしてほしいと思っている。

4　第２学年「ひょうとグラフ」　127

5	第3学年 「あまりのあるわり算」

第3学年 「あまりのあるわり算」

どのわり算でもあまりはわる数より小さくなるのかな？

この単元における場の設定や指導・支援，教材の工夫について

あまりのある除法の計算の仕方を，あまりのない除法と関連づけながら学習を進めていく。その際，除数とあまりとの関係に焦点をあて，統合・発展的に「あまりはわる数より小さくなる」ことを理解できるようにしていく。次に，その考えを生かして，除法の計算結果を振り返り，答えの確かめができるようにし，そのよさに気づくようにする。さらに，日常生活や学習において，あまりをどのように処理するかを考え，活用しようとする態度を育んでいきたい。

第3学年　算数科学習指導案

1　単元名「あまりのあるわり算」

2　単元目標

（1）わり切れない場合の除法について，あまりの意味やあまりは除数より小さいことを理解し，除法と乗法との関係に着目して計算の仕方を考えることができる。

（2）除法の問題場面を理解し，すすんで答えの確かめ方を考えようとする。

3　評価の観点と規準

【知識・技能】

・除法について，わり切れない場合はあまりを出すことや，あまりは除数より小さいことを理解している。

・あまりのある場合の除法や答えの確かめの計算をすることができる。

【思考・判断・表現】

・除法と乗法との関係に着目し，あまりのある場合の除法の計算の仕方や答えを確かめる方法を考えている。

・数量の関係に着目し，問題場面に応じて商やあまりの意味や処理の仕方を考えている。

【主体的に学習に取り組む態度】

・あまりのある除法の場面を具体物や図等を用いてすすんで考え，計算の仕方を表現している。

・除数とあまりの関係に気づき，統合的・発展的に考えようとしている。

128　第3部　研究授業に使える実践と指導案

4 本単元との内容の関連

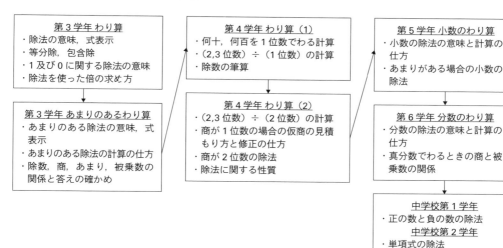

5 授業づくりの視点

(1) 教材観（学習材について）

本単元では，あまりのある除法について学習する。第2学年では，乗法について，数量の関係に着目し，乗法の意味や計算の仕方を考えたり計算に関して成り立つ性質を見いだしたりするとともに，その性質を活用して，計算を工夫したり計算の確かめをしたりすることなどを指導してきている。

第3学年では，第2学年での学習をもとに，乗法の逆算である除法について学習する。本単元である「あまりのあるわり算」では，除法にはわり切れない場合があり，その場合にはあまりを出すことを指導する。例えば，「13枚のカードを1人に4枚ずつ配る」場合や「13枚のカードを4人に同じ数ずつ分ける」場合で，「13÷4」は「4×□」や「□×4」が13以下で13に最も近くなるときの整数□とそのときのあまりを求めることである。つまり整数の除法13÷4は，カードを分ける操作で最大の回数や1人あたりの最大の枚数を求めることであり，そのときのあまりの大きさは除数よりも必ず小さくなること等を見いだしていくことが重要である。

ここで育成される資質・能力は，第4学年で学習する多数桁の除法（918÷34 等），第5学年の小数の除法，第6学年の分数の除法，ひいては，中学校で学ぶ正の数と負の数の除法，単項式と多項式の除法等につながっていく。

(2) 児童観（子どもの実態について）

本学級の子どもたちは，算数の学習に主体的に取り組むことができる。問題を提示される前から，「今日は何の学習をするの？」「昨日と似ているかな？それならできそう」などのつぶやきが聞かれる。自力解決の場面では，既習事項を使って自分の考えを表そうとしたり，友達の考えを聞いて共通点や相違点を話し合い，解決方法を練り

あげたりすることができつつある。

　一方，あまりのないわり算のレディネステストでは，計算の正答率が90％と高かったが，計算に関して成り立つ性質を見いだし，その性質を計算の工夫や確かめに活用するには至っていない。

（3）指導観（指導の工夫について）

　あまりのある除法では，除数とあまりの大小関係を明確に捉えているかどうかが一つのポイントになる。第3時では，「被除数が4である計算からきまりを見つけよう」というめあてのもと，10÷4から19÷4までを計算する。交流の場面では，除数とあまりの大きさの関係に焦点をあて，「あまりが0，1，2，3と続いている」「あまりは4にはならない」「あまりはわる数4より小さくなる」ということに気づくようにする。ここでは，子どもたちのよさを生かし，子どもたちは「わる数が4ではないときでもあまりはわる数より小さくなるのか」という新たな問題意識をもてるようにする。

　そこで，子どもたちの中から出た問題意識をもとに「除数とあまりの大小関係」について統合的・発展的に考察していけるよう第4時の学習につなげていきたい。また，第5時以降は，除法の計算によって得られた商と除数の積が被除数に一致するか（確かめ算）を調べたり，あまりの処理について考えたりする学習を通して，子どもたちの課題でもある除法に関して成り立つ性質を見いだす学習に重点を置き，その性質を活用して日常生活や今後の学習に生かす態度を育んでいきたい。

6　単元指導計画（全9時間）

	学習内容	評価の観点・規準
1・2	あまりのある除法の意味と表し方① ・20個のスーパーボールを同じ数ずつ袋に入れ，除法の場面でわり切れたり，わり切れなかったりする場合があることに気づく。 ・あまりのある除法（包含除）の計算の仕方を乗法九九を使って考える。	【思考・判断・表現】 あまりのある除法（包含除）の意味や計算の仕方を，既習の計算をもとに図や式などを用いて考えている。 【知識・技能】 あまりのある除法の意味や計算の仕方を理解している。
3・4（本時）	除数とあまりの関係① ・□÷4の場面を通して，被除数を順に増やし除数とあまりの関係を調べる。 除数とあまりの関係② ・除数が4以外の場合でも，あまりは除数より小さくなることを調べる。	【思考・判断・表現】 □÷4の場合の除数とあまりの関係について考えている。 【主体的に学習に取り組む態度】 除数が4以外の場合でも，あまりは除数より小さくなるきまりを見つけ，すすんで説明しようとしている。

130　第3部　研究授業に使える実践と指導案

5	あまりのある除法の意味と表し方② ・13個のみかんを4人で同じ数ずつ配る等分除の場面を通して，あまりのある除法の計算の仕方を考える。 ・等分除の場面でも乗法九九を使って考えられることを理解する。	【思考・判断・表現】 あまりのある除法（等分除）の意味や計算の仕方を考えている。 【知識・技能】 あまりのある除法の意味や計算の仕方を理解している。
6	除法の答えの確かめ方 ・あまりのある除法の計算の答えの確かめ方を考える。	【主体的に学習に取り組む態度】 答えの確かめをするよさに気づき，今後の学習で活用しようとしている。
7	商＋1が必要な場合 ・子どもが30人で，1脚の長いすに4人ずつすわるとき，全員がすわるには，何脚必要かを考える場面で，あまりの処理について考える。	【思考・判断・表現】 具体的な問題場面で，あまりの適切な処理の仕方を考え，説明することができる。
8	商がそのままでよい場合 ・5枚でくじ引きが1回できるとき，23枚では，全部で何回くじ引きができるかという場面で，あまりの処理が必要な除法について考える。	【思考・判断・表現】 前時との違いに気づき，あまりの適切な処理の仕方を考え，説明することができる。
9	あまりのある除法の習熟と発展 ・あまりのある除法についての重要事項を確認し，技能の定着を図る。 ・自分で選択した問題を解決する。	【知識・技能】 あまりのある除法の計算やあまりの処理の仕方を考える問題ができる。 【主体的に学習に取り組む態度】 すすんで問題を選択し，解決しようとしている。

7　本時の学習

　本時はあまりのある除法について，わる数とあまりとの関係からきまりを見つけ，そのきまりが「他の数でも成り立つ」と一般化を図るため，2時間扱いとする。第3時は，子どもたちにわる数「4」とあまりに着目させ，成り立つきまりを見つける活動を行う。子どもたちは「わる数が4ではないときでもあまりはわる数より小さくなるのか」という新たな問題意識をもつであろう。

　そこで第4時では，子どもたちの中から出た問題意識（「4」以外の数でもあまりは除数より小さくなるのか）をもとに「除数とあまりの大小関係」を統合的・発展的に考察していけるように展開する。

（1）本時の目標

①第3時〔思考・判断・表現〕

・□÷4の場面の除数とあまりの関係について考えている。

②第4時〔主体的に学習に取り組む態度〕

・除数が4以外の場合でも，あまりは除数より小さくなるきまりを見つけ，すすんで説明しようとしている。

5　第3学年「あまりのあるわり算」　131

（2）本時の展開

〈第3時〉　　学習活動	指導上の留意点
主体的な学習を喚起する「問題意識の醸成」のあり方 　問題文の「2桁の被除数」にあたる数字の「一の位」を□で隠すことで，「どんな数字が入るのかな？」「2桁だといろいろな数字が入る」と考える。そこから，「□には0〜9までの数が入る」「問題に合う式はいくつもある」ということを見いだしていく。そして。わり算の式をつくり計算していく過程で，わり切れる場合とあまりが出る場合に気づき，「自分たちがつくった式と答えやあまりには，何かきまりがあるのでは？」という問題意識が醸成できるよう支援していきたい。	
1．本時の問題をつかむ	
（問題）あめが1□こあります。1ふくろ4こずつ入れます。何ふくろできて，何こあまりますか。	
C：一の位が分からない？ C：9までの数が入るのかな。 T：問題を表す式を考えることはできますか。 C：わり算だと思います。 T：式はどのようになりますか。 C：「1□÷4」かな？ C：「12÷4」や「16÷4」など，たくさんできるよ。 C：あまりが出るものもあるよ。 T：一度ノートにできる式を書いて計算してごらん。 C：できたよ。友達は違う式も見つけている。	●被除数10から19までの除法を解決するため，0〜9までの数が入ることを見つけるように言葉がけする。 ●ノートに書いた式からきまりを見つけたいという意欲を喚起する。 ●あまりのでない式とあまりのでる式を比べるよう言葉がけする。 ●被除数が変わっても除数はいつも4になることを確認し，そこにきまりのようなものがないのかを問い，めあてにつなぐ。
2．本時（第3時）のめあてをつくる	
（めあて）4でわる計算からきまりを見つけよう。	
3．解決への見通しをたてる C：あまりのあるものとないものに分ける。 C：式を順番に並べると，きまりが見つかるよ。	●子どもたちが解決したわり算をカードに書き，ランダムにテレビに提示する。
4．自分なりの考えで解決する（自力解決） T：テレビの画面を見てください。みんなが見つけた式をカードにしてみました。 C：カードがバラバラだ。順番に並べたい。 C：あまりが，1，2，3になっている。 C：4をこえないよ。	●机間指導し，子どもたちの解決の進み具合を見取り，個に応じた支援をする。 ●10枚のわり算カードをランダムに提示することにより，「順序よく並べたい」という意

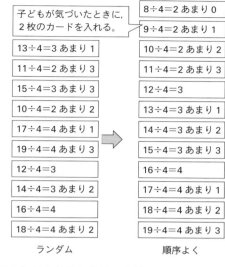

C：わりきれるときは，0だ。
C：わかった。4でわるから4をこえない。

5．自分の考えや解決方法を発表し話し合う（集団解決）

T：すごい。いろいろなきまりを見つけていますね。発表できるかな。
C：あまりの数が1, 2, 3と続いています。
C：わり切れるときは，あまりが0と言える。
C：あまりは，必ず4より小さい数になる。
C：わる数が4だから答えが4つずつになる。
C：「10÷4」から「11÷4」までは，答えは2つだよ。
T：よいことに気づきましたね。なぜそうなるのかな。
C：「8÷4」や「9÷4」がないからだ。答えは，「2あまり0」と「2あまり1」になる。

6．本時の学習を振り返る

C：あまりが0, 1, 2, 3ということを見つけて，うれしかった。
C：絶対あまりは4より小さくなる。
C：他のわり算に，どうなるのかな。
C：わる数が4以外のわり算もやってみたい。
T：次の時間が楽しみですね。

欲を高める。

〈評価の観点・基準〉【思考・判断・表現】
A：わる数とあまりの関係に着目し，順序よく並べて，あまりが1, 2, 3と連続することを考えている。
B：除数が4の場合，あまりは4より小さくなることを考えている。
C：あまりにきまりがあることに考えが至っていない。

〈Cの子どもへの支援〉
・あまりが1, 2, 3になる計算を支援し，順序よく並べたり，きまりを見つけたりするよう働きかける。

〈Bの子どもへの支援〉
・あまりが1, 2, 3と連続することを見つけることができるよう支援する。

●子どもたちは，感じたことや見つけたことをランダムに発言してくるので，整理しながら，対話を深めていく。

●被除数が2桁なので，「9÷4」や「8÷4」のカードがないことから，きまりを見つけにくくなっていたら，「8÷4＝2あまり0」や「9÷4＝2あまり1」のカードを貼り，思考が深まるよう支援する。

●全体交流から見いだしたきまりが他のわり算でも使えると気づいた子どものつぶやきを取りあげ，次時への問題につなぐ。

●見いだしたことだけでなく，そのとき感じたこと等を引き出す。

●自分とは違う考えに着目したり，次にしたいこと等を考えたりできるよう支援する。

5　第3学年「あまりのあるわり算」　133

〈第4時〉　　　学習活動	指導上の留意点
1．本時の問題をつかむ （問題）10 から 19 までの数をわるとき，わる数が 4 以外のとき，わる数とあまりにきまりはあるのかな。 C：昨日は，わる数が「4」のときのきまりを見つけました。 C：あまりが 0，1，2，3 で，「4」より小さくなるよ。 C：わる数が他の数だったらどうなるかな。 C：わる数が「5」や「3」のときも考えたい。 **2．本時（第4時）のめあてをつくる** （めあて）わる数が「4」以外のあまりのあるわり算のきまりを見つけよう。 **3．解決への見通しをたてる** C：きっときまりがある。順序よく並べたら分かる。 C：「5」や「3」でも，「4」のときと同じようなきまりがあると思う。 **4．自分なりの考えで解決する（自力解決）** T：いろいろな数で考えてみましょう。 C：「5」だったら，あまりは 1，2，3，4 になるかもしれない。 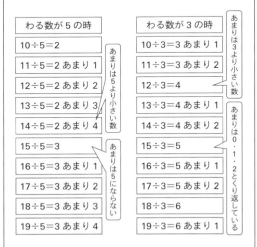 C：「3」の場合は，あまりは 1 と 2 だ。 C：やっぱりわる数より 1 小さい。	●前時の学習を振り返り，被除数とあまりとの関係に着目できるよう助言する。 ●わる数が変わってもきまりがあるのかという疑問から，前時と同じように調べたいという問題意識を喚起する。 ●被除数 10 から 19 までの除法を解決することを確認し，除数を決めるよう言葉がけする。 〈評価の観点・基準〉 【主体的に学習に取り組む態度】 　A：いろいろな除数の場合を考え，進んできまりを見つけ，すすんで説明しようとしてる。 　B：除数が 4 以外の場合でも，あまりは除数より小さくなるきまりを見つけ，すすんで説明しようとしている。 　C：すすんできまりを見つけるに至っていない。 〈Bの子どもへの支援〉 ・除数が「5」や「3」の場合だけでなくいろいろな除数の場合を提示し，見いだしたきまりを統合的に考えられるように支援する。 〈Cの子どもへの支援〉 ・除数が「3」の場合を考えるよう助言し，順序よく並べることを支援する。

５．自分の考えを発表し，話し合う（集団解決）

「対話」を広げ深めるための指導・支援の工夫

前時に子どもが解決した除数が「4」の場合と本時で解決した子どものノート（除数が「3」や「5」の場合）をテレビに提示し共通点を探すよう促す。さらに除数が「6」や「9」等の場合とも比較し，「除数とあまりの関係」を統合的に考察していけるよう対話を深めていく。

C：わる数が「3」のときは，あまりが0，1，2を繰り返しています。 C：わる数が「5」のときも似ています。 C：あまりが0，1，2，3，4となっています。 T：他の数で考えた人はどうなりましたか。昨日と同じところはありましたか。 C：昨日と似ているのは，あまりが続いているところです。 C：わる数が「6」や「9」でも同じきまりがある。 C：あまりは，いつもわる数より小さくなる。	●前時の板書を大型テレビに提示し，自力解決した考え方との共通点を見いだせるよう支援する。 ●わる数が「3」や「5」のときも「4」のときと同じきまりがあることを確認する。 ●わる数が「3」や「5」以外の数で調べることができた子どもの発表を支援する。

６．本時の学習を振り返る

学びを深めるための「振り返り」への指導・支援

本時（第4時）の板書を振り返るよう働きかけ，「除数とあまりの数の関係」や気づいたことをまとめるよう言葉がけする。言葉で表現することが難しい子どもには，板書やノートに書いている式を見て，着目すべき数字に印をつけるよう支援し，感じたことも振り返るよう言葉がけをする。また，タブレットを活用し他の人と交流したり，保存したりするよう助言する。

C：昨日のわり算ときまりが同じで，うれしかった。 C：わる数が「3」のときも，あまりは「0，1，2」の3つになり，わる数より小さくなりました。 C：わる数が「5」でも同じようになりました。 C：あまりは，いつもわる数より小さくなる。 T：他の数を調べた人はどうでしたか。 C：私は「6」を調べたけれど，同じきまりがあり，びっくりした。 C：「9」を調べたけれど同じで，きっとどの数でわっても同じだ。 C：わり算のあまりは，いつもわる数より小さくなる。 T：このきまりを使うと，確かめ算もできそうですか。	●わる数が「3」や「5」のときと「4」のときと同じきまり（共通点）に着目できた子どもには賞賛の言葉がけをする。 ●調べたことを統合的に捉えられるよう子どもたちが振り返ったことを結びつけながら確かめていく。 ●ICTを活用し交流する場合，振り返りの内容を見せたくない子どももいるので，配慮する。

5　第3学年「あまりのあるわり算」

8 板書計画

（第3時）

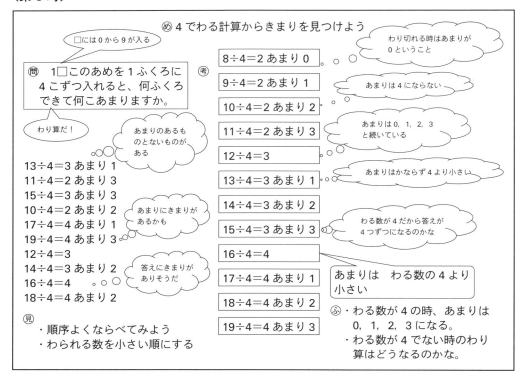

（第4時）

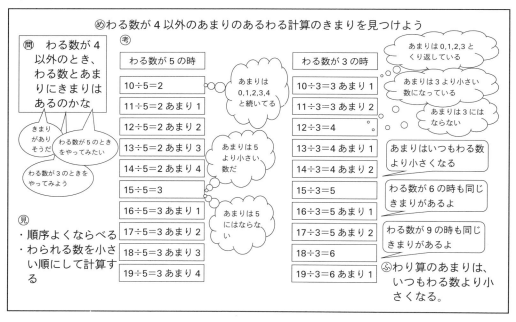

9 本時に関する観点別評価問題例
1【主体的に学習に取り組む態度】　2【思考・判断・表現】
（適用問題にも活用できる）

わり算のカードを見て，（わる数）と（あまり）のきまりを見つけようとしています。

10÷4＝2 あまり 2	16÷4＝4	17÷4＝4 あまり 1
8÷4＝2	13÷4＝3 あまり 1	11÷4＝2 あまり 3
14÷4＝3 あまり 2	12÷4＝3	9÷4＝2 あまり 1
	15÷4＝3 あまり 3	

1　あなたなら，きまりを見つけるために，カードをどのように並べますか。（　　　）に○をつけましょう。【主体的に学習に取り組む態度】

①あまりのあるカードとないカードに分ける。（　　　）	②カードを順序よく並べる。（　　　）	③同じあまりのカードを見つけて並べる。（　　　）
8÷4＝2	8÷4＝2	16÷4＝4
16÷4＝4	9÷4＝2 あまり 1	8÷4＝2
12÷4＝3	10÷4＝2 あまり 2	12÷4＝3
9÷4＝2 あまり 1	11÷4＝2 あまり 3	14÷4＝3 あまり 2
15÷4＝3 あまり 3	12÷4＝3	10÷4＝2 あまり 2
11÷4＝2 あまり 3	13÷4＝3 あまり 1	17÷4＝4 あまり 1
14÷4＝3 あまり 2	14÷4＝3 あまり 2	9÷4＝2 あまり 1
17÷4＝4 あまり 1	15÷4＝3 あまり 3	13÷4＝3 あまり 1
10÷4＝2 あまり 2	16÷4＝4	15÷4＝3 あまり 3
13÷4＝3 あまり 1	17÷4＝4 あまり 1	11÷4＝2 あまり 3

2　どんなきまりを見つけましたか。（　　　）にあてはまる言葉や数を下の ▭ から選んで書きましょう。【思考・判断・表現】

4でわると，あまりは（　　　），1，2，（　　　）になります。だから，いつもあまりは（　　　）より（　　　）なります。

> 0，1，2，3，わる数，わられる数，小さく，大きく

5　第3学年「あまりのあるわり算」　137

6

第3学年「重さ」

「はかりにめもりがない！」めもりのつくり方について考えよう！

この単元における場の設定や指導・支援，教材の工夫について

　「重さ」の学習では，子どもたちは日常生活の経験を生かしながら，直接比較，間接比較，任意単位による比較，普遍単位による比較という4段階の学習過程を経験し，重さについての概念や測定の素地を培っていく。単元の導入では，身近な文房具の重さをてんびん等を用いて，直接比較や間接比較による比較を行う。各々の筆箱の重さを比較する場面では，学級で一番重い筆箱を決めるために，任意単位による数値化を行う。そして，1円玉（1g）を用いて普遍単位による比較を行い，普遍単位で測定することのよさを感じられるようにする。その中で，1円玉100枚とつり合う100gの粘土をつくり，本時でおもりとして用いる。本時で行う「はかりづくり」という数学的活動では，「重さは，はかりではかるもの（はかりの中に重さがある）」と考えている子どもたちが，はかりづくりを通して，そのしくみに気づくように学習を展開する。その中で，1g，10g，100g，1000gの関係や，100gが10個で1000gになり，1kgでめもりが1周回ること等を見いだし，深い学びにつなげていく。

第3学年　算数科学習指導案

1　単元名「重さ」

2　単元目標

（1）重さについて測定の4段階の方法を考え，数値化して表し，重さの単位とその関係について理解し，適切な単位や計器を用いて重さを測定できる。

（2）重さを数値化して表すことのよさや，kやm等の接頭語が表す倍の関係（単位のしくみ）のよさに気づき，量感をもって日常生活に活用しようとしている。

3　評価の観点と規準

【知識・技能】

・重さの単位（g，kg，t）とその相互関係や，長さ，重さ，かさのそれぞれの単位に共通する接頭語が表す倍の関係（単位のしくみ）について理解している。

【思考・判断・表現】

・測定の4段階の方法（直接比較，間接比較，任意単位による比較，普遍単位による比較）について考え，重さを数値化している。

・測定するものに応じて，およその見当をつけて，適切な重さの単位や計器を選び，重さを測定したり表したりしている。

【主体的に学習に取り組む態度】

・重さを数値化して表すことのよさや，接頭語が表す倍の関係（単位のしくみ）のよさに気づき，量の大小を捉え重さを比較したり，目的に応じて適切に計器や単位を選択し測定したりする等，量感をもって日常生活に活用しようとしている。

138　第3部　研究授業に使える実践と指導案

4　本単元との内容の関連

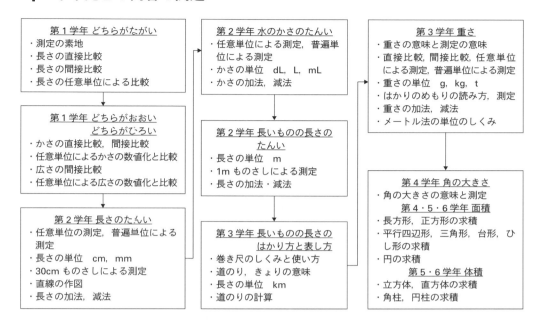

5　授業づくりの視点

(1) 教材観（学習材について）

　第1学年では，長さ，広さ，かさ等の量を具体的な場面で直接比べたり（直接比較），他のものを用いて比べたり（間接比較），任意単位を設定してものの大きさを数で表現して比べたり（任意単位による比較）することについて学習してきている。

　第2学年では，普遍単位を用いることの必要性に気づき，単位の意味について理解し，正しく測定すること（普遍単位による比較）を学習してきている。

　第3学年の「長さ」の学習では，1kmの長さは100mの10倍，10mの100倍といった関係をもとに，長さの単位（km）について学習している。本単元「重さ」の学習では，単位となる重さのいくつ分かで測定できることや，重さの単位（g，kg，t）の意味について学習する。身の回りのものの特徴に着目し，測定する対象の大きさのおよその見当をつけて適切な計器を柔軟に選択したり，長さや重さの単位を関係づけたりすることを主なねらいとしている。重さはものの見かけだけでは捉えられない大きさであるため，測定の4段階の方法について考えたり，重さを実感しながら測定したりすることで，重さの概念を理解できるようにすることを大切にしたい。

　第4学年から図形の領域になるが，第3学年までの量の比較や測定の経験を踏まえ，角の大きさや，平面図形の求積（長方形，正方形，平行四辺形，三角形，台形，ひし形，円），立体図形の求積（直方体，立方体，角柱，円柱）について，単位と測定の意味を理解し，単位や図形を構成する要素に着目して求積方法を考え，それらを用いることにつながっていく。

(2) 児童観（子どもの実態について）

　本学級の子どもたちは，問題を提示した際に疑問や気づきのつぶやきがあり，意欲的に学習に取り組むことができる。自力で解決する場面では，解決方法を多様に考え，ノートに表現する姿が見られる。集団で解決する場面では，積極的に挙手し，発言しようとする意欲的な態度が見られる。

　レディネステストでは，以下の2つの問題に着目した。

　1つめは，2つの水筒に入る水のかさの比べ方として正しいものを選択する問題である。片方の水筒にもう片方の水筒に入った水を注ぐ方法（直接比較），同じ容器に水を入れて何杯分になるかを数える方法（任意単位による比較）の両方を選択（正答）した子どもは40％にとどまり，どちらかだけを選択（誤答）した子どもは47％であった。

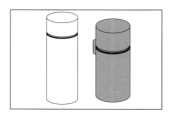

　2つめは，巻き尺のめもりを読む問題である。「3m」の表示がある巻き尺のめもり（2m65cm）を読むことができた子どもは，40％であった。「2m」や単位を表記しない誤答（65cm，65）の子どもが40％であった。

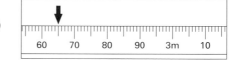

　以上のことから，本学級の子どもたちは測定の4段階の方法の理解と，めもりのしくみの理解に課題があると考えられる。

(3) 指導観（指導の工夫について）

　これらの課題の改善に向けて，単元を通して測定の4段階の方法を順序よく行うこと，めもりのしくみについて考える数学的活動を行うことが必要であると考える。

　本単元の指導については，てんびんを用いて，測定の4段階の方法で重さの比較を

行い，長さやかさの比べ方を振り返りながら，重さの比べ方について考える展開とする。本学級の子どもたちの意欲的に学習に取り組むよさを生かして，単元を通して問題意識の醸成を重視した数学的活動が行えるように学習を展開していきたい。

　本時では，はかりづくりの活動を通してめもりのしくみについて考える授業を行う。本時で使用する教材については，はかりのめもりを円形の画用紙で隠し，「はてなボックス」か

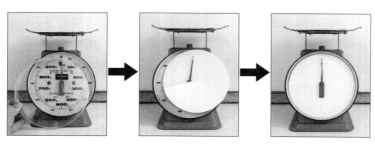
はかりの枠を外す　　円に切った画用紙を取りつける

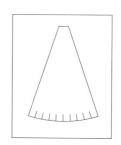
扇形のめもり

ら出し提示する。子どもたちは「あれ！めもりがない」という疑問や困惑等から，「はかりをつくりたい」という問題意識を醸成したい。さらに，まわりに隙間テープ（スポンジ）を貼り，それをまっすぐに伸ばして机に広げる。「ものさし（長さ）」や，「1リットルます（かさ）」と同じように数が並んでいるというしくみを，子ども自らが気づくようにしたい。また，他のものの重さをはかるために，スプレーのりを塗布した扇形のめもりをつくり，めもりを移動させて測定できるよう支援する。

6 単元指導計画（全8時間）

	学習内容	評価の観点・規準
1	重さ比べ① ・電池・ボールペン・付箋の重さをてんびんを用いて，直接比較，間接比較で測定する。	【知識・技能】 てんびんを用いて，直接比較，間接比較で重さを測定することができる。 【主体的に学習に取り組む態度】 身の回りのものの重さに関心をもち，重さ比べをしようとしている。
2	重さ比べ② ・筆箱の重さをてんびんを用いて，任意単位による比較で測定する。	【思考・判断・表現】 任意単位のいくつ分で数値化できると考えている。
3	はかりの使い方① ・筆箱の重さをてんびんを用いて，普遍単位による比較で測定する。	【知識・技能】 重さの単位（g）とそれを用いた表し方を理解している。
4 （本時）	はかりの使い方② ・はかりづくりを通して，めもりのつくり方について考える。	【思考・判断・表現】 はかりのめもりのつくり方や，重さとめもりの関係について考えている。
5	はかりの使い方③ ・ランドセルの重さをはかりを用いて測定する。	【知識・技能】 重さの単位（kg）とそれを用いた表し方を理解している。
6	重さの計算 ・重さの加法と減法の文章問題を解決する。	【知識・技能】 重さの加法と減法を理解し，重さの単位（t）と表し方を理解している。
7	長さ，かさ，重さの単位 ・重さの単位（g，kg，t）や，接頭語が表す倍の関係（単位のしくみ）について調べる。	【知識・技能】 長さ，重さ，かさのそれぞれの単位に共通する接頭語が表す倍の関係（単位のしくみ）について理解している。
8	重さの学習の習熟と発展 ・習熟問題を解決し，学習内容の理解を確認する。 ・ICTを活用して，課題となる問題を解決する。	【知識・技能】 重さ比べ，はかりの使い方，重さの計算，長さ・かさ・重さの単位の学習内容を理解している。 【主体的に学習に取り組む態度】 自ら課題をもち，自分に合った学習方法を選択し，解決しようとしている。

6 第3学年「重さ」 141

7 本時の学習

> **本時における場の設定や指導・支援，教材の工夫について**
> 本時では，「はかりづくり」という数学的活動を通して，はかりのしくみに気づかせたい。その過程で，10g，100g，1000gの関係や，1kgでめもりが1周回ることの理解を深めたい。そして，まわりに貼ってある隙間テープ（スポンジ）をはがし，まっすぐに伸ばして数直線のように数の並びを意識できるようにする。重さは長さやかさと同様にめもりをかくことで量を表現していることに気づくように支援し，数値化することへの意識を高めたい。

（1）本時の目標
・はかりのめもりのつくり方や，重さとめもりの関係について考えている。

（2）本時の展開

学習活動	指導上の留意点
主体的な学習を喚起する「問題意識の醸成」のあり方　導入場面では，5つの飲み物を提示し，「重さの順を決めることができますか」と問いかける。「ペットボトルは太いから重い」「ビンの方が重い」等と意見が分かれるだろう。さらに，「手で持ってみても，どれが重いのか分からない」と疑問・困惑等が深まり問題意識が醸成されると考える。	

1．本時の問題を把握する

> 問　あ〜おの重さの順はどのようになっているでしょうか。

C：多く入りそうだから，あが重そうだ。
C：えは紙パックだから軽そうだ。
C：おはビンだから一番重いはずだ。
C：手で持ってみるとわかるかな。
T：実際に持って調べてみよう。
C：手で持ってみてもわからないな。

●疑問・困惑等が深まるように，素材や大きさの異なる容器を提示する。300〜400gの重さになるように，中に入れる水の量を調整しておく。
　あ…高く細めのペットボトル（370g）
　い…缶（390g）
　う…太めのペットボトル（350g）
　え…紙パック（330g）
　お…ビン（310g）

●一つずつ実物を見せながら提示し，実際に持って重さを比べるように働きかけ，子どもたちの予想を聞く。

2．本時のめあてをつくる

C：一つずつ比べないといけないから，てんびんはめんどうだ。
T：どのようにしてはかりますか。
C：はかりを使いたい。

●複数のものをてんびんではかったり，1円玉100個で100gをつくったりしたときの学習を振り返る。

142　第3部　研究授業に使える実践と指導案

T：実は，今日ははかりを用意しました。 C：やった。すぐにはかれるね。 T：「はてな？ボックス」からどんなはかりが出てくるかな。 C：それでは，はかれないよ。 C：めもりがないよ。 C：めもりをかけば，はかれるはずだ。	●めもりを隠したはかりを「はてな？ボックス」から取り出し，どうすれば重さをはかることができるのかという問題意識を醸成する。 ●めもりをかけばよいことを確認し，子どもと本時のめあてをつくる。

> め　はかりにめもりをかいて，重さをはかろう。

3．はかりづくりの見通しをたてる C：100gの粘土を置いていって，印をかいていけばめもりができるよ。	●前時につくった100gの粘土を提示し，見通しをもつことができるようにする。
4．一人ひとりの役割を決め，はかりづくりをする（自力解決） ①はかりを平らなところに置き，起点を0に合わせる。 ②100gの粘土を静かに置き，針が止まるまで待つ。 ③めもりの高さで見て，めもりをかく。 〈100g粘土を使ってめもりをかく〉 C：100gの粘土を3個置いたから，300gのめもりになるね。 C：100gの粘土を10個置いたら，めもりが1周して1000gになったよ。 T：では実際に重さをはかってみましょう。 C：針は300gと400gの間をさしている。 C：もっと細かいめもりをかけば，きっちりはかれるはずだ。 C：10gずつのめもりはどうだろうか。 T：よいことに気づきましたね。10gの分銅を用意しましょう。 〈10gの分銅を使ってめもりをかく〉 C：10gの分銅を10個置くと，100gになる。 C：㋐は370gだったよ。 C：重さは㋑㋐㋒㋓の順に重かった。 C：もっと他のものもはかりたい。 T：必要な場所にめもりを貼って，いろいろなものの重さをはかってみましょう。 	●はかりの使い方を確認し，グループで分担して測定するように働きかける。 ●机間指導では，正しくはかりを使うことができているかを確認し，はかりのしくみや1g，10g，100g，1000gの関係についても考えながら操作できるよう支援する。 〈評価の観点・基準〉 【思考・判断・表現】 A：はかりのめもりのつくり方を考え，100gが10個で1kgであることや，10gが10個で100gであることについて説明することができる。 B：はかりのめもりのつくり方を考え，100gが10個で1kgであることについて説明することができる。 C：100gが10個で1kgであることについて説明するに至っていない。 〈Cの子どもへの支援〉 ・100gがいくつで1kgになるか，てんびんで確かめるよう言葉がけする。 〈Bの子どもへの支援〉 ・10gがいくつで100gになるか，てんびんで確かめるよう言葉がけする。 ●扇形のめもり（10gのめもり）を配布し，自由に測定できるようにする。

6　第3学年「重さ」

対話を広げ深めていくための指導・支援の工夫

　グループ内ではかりづくりの活動を振り返る時間を設定する。そして，「どのようにしてはかりづくりを行ったのか」や「工夫したこと，気づいたこと」等をクラス全体で交流する。ここまでの活動の中で，自分たちの力ではかりをつくることができた経験から，子どもたちは喜びや達成感を感じるであろう。その情意面を引き出し，そこからはかりのしくみや1g，10 g，100 g，1000 g（1 kg）の関係について考えたことを発表できるように対話を深めていく。その後，はかりの内側に貼ってあったテープを取り提示することで，量が数で表されていることの気づきを深めていくよう支援する。

5．それぞれのグループの活動について発表し，話し合う（集団解決）

C：100g のめもりが 10 個で 1000g になる。

C：10 g のめもりが 10 個で 100g になるよ。

C：1000g のときに針が 1 周回って 1kg だ。

T：はかりのスポンジを外してみましょう。

C：数直線に似ている。

C：重さも長さと同じでめもりを使っている。

T：重さが数になったんだね。

C：はかりはすぐに重さがわかって便利だ。

● 100g が 10 個で 1000g になること，1000g で針が 1 周すること，1000g＝1kg をクラス全体で確認する。

●隙間テープ（スポンジ）をはがし，まっすぐに伸ばして机に広げるよう働きかける。

学びを深めるための「振り返り」への指導・支援の工夫

　学習の振り返りは，「今まで学習したことをどのように生かしましたか」「はかりのめもりのしくみはどのようになっていましたか」「うれしかったことや楽しかったことはありますか」等と問いかけ，子どもに視点を示して書くように伝える。また，子どもの学びを可視化するために，単元を通して「発表ノート」（児童用タブレット内アプリ「スカイメニュークラス」）に毎時間の振り返りを記録し，ICT を活用してポートフォリオをつくり，単元の学習の過程を振り返られるようにする。

6．本時の学習を振り返る

C：手で持ってもわからなかったけれど，めもりをかければ重さを比べられた。

C：100g のめもりでは重さを比べられないものも，100g を 10 に分けた 10g のめもりをつくると比べられた。

C：長さと同じようにめもりを使ってはかることができた。

C：はかりの中に重さがあると思っていたけれど，みんなではかりをつくったので，はかりのしくみがよくわかり，すっきりした。

●視点を定めて振り返り，交流する。

・今までの学習をどのように生かしたか
・はかりのめもりのしくみはどのようになっていたか
・うれしかったことや楽しかったこと

●振り返りは「発表ノート」に入力し，クラス全体に向けて紹介してもよい人のみ，「提出箱」に提出するよう伝える。

1993 年，藤田英治が大阪教育大学附属平野小学校で行った実践「はかりのつくりかたを考えよう！」を参考にリファインしたものです。

8 板書計画

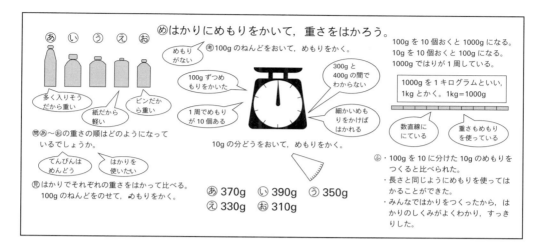

9 本時に関する観点別評価問題例【思考・判断・表現】
（適用問題にも活用できる）

水の入ったペットボトルの重さをはかるために次のように考えました。（　）にあう数を ▢ から選んで書きましょう。数は何度選んでもかまいません。

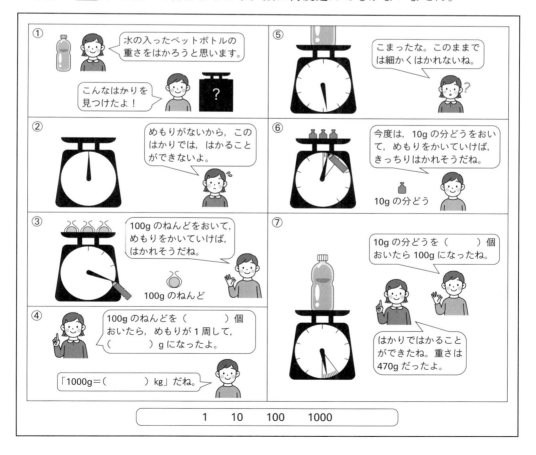

6　第3学年「重さ」　145

7

第4学年「面積」

「式を読む」活動から，求積した図形（複合図形）を考えよう！

この単元における場の設定や指導・支援，教材の工夫について

　子どもたちは，└┐や┌┘等を組み合わせて陣取りをする「テトリス型陣取りゲーム」で面積を比較する数学的活動を通して，直接比較や間接比較を行い，任意単位による比較により面積の数値化を行っていく。そして，$1cm^2$の大きさを知り，計算で長方形と正方形の面積を求める方法を考え，求積公式にまとめていく。さらに，求積公式を活用して複合図形を求積していく。複合図形の求積の学習では，①「図を式に表し，面積を求める。」，②「複合図形と式を見て，面積の求め方を考える。」，③「式から図形を想起する。」という3つの学習の流れで取り組む。本時では③に取り組み，「式を読む」活動を行うことで，式と複合図形を関連させながら考え，図形と面積との関係の理解を深めていく。単元の終末には，大きな面積の単位（m^2，km^2，a，ha）とそのしくみについて考えていく。

第4学年　算数科学習指導案

1　単元名「面積」

2　単元目標

（1）長方形や正方形の求積公式を用いて多様な方法で解決できるよさを感じ，面積の単位と測定の意味を知り，進んで学習に活用しようとしている。

（2）面積の単位や図形を構成する要素に着目し，面積を単位のいくつ分で数値化して捉えるとともに，既習の図形に帰着しながら，分割，等積変形，補完，倍積変形等しながら求積方法を考えている。

3　評価の観点と規準

【知識・技能】

・面積の単位のよみ方，かき方，相互関係や長方形，正方形の求積について理解し，面積の単位「cm^2」，「m^2」，「km^2」，「a」，「ha」の相互関係を捉え，求積公式を利用していろいろな形の面積を求めることができる。

【思考・判断・表現】

・面積を任意単位で測定する活動を通して，共通単位の必要性を捉え，普遍単位を用いて数値化する方法を考えている。

・分割，等積変形，補完，倍積変形等の方法で，既習の図形に帰着して求積方法を考えている。

【主体的に学習に取り組む態度】

・身の回りにある面積に関心をもち，広さ比べの方法を工夫して考えることにより，多様な方法で解決できるよさを感じ，学習に活用しようとしている。

146　第3部　研究授業に使える実践と指導案

4 本単元との内容の関連

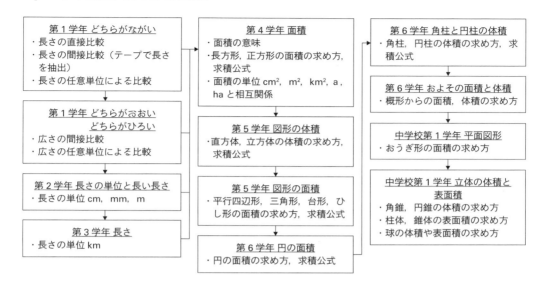

5 授業づくりの視点

(1) 教材観（学習材について）

　第1学年では，長さ，広さ，かさ等の量の直接比較や間接比較，任意単位による測定の比較について学習している。第2学年では，普遍単位を用いることの意味を理解し，cm，mm，mを用いた測定について学習している。第3学年では，kmの単位を理解し，大きさや形状に応じた単位や計器を選んで測定することを学習している。

　第4学年の面積の学習においては，計器を用いて測定するのではなく，辺の長さ等を用いて計算によって求めていく。正方形や長方形の面積の効率的・能率的な求め方を考え公式をつくり，導いた公式を複合図形等の求積に活用していく。さらに，面積の単位間の関係についても，量感を伴って理解できるようにしていきたい。これらの学習は，第5学年において，平行四辺形等の図形の面積について必要な部分の長さを測り，既習の長方形や正方形などの求積方法に帰着して求積し，公式をつくり出すことにつながっていく。また，第6学年では，曲線で囲まれた図形の面積を工夫して測定し，円の求積公式をつくる活動につながっていく。そして，中学校第1学年の「平面図形」や「立体の体積と表面積」の学習へとつながっていく。

(2) 児童観（子どもの実態について）

　本学級の子どもたちは算数への関心が高く，問題と出合った際には疑問や気づきのつぶやきも多く，自力解決では，ノート等に自分なりの考えをかき，活発に話し合っている。しかし，一通りの考えをもつことで満足する子どもが多く，多様な解決方法をめざす子どもに少ない。

（3）指導観（指導の工夫について）

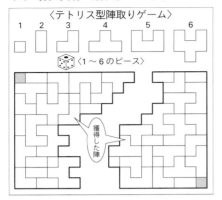

単元のはじめから普遍単位を導入するのではなく，測定におけるこれまでの学習を想起し，直接比較，間接比較，任意単位による比較，普遍単位による比較を行いながら丁寧に指導していく。面積も長さ等と同様に単位とする量のいくつ分で数値化できると気づき，普遍単位の必要性を意識できるよう指導していきたい。

普遍単位の導入として，「テトリス型陣取りゲーム」の数学的活動を行う。獲得した陣について，直接比較できない陣もあることから，凹凸があるところを切って移動し，正方形や長方形に近い形に変形して直接比較したり，正方形の１マスを任意単位として数えたりして，どちらの陣が広いかを比べようとする。そこから単位面積の数で面積が求められることに気づき，長方形や正方形が $1cm^2$ の単位正方形のいくつ分か，その個数の求め方を明らかにしていくことにより，「縦×横（横×縦）」「１辺×１辺」の求積公式につなげていくという一連の数学的活動を展開していく。

6 単元指導計画（全15時間）

	学習内容	評価の観点・規準
1	広さを比べる ・「テトリス型陣取りゲーム」で獲得した陣の広さを等積変形し直接比較で比べる。 ・獲得した陣を直接比較で比べられない場合は任意単位を用いて面積を比較する。	【主体的に学習に取り組む態度】 広さの比べ方を多様に考えようとしている。 【思考・判断・表現】 面積も長さやかさと同様に，任意単位のいくつ分で数値化できると考えている。
2	広さの表し方 ・長方形と正方形の広さを比べる。 ・面積の意味や単位「cm^2」を知る。	【知識・技能】 面積の単位「cm^2」の意味を理解し，面積の単位「cm^2」を正しく使うことができる。
3	長方形と正方形の面積① ・長方形，正方形の面積を計算で求める方法を考える。 ・長方形，正方形の求積公式をつくる。	【知識・技能】 長方形や正方形の公式の意味が理解できる。 【思考・判断・表現】 長方形や正方形の面積を，単位となる面積のいくつ分で数値化して考えている。
4	長方形と正方形の面積② ・求積公式を使って，長方形の辺の長さを求める。 ・長方形の辺の長さと面積の関係を調べる。	【知識・技能】 長方形の求積公式を用いて，辺の長さを求めることができる。 【主体的に学習に取り組む態度】 辺の長さと面積の関係を調べようとしている。
5	面積の求め方の工夫① ・複合図形を分割，等積変形，補完，倍積変形等をして，求積方法を考える。	【思考・判断・表現】 複合図形の面積の求め方を長方形や正方形の面積をもとに考え説明している。

6	面積の求め方の工夫② ・複合図形の求積方法を説明する。	【思考・判断・表現】 複合図形の求積式から,過程を説明している。
7 (本時)	面積の求め方の工夫③ ・式を読み,求積した図形(複合図形)を考え,図形に表す。	【思考・判断・表現】 式を読み,複合図形の形を考え,図形に表すことを考えている。
8	大きな面積の単位① ・面積を表す単位「m^2」を知る。	【知識・技能】 $1m^2$ の大きさを理解し,求積できる。
9	大きな面積の単位② ・$1m^2$ が何 cm^2 かを考え,$1m^2＝10000cm^2$ であると理解する。 ・辺の長さが cm と m で表された長方形の求積をする。	【知識・技能】 m^2 と cm^2 の相互関係を理解し,辺の長さの単位が異なる図形は,単位をそろえて求積することができる。
10	大きな面積の単位③ ・新聞紙や $1cm^2$ の正方形で $1m^2$ をつくる。	【主体的に学習に取り組む態度】 $1m^2$ の面積をつくろうとしている。
11	大きな面積の単位④ ・面積を表す単位「km^2」を知る。	【知識・技能】 $1km^2$ の大きさや km^2 と m^2 の単位の相互関係を理解している。
12	大きな面積の単位⑤ ・面積を表す単位「a」「ha」を知り,$1a＝100m^2$,$1ha＝10000m^2$ と理解する。	【知識・技能】 1a,1ha の大きさや 1a,1ha と m^2 の単位の相互関係を理解している。
13	大きな面積の単位⑥ ・面積の単位とそのしくみを調べる。 ・長さの単位との違いを話し合う。	【知識・技能】 面積の単位とそのしくみを理解している。 【思考・判断・表現】 長さの単位と面積の単位の関係や,これまでに学習した単位間の関係を考えている。
14	大きな面積の単位⑦ ・身近にあるものの面積を調べる。	【主体的に学習に取り組む態度】 身近な図形の求積をしようとしている。
15	面積についての学習の習熟と発展 ・ICT を活用して習熟問題を解決し,学習内容の理解を確認する。 ・いろいろな複合図形をつくり,すすんで求積する。	【知識・技能】 長方形や正方形の求積公式を理解し,いろいろな形の求積をすることができる。 【主体的に学習に取り組む態度】 面積の単位や図形を構成する要素に着目し,形に応じて求積方法を考えようとしている。

7 本時の学習

本時における場の設定や指導・支援,教材の工夫について

　本時では「式を読む」活動から,図をかく数学的活動を行う時間を設定する。選んだ式をもとに,「発表ノート」(児童用タブレット内アプリ「スカイメニュークラス」内)やホワイトボードに図形をかく。この活動を通して,式と図を関連させて求積方法(分割,等積変形,補完,倍積変形等)を多様に考えることで,図形や量についての感覚や,数学的な見方・考え方を高めることをめざす。また,同じ面積,同じ式からも多様に図形を考えることができるという式のよさや算数のおもしろさを感じられるようにしたい。

7　第4学年「面積」　149

（1）本時の目標
・式を読み，求積した図形（複合図形）を考え，図形に表すことを考えている。

（2）本時の展開

学習活動	指導上の留意点
主体的な学習を喚起する「問題意識の醸成」のあり方 　導入場面では，面積が 24cm² になる複合図形を表す式がかかれたカードを，封筒から取り出す。これまでの学習と異なり，図ではなく式が提示されることで，「どんな図形の面積を求めているのかな」と，疑問や困惑等を喚起し問題意識が醸成されるようにする。また，複合図形の面積を求めるそれぞれの考え方について，事前に「分けてたす方法（分割）」や「切って移動する方法（等積変形）」「あると見てひく方法（補完）」「2倍にして考える方法（倍積変形）」等の名前を子どもたちが考える活動を行っておくことで，子どもたちの対話が活性化し，深い学びに向かうと考えている。	

1．本時の問題をつかむ

学習活動	指導上の留意点
C：封筒の中には何が入っているのだろう。 C：昨日より複雑な図形が入っているのかな。 T：では，見てみましょう。 C：あれ，図形じゃなくて式だ。 C：式があれば，図形を考えられるよ。 　（問）カードにかかれた式が表す図形は，どのような図形かな。 C：①と②は，長方形の面積を求めているのかな。記号や数がヒントになりそうだ。 C：たし算をしているから，「分けてたす方法」を使っていると思う。 T：式から図形を考えることができましたね。 C：同じ式からでもいろいろな形の図形をつくることができそうだ。 T：封筒にまだカードが入っていますよ。 C：それも式がかいているのかな。見たい。	●封筒の中に，面積が 24cm² になる複合図形を表す式がかかれたカードを5枚入れておき，そこから1枚（分割）を取り出し，提示する。  　① 3×6＝18 　② 2×3＝6 　③ 18+6＝24 ●子どものつぶやきから出てくる疑問や困惑，気づきを吹き出しで板書し，問題意識を醸成する。 ●式の中の記号や数に着目できるように話し合いを進める。 ●子どもが取り出した残りの4枚のカードを提示し，それらを㋐㋑㋒㋓とする。

㋐ ① 4×5＝20 ② 2×2＝4 ③ 20+4＝24	㋑ ① 4×7＝28 ② 2×2＝4 ③ 28−4＝24	㋒ 4×2+4×4 ＝4×(2+4) ＝4×6 ＝24	㋓ ① 8×6＝48 ② 48÷2＝24
「分けてたす方法（分割）」	「あると見てひく方法（補完）」	「切って移動する方法（等積変形）」	「2倍にして考える方法（倍積変形）」

2．本時のめあてをつくる

学習活動	指導上の留意点
C：さっきの式に似ている式や全然違う式もある。どのような図形なんだろう。 C：記号や数がヒントになりそう。	●子どもの問題意識を大切にしながら，めあてにつなげるように言葉がけする。

　（め）式の記号や数に着目して，面積が 24cm² になる図形を考えよう。

3．解決への見通しをたてる C：たし算などの記号を見れば，どのような考え方で面積を求めているかが分かる。 C：「分けてたす方法」と，あと3つの方法があったね。 C：⑦は4×(2+4) で ( ) がついている。 T：これまでのノートを見てみましょう。 C：同じ長さのところをくっつけているよ。 C：長さが4cmのところが2つあるはずだ。 **4．自分なりの考えで解決する（自力解決）** ・選んだ式をもとに，「発表ノート」やホワイトボードに図形をかく。 ⑦「分けてたす方法（分割）」 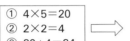 ⑦「あると見てひく方法（補完）」  ⑦「切って移動する方法（等積変形）」  ⑦「2倍にして考える方法（倍積変形）」	●前時までに学習した求積方法をまとめた掲示物やノートを見て振り返るよう助言する。 ●分割，等積変形，補完，倍積変形の4つの考え方があることを確認する。 ●それぞれの式の中にある記号に着目して，どのような考え方で導かれた式かを考え，図形を想起できるよう言葉がけする。 ●図形をかくときは色分けや矢印，番号を使い分かりやすく表現するよう言葉がけする。 ●机間指導を行い，1つの図形ができれば，さらに別の図形をかくことを助言する。 〈評価の観点・基準〉【思考・判断・表現】 A：式を読み，面積が24cm²になる図形に表し，考え方を説明することができる。 B：式を読み，面積が24cm²になる図形に表すことを考えている。 C：式を読み，面積が24cm²になる図形に表すに至っていない。 〈Cの子どもへの支援〉 ・面積が24cm²になる図形をかくために，式の数や記号に着目するよう言葉がけする。 〈Bの子どもへの支援〉 ・どのように考えて図形をかいたのかが伝わるように，色分けや矢印，番号等を使って表すよう言葉がけする。

対話を広げ深めていくための指導・支援の工夫

「どのようにして図形をかいたのか」や「式が表すのは図形のどの部分なのか」等をそれぞれの考えで確認しながら交流を深めていく。図形に表す過程を，子どもが「発表ノート」やホワイトボードにかいた図形を提示し，他の子どもが説明する機会を設定する。

そうすることで，自分の考えた図形とは異なる図形についても考えられるようにする。

そして，多様な考えに触れる中で，同じ24cm²という面積，あるいは1つの式からも，多様な図形に表すことができるおもしろさや，「式を読む」ことのよさを感じることができるよう対話を深めていきたい。

5．自分の考えや解決方法を発表し，話し合う（集団解決）

⑦「分けてたす方法（分割）」

C：たし算の記号があるから，「分けてたす方法」で求めた式だと思う。

C：4×5＝20 は①の面積で，2×2＝4 は②の面積を求めている。

C：私の図形は少し違う。②の場所を変えるといろいろな図形がかける。

①「あると見てひく方法（補完）」

C：ひき算の記号があるから，「あると見てひく方法」で求めた式だと思うよ。

C：2×2＝4 は②の面積を求めている。

C：これも②の場所は，いろいろと変えられる。

C：同じ 4cm^2 だけど，⑦はつけたすところ，①はないところを求めている。

⑦「切って移動する方法（等積変形）」

C：たし算の記号があるけど（　）があるから「切って移動する方法」で求めたと思う。

C：（図形で示しながら）この 4cm とこの 2cm を合わせて 4＋2 で 6cm になるよ。

⑤「2 倍にして考える方法（倍積変形）」

C：わり算の記号があるから，2 倍にして考える方法で求めた式だと思う。

C：違う分け方の子もいる。おもしろい。

● 式の記号をもとに分割の考えであることや，式が表すのは図形のどの部分であるかを確認する。

● ②の 4cm^2 の位置が違うことに着目できるように，複数の考えを比較する。

● ②の 4cm^2 の位置が違うことに着目できるよう，複数の考えを比較する。

● 分割と補完にある 4cm^2 の相違点に着目できるよう，分割と補完の考えを比較する。

● ＋があるが，分割の考えではないことに気づくよう言葉がけする。

●（4＋2）が図形のどの部分にあたるのか，4cm と 2cm の辺を色を変えてなぞって確認し，合わせて 6cm になっていることを確かめる。

● 様々な分け方で半分に分けられることに気づくよう，多様な考えを提示する。

学びを深めるための「振り返り」への指導・支援の工夫

集団解決で取り上げていない図形も紹介し，多くの考えに触れる中で，「式から図形をかくときに今までの学習をどのように生かしましたか」や「うれしかったことや楽しかったことはありますか」と問いかけ，自分なりの振り返りが書けるよう支援する。

6．本時の学習を振り返る

T：自分の考えを見せてよいと思う人は，「発表ノート」は一覧画面に表示するので「提出箱」に提出し，ホワイトボードは前に持って来ましょう。

C：式から図形を考えられてうれしかった。

C：同じ式なのに，違う図形だったので驚いた。

C：面積が 48cm^2 だったらどうなるのかな。

T：素晴らしいことに気づきましたね。

● 解決が途中の子ども等もいるので，考えの提示について配慮する。

● 多様な考えを見て，同じ式から様々な図形ができたことや，そのすべてが 24cm^2 であることを実感できるよう言葉がけする。

● 驚きや感動を表出できるよう支援する。

● 最初の問題意識を振り返り，解決できた喜びを実感できるよう言葉がけする。

1993 年度　藤田英治が大阪教育大学附属平野小学校公開授業で行った実践「テトリス型陣取りゲーム」を参考にリファインし，「式を読む」活動を加えたものである。

8 板書計画

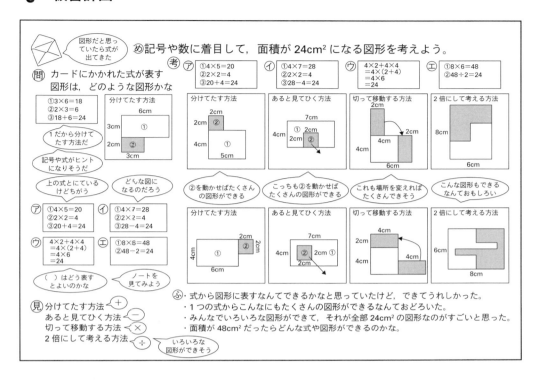

9 本時に関する観点別評価問題例【思考・判断・表現】
（適用問題にも活用できる）

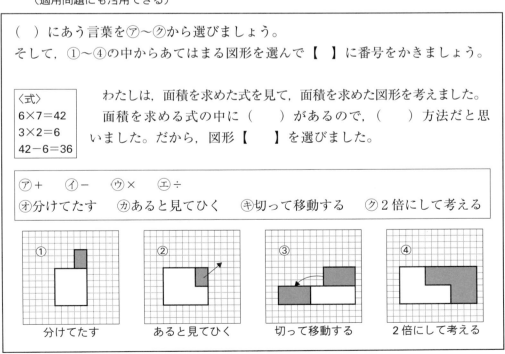

7 第4学年「面積」

8

第4学年「変わり方」

自分が見つけた伴って変わるものを調べ，問題を解決しよう！

本単元における場の設定や指導・支援，教材の工夫について

　本単元で働かせたい関数の考えは，「2つの数量を関連づけて考えること」，「伴って変わる数量の関係を図や表に表すこと」，「伴って変わる数量に着目し，変化の特徴や対応のきまりを考察すること」，「伴って変わる数量の関係を式に表すこと」，「見いだしたきまりを使って問題を解決すること」である。

　本時では，子ども自らが「変われば，変わるもの」を見つけ，意欲的に探究する活動を大切にしていく。そして，個々の考えやきまりに違いがあっても，「どの考え方も表をつくってきまりを見いだして解決したり，式をつくって解決したりしている」など，統合的に学習を振り返ることができるよう支援したい。

第4学年　算数科学習指導案

1　単元名「変わり方」

2　単元目標

（1）伴って変わる2つの数量の関係を表や言葉の式，□，△等を用いた式に表す方法を理解している。

（2）数量の関係に着目し，数量の関係を簡潔に表や言葉の式，□，△等を用いた式に表し，式を読み取るとともに，式のよさに気づき，学習したことを生活や今後の学習に活用しようとする。

3　評価の観点と規準

【知識・技能】

・伴って変わる2つの数量の関係を表や言葉の式，□，△等を用いた式に表す方法を理解している。

【思考・判断・表現】

・問題場面の数量の関係に着目し，伴って変わる2つの数量の変化や対応の特徴を見いだしている。

・伴って変わる数量に着目して，それらの関係を表に整理し，きまりを見つけ式に表している。

【主体的に学習に取り組む態度】

・伴って変わる2つの数量の関係から進んできまりを見つけ，きまりを活用して式に表し，問題解決に生かしていくことで，きまりを活用するよさに気づいている。

154　第3部　研究授業に使える実践と指導案

4 本単元との内容の関連

```
                              ┌─────────────────────┐
                              │ 第5学年 比例         │
                              │ ・伴って変わる2つの数 │
                              │   量の関係           │
                              │ ・比例の意味         │
┌──────────────┐ ┌──────────────┐ └─────────────────────┘ ┌──────────────────────┐
│第3学年 □を使った式│ │第4学年 変わり方  │                       │中学校第1学年 比例・反比例│
│・数量の関係を□を用い│→│・表を用いて変わり方を│                  │・比例・反比例の意味    │
│  た式に表し，□にあては│ │  調べること。(和一定， │ ┌─────────────────────┐│・座標の意味          │
│  まる数を求めること。 │ │  差一定，商一定)    │ │第6学年 比例と反比例  ││・比例・反比例の表，式，グ│
│  (加法，減法，乗法)  │ │・数量の関係を□，△等を │→│・比例の意味         ││  ラフ              │
└──────────────┘ │  用いた式に表すこと。 │ │・比例の関係を表す式  ││・比例・反比例を用いること│
                 └──────────────┘ │・反比例の意味       │└──────────────────────┘
                                    │・反比例の関係を表す式 │
                                    └─────────────────────┘
```

5 授業づくりの視点

(1) 教材観（学習材について）

　第1学年「数の合成・分解」で被加数と加数の関係を学習したり，第2学年「かけ算九九」の構成で，乗数，被乗数，積の関係を学習したりしてきている。第3学年「あまりのあるわり算」では，除数とあまりの関係についても学習を深めてきている。

　それらの学習をもとに，第4学年「変わり方」では，変量の発見，依存関係への着目，規則性の発見，問題解決への活用等，関数の考えの基礎となる学習を行っていく。

　ここでは，伴って変わる数量を見いだし，それらの関係を表やグラフを用いて表すことで変化の特徴や対応のきまりを見つけ，見つけたきまりを言葉の式や□，△等を用いた式に表し，問題の解決に活用する学習を重視したい。

　この学習は，第5学年の「比例」や第6学年の「比例と反比例」へとつながっていく。ここでも，伴って変わる数量について，表やグラフを用いて，変化の特徴や対応のきまりを発見することで，問題解決に生かしていく。そうすることで，関数の考えのよさが感じられるようにしていくことが重要である。

　さらに，これらの学習は中学校第1学年の「比例，反比例」に発展していく。

(2) 児童観（子どもの実態について）

　本学級には，主体的に学習に取り組む子どもが多い。そこで，本学級では議論の時間を十分確保している。子どもどうしが進んで問いを投げかけたり，説明したりする等，自分たちで学習を広げ深めようとしている姿がみられる。

　本単元における導入場面では，「兄と弟の年齢」や「ノートの冊数と代金」，「読み終えたページ数と残りのページ数」など，身の回りの事象を扱っている。子どもたちは，表に表したり，表からきまりを見いだしたりする等，意欲的に取り組んでいた。一方で，表をつくりきまりを見つけることはできるが，見つけたきまりから式がつくれなかったり，式の意味を理解できなかったりする子どももいた。

(3) 指導観（指導の工夫について）

　本単元では，和一定，差一定から商一定等の学習の過程で，「変われば変わるもの」特に「増えれば増えるもの」に着目し，変化する数量を順序よく並べ，表に表していく。そして，表から変化の特徴や対応のきまりを見つけながら，「□や△等を用いた

8　第4学年「変わり方」　　155

式」や「言葉の式」に表しながら問題を解決していく学習を行う。その際，子どもたちが出合う事象は，比例の関係にあるものだけではなく，一次関数になるものもあるので，具体的な操作活動や図，表等と関連させながら，式の意味が理解できるよう支援していく。

　上述した本時までの学習では，「階段の段の数が，1段，2段，3段と増えていくと，まわりの長さはどう変わっていきますか」というような問いかけのもと，変われば変わるものを決定していることが多い。

　本時では，この単元で学習してきたことを発展させ，「変われば変わるものを，子ども自らが見つけ解決する」学習を試みる。ここでは，子どもたちが「1辺が1cmの色板を縦に3枚並べたものを1列とし，これを横に1列，2列…と，テープでとめながら並べていく」という事象と出合う場を設定する。そこで，「色板が1列，2列3列と増えていくと，何が増えていきますか」と問いかける。すると，子どもたちは，既習の学習を想起し，「まわりの長さ」，「正方形の色板の数」，「テープの数」，「色板の面積」等，「変わるもの」を見つけていく。自分で見つけたからこそ関心が高い「変わるもの」について「調べてみたい」という問題意識がもてると考えた。さらに，「20列になると，どのようになりますか？」という問題を設定することにより，新たな問題意識の高まりが期待できる。特に，集団による解決では，それぞれの表や式，求めた結果の数量も違うので，困惑する場面も出てくる。そこで，違いだけに着目するのではなく，違った解決の中に共通する考えを見つけるように支援していく。そうすることで，「どの人も表からきまりを見つけ，式をつくっている」や「表も式も答えも違うけれど，見つけたきまりを使って表や式をつくり解決している」等，違う解決の中に共通点を見つけ，統合的に考えていく中で，「関数の考え」を理解し，今後の生活や学習に活用できるように学習を展開していきたい。

6　単元指導計画（全6時間）

	学習内容	評価の観点・規準
1	伴って変わる2量の関係①（和一定） ・まわりの長さが20cmの四角形の縦と横の長さの関係を調べる。 ・縦と横の長さの関係を言葉の式や□や△等を用いた式に表す。	【主体的に学習に取り組む態度】 伴って変わる2つの数量の関係をすすんで調べている。 【思考・判断・表現】 伴って変わる2量の関係を表に表し，変化の特徴や対応のきまりを見いだしている。
2	伴って変わる2量の関係②（差一定） ・三角形のテーブルの1辺に座席が1つあるとき，テーブルが20台では何脚の椅子が必要か考える。 ・表から言葉の式を考え，それをもとに□や△等を使った式に表す。	【思考・判断・表現】 伴って変わる2つの数量の関係を表に表し変化や対応のきまりを見いだしている。 【知識・技能】 伴って変わる2つの数量の関係を表や言葉の式，□や△等を用いた式に表すことができる。

156　第3部　研究授業に使える実践と指導案

3	伴って変わる2量の関係 ・事象を表に表したり式に表したりする。（商一定） ・階段が1段ずつ増えていくとき，20段では，まわりの長さが何cmになるのか考える。	【知識・技能】 伴って変わる2つの数量の関係を表や言葉の式，□や△等を用いた式に表すことができる。 【思考・判断・表現】 伴って変わる2つの数量の関係を表に表し変化や対応のきまりを見いだし，言葉の式，□や△等を用いた式を考えている。
4・5（本時）	伴って変わる2量の関係 ・色板3枚を1列とし，2列，3列と増えていくとき，20列ではどのように変わるかを表や言葉の式，□や△等を用いた式で考える。	【思考・判断・表現】 伴って変わる2つの数量の関係を見いだし，表や言葉の式，□や△等を用いた式に表し，解決方法を考えている。
6	変わり方についての習熟と発展 ・ICTを活用し，復習問題に取り組む。 ・伴って変わる2つの数量の関係（比例）のを折れ線グラフに表す。	【主体的に学習に取り組む態度】 自分で問題を選び解決しようとしている。 【知識・技能】 伴って変わる2つの数量の関係を表や言葉の式，□や△等を用いた式，折れ線グラフに表すことができる。

7 本時の学習

本時における場の設定や指導・支援，教材の工夫について

　本時では，1辺が1cmの色板を縦に3枚ずつ並べていき「敷き詰め模様」をつくっていく。その途中，色板が落ちていく事象を見せ，テープを使って縦横をとめて，その列を増やしていく様子を見せる。

　ここでは，「色板の列が1列，2列，3列と変わっていくと，何が増えていきますか？」と問いかけ，「増えれば増えるもの」を子どもが見つけるようにする。子どもたちは，段の数が増えていくと増えるものとして「色板の数」，「まわりの長さ」，「テープの数」，「色板の面積」等に着目するだろう。そこで，自分の調べたい「増えれば増えるもの」を決め，20列目の数量を求める問題解決的な学習を進めていく。

　その後全体交流では，求めている表や式，求めた数量も違うので，「どの解決も表をつくりきまりを見つけたり，式をつくったりしている」や「式にすると簡単に20列目を求めることができる」等の共通点があることを見いだせるよう対話を深めていく。このようにそれぞれ違う解決方法の中に共通する考えがあることを見いだし統合していくことにより，関数の考えの基礎を学んでいくことができる。

（1）本時の目標

・伴って変わる2つの数量の関係を見いだし，表や言葉の式，記号□や△等を用いた式を活用して，20列目の数量の求め方を考えている。

8　第4学年「変わり方」　157

（2）本時の展開

学習活動	指導上の留意点
<div style="background-color:#ddd">**主体的な学習を喚起する「問題意識の醸成」のあり方** 　導入場面では，前時までの学習と違い伴って変わる事象が多様にあるので，まず4列ではどうなるのか調べる場を設定する。ここでは，図にかいて調べる子どももいるが複雑になるので，「面倒だ」という気持ちをもつ。そこに，さらに「20列になると，どのように変わるのか」という問題を提示する。すると，図は20列までかくのは大変なので，表や式をつくって考える等の問題意識をもつようになる。</div>	

1．本時の問題をつかむ

（問題①）
　1辺が1cmの色板を縦に3枚並べたものを1列とし，これを横に1列，2列，3列…と，テープでとめながら並べていきます。
　色板が1列，2列，3列…と変わっていくと何が増えていきますか。

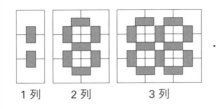

学習活動	指導上の留意点
C：貼っていくときれいな模様になっていく。 C：色板（正方形）が1枚下に落ちた。 T：困ったね。じゃあテープでとめましょう。 T：色板の列が1列，2列，3列と増えていくと，何が変わっていきますか？ C：色板（正方形）の数やテープの数，面積。 T：4列目だと，どうなりますか。 　　一度，図（絵）にかいて考えてみますか。 C：図は，分かりやすいけれど大変だ。	●色板をテープを使って黒板に並べていくという事象を見せ，変化していく様子を見せる。（色板に貼ってある板磁石を小さくして，黒板には貼るが下に落ちていく学習材の工夫をして，テープでとめる必然性をつくっている） ※ICT（パワーポイント等を用いて導入場面を設定することもできる） ●列が増えると何が変わっているかを考えるよう言葉がけし，子どもが気づいたつぶやきを取りあげていく。 ●4列目を全員で確認し，図をかいて調べると，求めた数量が間違えていたり，大変だったりという思いがもてるよう働きかける。

（問題②）20列になると，どのようになりますか？

学習活動	指導上の留意点
C：20列目まで図にかくのは大変だ。 C：表や式が考えやすい。 C：表を横や縦に見てきまりを見つけ，言葉の式で表すと解決できると思う。 C：テープの数を求めたい。	●20列目の数量は，「図でかいて求めるのは大変だ」という思いから，表や式を活用して求めるというめあてにつなぐ。 ●「どの関係を調べたいのか」を子ども自身が決めるよう支援する。

2．本時のめあてをつくる

　　　め　表や式をつくって，20列目の答えを考えよう。

3．解決への見通しをたてる

C：表に表して考える。

C：表から規則性を見つけ言葉の式にする。

C：□や△の式にする。

4．自分なりの考えで解決する（自力解決）

① C1：色板（正方形）の数

列の数	1	2	3	4	5	…	20
色板の数	3	6	9	12	15	…	60

・横に見ると，いつも3ずつ増える。

・縦に見ると，いつも3倍になっている。

・（列の数）×3＝（色板の数）

［注］3×（列の数）＝（色板の数）でもよい。

② C2：テープの数

列の数	1	2	3	4	5	…	20
テープの数	2	7	12	17	22	…	97

・横に見ると，いつも5ずつ増える

・5×（列の数）−3＝（テープの数）

③ C3：まわりの長さ

列の数	1	2	3	4	5	…	20
まわりの長さ	8	10	12	14	16	…	46

・2ずつ増えている。

・2×（列の数）＋6＝（まわりの長さ）

④ C4：色板の面積

列の数	1	2	3	4	5	…	20
色板の面積	3	6	9	12	15	…	60

・縦に見ると，いつも3倍になっている。

・（列の数）×3＝（色板の面積）

［注］「重さ」について調べようとする子どもが
　　　いる場合，内容が難しいので，色板やテー
　　　プの重さは測っていないことを伝える。

**5．自分の考えや解決方法を発表し，話し合う
　　（集団解決）**

●前時までのノートや教室に掲示している考え
　や解決方法を振り返るよう言葉がけする。

●机間指導し表を横や縦に見て，規則性を見い
　だせるよう支援する。

●どの子どもが，どんな考え（①，②，③，④）
　で解決しようとしているかを把握し支援する。

●被除数と除数が逆転してもよいことを伝える。

●②と③は，必ず式をつくらなければならない
　のではなく，表をつくって解決できるよう支
　援する。

〈評価の観点・基準〉【思考・判断・表現】
　A：表や言葉の式，□や△等を用いた式で
　　　解決し，他の考えとの共通点を見いだ
　　　している。
　B：表や言葉の式，□や△等を用いた式で
　　　解決している。
　C：表から変化や対応のきまりを見つけるこ
　　　とができず，解決するに至っていない。

〈Cの子どもへの支援〉

・表を縦や横に見るよう助言し，きまりが見い
　だせるよう支援する。

〈Bの子どもへの支援〉

・他の表や式をつくって解決している共通点に
　気づくよう支援する。

●一つの解決ができた子どもには，他のことも
　調べ，共通点を見つけるよう助言する。

対話を広げ深めていくための指導・支援の工夫

　ここでは，求めるものが様々あり解決の方法も「表で考える」や「□や△を用いた式で考え
る」等，多様である。友達の解決方法から「あの式の意味が分からない」と新たな問題意識を
もつ。そこから「分かりやすく説明したい」，「友達の考えをもう一度聞きたい」と対話が深
まっていく。そして，子どもたちは「表は横に見たきまりを活用してつくっていく」，「式は縦
や横に見たきまりを活用してつくっている」ことを見いだせるように支援し，「どの人もきまり
を見つけて表や式をつくって解決している」という統合的な見方・考え方につなげていきたい。

8　第4学年「変わり方」　159

C：どんな表や式があるのだろう？ C：①色板の数は，④色板の面積と同じだ。 C：○○さんは，式をつくっているよ。 T：どのようにして式をつくったのでしょう。 C：表からきまりを見つけてつくっている。 C：②テープの数は，答えも表も式も違う。 T：求めているものが違うけれど，同じように 　解決しているところはありませんか。 C：みんな表や式で20列目を求めている。 T：式はどんなきまりを使っていますか。 C：縦や横に見て見つけたきまりを使っている。 T：よいところに気づきましたね。	●①と④が同じきまり（比例）であることに気 づくよう支援する。 ●自分の考えと同じところや違うところを考え ながら聞くよう言葉がけする。 ●②や③の式については，理解しにくい子ども もいるので，式をつくった子どもの説明を丁 寧に補足していく。 ●変化の特徴や対応のきまりと表や式との関係 を再度確認する。

6．本時の学習を振り返る

> **学びを深めるための「振り返り」への指導・支援の工夫**
> 　振り返りの場面は，集団として練りあげてきた学習が個人に返る場面でもあり，そこにはいくつかの観点がある。「自分なりに解決できた考えや達成感」，「友達の考えのよかったところ」，「解決方法における相違点と共通点」，「次にしたい学習」等である。ここでは，子ども自身が自分の問題解決の過程を振り返ることができるよう支援していくことが大切だと考える。

C：自分が見つけたことを解決できてうれし 　かった。 C：○○さんは縦のきまりを使って式をつくっ 　ていた。 C：式は数が増えても求められるので，便利だ 　と思った。 C：式をつくるためには縦や横のきまりを使っ 　ている。 T：みんなが求めた答えや解決方法も違います 　が，似ていると思った考えはありますか。 C：表や式も違うけれど，どの人もきまりを 　使って表や式をつくって解決している。 C：次は，自分が調べていなかった「テープの 　数」を式をつくってやってみたい。	●認知面だけでなく情意面を取り上げる。 ●式にすると，20列より数が大きくなっても （例えば100列目）求められることを確認す る。 ●子どもたちが考えたことを結びつけ，統合 的・発展的な見方・考え方につながるよう支 援する。 ●ICTを活用して感想を交流したり保存したり するよう助言する。 ●次にしたいことを取りあげ，話し合うよう言 葉がけする。

1991年度　藤田英治が大阪教育大学附属平野小学校公開授業で行った実践を再構成して実践した。

8 板書計画

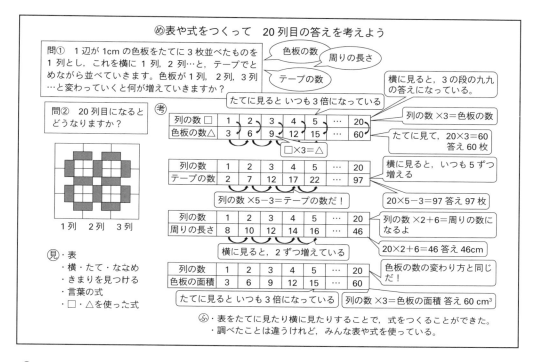

9 本時に関する観点別評価問題例（適用問題にも活用できる）

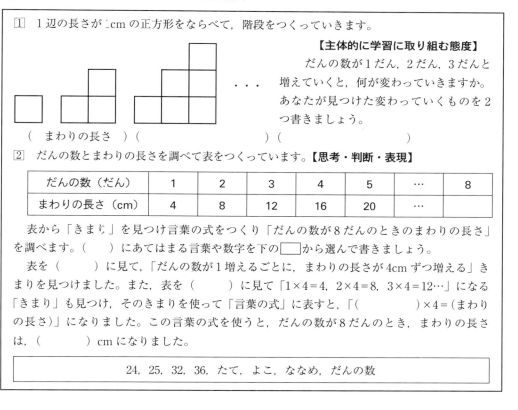

> **9** 第4学年 「折れ線グラフと表」
> 学校の水道料金について，データを選び考察しよう！

この単元における場の設定や指導・支援，教材の工夫について

　本単元では，子ども自身で折れ線グラフや二次元の表に表すよさについて考え，感じたことを子どもどうしで共有しながら学習を進めていく。

　単元を通して，身の回りにあるデータや，他教科等と関連があるデータを学習材として用いることによって，「解決したい」という問題意識をもって取り組めるようにしていく。

　本時では，社会科「水のゆくえ」の学習での学びを本単元と関連づけ，「教科横断的な学習」を意識しながら展開することによって，学びが深まったり，活用できたりすることを子どもが感じられるようにする。単元を通して身につけてきた資質・能力を活用するため，学校の水道料金についてのデータを用いて問題を解決していく「統計的な問題解決」を重視しながら学習を展開していく。

第4学年　算数科学習指導案

1　単元名「折れ線グラフと表」

2　単元目標

（1）折れ線グラフや二次元の表の特徴と用い方を理解し表したり読み取ったりする。

（2）データの特徴や傾向に着目し，統計的な問題解決を進めるために適切なグラフを選択することによって，解決の過程や結果を多面的に捉え考察し，折れ線グラフや2次元の表のよさを感じ，すすんで問題解決に活用しようとしている。

3　評価の観点と規準

【知識・技能】

・折れ線グラフや二次元の表が用いられる場合を知り，折れ線グラフや二次元の表の読み方やかき方を理解し，変化の特徴や傾向を読み取ることができる。

【思考・判断・表現】

・折れ線グラフの変化の様子に着目し傾き等の特徴を根拠にして結果を判断したり，友達の判断の根拠を読み取って説明したりしている。

・目的に応じて適切にめもりを打ったり，波線を用いて省略したりして，変化が分かりやすいグラフのかき方や二次元の表の表し方について考えるとともに，落ちや重なりがないように資料を分類整理する方法について考えている。

【主体的に学習に取り組む態度】

・折れ線グラフや二次元の表に表すことのよさを感じ，すすんで日常や学習における問題解決に活用しようとしている。

4 本単元との内容の関連

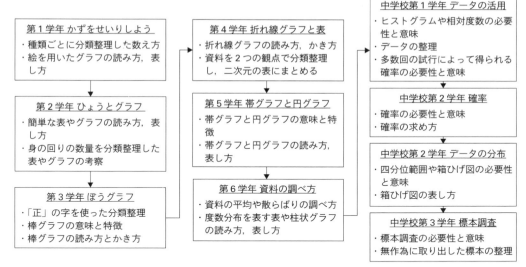

(1) 教材観（学習材について）

　子どもたちは，第1学年でものの個数を整理して絵グラフに表し，第2学年では資料を整理したり，同じ種類のものを数えて数量化したりして簡単な表や○を用いたグラフに表している。第3学年では，資料を分類・整理し，表や棒グラフに表したり読み取ったりする学習を行ってきている。

　本単元では，「二次元の表」や「折れ線グラフ」の読み方やかき方について学習する。ここでは，目的に応じてデータを集め分類整理し，特徴や傾向に着目して適切なグラフや表を選択して表し，結論について考察したりすることが主なねらいとなる。その過程でデータを二つの観点から分類整理した「二次元の表」や，時間の経過に伴って変わる量の変化の様子と全体の傾向を表した「折れ線グラフ」を学習する。その際，「二次元の表」や「折れ線グラフ」がどのような特徴をもっているのか考え，説明し合う数学的活動に取り組むことで，統計的な問題解決を進めていくことができるように単元全体を構成し，学習を展開していきたい。

　この学習は，第5学年での帯グラフや円グラフ，第6学年での柱状グラフ，中学校第1学年での度数分布表やヒストグラムや相対数の学習へとつながっていく。そこで，統計的な問題解決を子ども主体で進めていくことができるよう，表やグラフがもつ特徴を見いだし，そのよさを感じる学習を積み重ねることが大切だと考えている。

(2) 児童観（子どもの実態について）

　本学級の子どもは，身の回りの事象を数値化し，表やグラフに表す活動を楽しみながら取り組む様子が見られる。また，落ちや重なりが出ないように気をつけながら，データを表やグラフにまとめる姿も見られる。

　一方で，第3学年で学習した「一次元の表」や「棒グラフ」の学習内容の定着についてのレディネステストでは，「一次元の表」の合計を的確に読み取ることができな

い子どもがいたり，1めもりが1でない「棒グラフ」を正しく読み取ることができない子どもがいた。また，「一次元の表」や「棒グラフ」から特徴や傾向について考えることができない子どももいた。このように，表やグラフを読み取ったり，適切に問題解決に活用したりすることができない子どももいるため，表やグラフを読み取る観点を明確にしつつ，複数の表やグラフを比べて共通点や相違点を見いだし伝え合うことを重視していく。

（3）指導観（指導の工夫について）

　子どもの実態（課題）から，表やグラフからどのような特徴や傾向があるか考察し，問題解決に生かせるよう指導を工夫する。グラフの数値やめもりを正しく読み取ったりする活動では，正誤を確認するだけでなく，めもりの取り方の工夫や，工夫することで何がより分かりやすくなったのかを説明する活動を取り入れる。

　さらに，表やグラフにまとめようとする意欲を大切にしながら，資料に落ちや重なりがないか調べたり，データを集計する際に落ちや重なりがないか確かめたりする等，誤りが起きにくいような方法を工夫する活動を重視して進めたい。特に，折れ線グラフに表す際には，用紙の大きさ等に応じてめもりのつけ方を工夫したり，目的に合っためもりを用いたりする等，子ども一人ひとりの工夫が表れるよう支援する。

　また，子ども一人ひとりの工夫をクラス全体で共有していくために，ICT（タブレット）を活用し，自分と友達の工夫を比較検討できるようにする。

　社会科「水のゆくえ」の学習において，学校や家庭にある蛇口の数を調べる活動や，下水処理や浄水の仕組みを学習する過程を通して，「水を大切に使おう」という意識が高まってきている。そして，手洗いをする際に使用する水の量をもとに，学校の水道料金を予想する活動によって，「学校の水道料金は，何円ぐらいだろう」という疑問をもち，本時の学習につなげるようにする。

　本時では，5種類のデータから水道料金と関連していると考えたデータを選択し，水道料金の推移に関する特徴や傾向の理由を説明する活動を行う。友達とは違ったデータを用いて説明し合ったり，データどうしを組み合わせて説明し合ったりする活動を意図的に設けながら学習を進めていきたい。

6　単元指導計画（全 13 時間）

	学習内容	評価の観点・規準
1	身の回りの折れ線グラフ ・各教科等の学習内容を想起し，身の回りの折れ線グラフが使われている場面について調べる。	【主体的に学習に取り組む態度】 すすんで生活の中で折れ線グラフが用いられている場面を調べている。
2 ・ 3	折れ線グラフのよみ方 ・変化の様子を表すグラフとして折れ線グラフのよみ方を知る。 ・折れ線グラフの傾きと変化の大きさについて考える。	【知識・技能】 折れ線グラフのよみ方を理解することができる。 【思考・判断・表現】 折れ線グラフのよさについて考え，傾き等の特徴を根拠にして結果を判断している。

4	2つの折れ線グラフの比較 ・2地点の気温の変化の折れ線グラフを同じグラフに表し，関連や特徴を読み取る。	【知識・技能】 2つの折れ線グラフの特徴を，それぞれ読み取ることができる。
5	波線を用いためもりの省略 ・折れ線グラフにおける，途中のめもりを省略して変化の様子を見やすくする波線のはたらきについて考える。	【思考・判断・表現】 変化を読み取りやすくする方法の一つとして，波線を用いて省略するかき方について考えている。
6	棒グラフと折れ線グラフの関連 ・棒グラフと折れ線グラフを同じグラフ用紙に表し，関連性について考える。	【思考・判断・表現】 目的に応じた，適切なめもりの取り方について考えている。
7	折れ線グラフのかき方 ・一日の気温の変化を折れ線グラフにかき表す。	【知識・技能】 折れ線グラフのかき方を理解し，変化の様子を正しく折れ線グラフに表すことができる。
8	適切なめもりの取り方や省略の仕方 ・変化を読み取りやすくするための，めもりの取り方や省略の仕方について考えている。	【思考・判断・表現】 適切なめもりの取り方を考えている。
9・10	データを2つの観点から分類整理する方法 ・収集した記録を目的にあった表に整理する方法や，整理した表のよみ方について理解する。 ・二次元の表のよさや，生活や学習に活用できる場面について考える。	【知識・技能】 二次元の表のよみ方を理解することができる。 【主体的に学習に取り組む態度】 二次元の表のよさに気づき，すすんで生活や学習に活用しようとしている。
11	分類の観点や項目の立て方 ・2つの分類項目をもつ資料を，分類整理した二次元の表に表す。	【知識・技能】 2つの観点に着目し，表にまとめることができる。
12 (本時)	折れ線グラフの変化の理由についての考察 ・水道代の変化を表した折れ線グラフの変化や傾向を読み取る。 ・変化の特徴について，データカードを用いて説明する。	【思考・判断・表現】 水道料金の推移に関わる折れ線グラフの特徴を読み取り，自分の調べたい目的に応じたデータカードを選択し，変化の理由を説明している。
13	折れ線グラフや二次元の表についての習熟と発展 ・復習問題や発展問題に取り組み，折れ線グラフや二次元の表の見方・考え方を広げたり深めたりする。 ・ICTを活用し，自分で選択した問題を解決する。	【知識・技能】 折れ線グラフと二次元の表についての問題を解決することができる。 【主体的に学習に取り組む態度】 折れ線グラフと二次元の表をすすんで活用し，問題を解決しようとしている。

9　第4学年「折れ線グラフと表」　165

7 本時の学習

> **本時における場の設定や指導・支援，教材の工夫について**
>
> 本時では，月ごとの学校の水道料金を学習材として扱う。社会科「水のゆくえ」の学習と関連づけることで，「調べてみたい」という意欲を喚起する。
>
> 水道料金の推移に着目し，その理由について考え話し合う中で，「水道料金の推移の根拠を明らかにしたい」という問題意識がもてるよう支援していく。
>
> また，「①児童数の移り変わり②出席日数③プールの授業日数④学習園の植物の種類数⑤大阪府の一年間の気温の移り変わり」の5種類のデータカードを配布し，一人ひとりが理由を考える場を設定する。授業の終盤には，データカードを根拠の一つとして，これまでの学校生活や生活経験と関連づけながら，水道料金の推移を子ども自ら説明できるよう学習を展開していく。

（1）本時の目標
・水道料金の推移に関わる折れ線グラフの特徴を読み取り，自分の調べたい目的に応じたデータカードを選択し，変化の理由を説明している。

（2）本時の展開

学習活動	指導上の留意点

> **主体的な学習を喚起する「問題意識の醸成」のあり方**
>
> 導入場面では，蛇口の数調べからはじまり，下水処理や浄水の仕組を探究していく社会科「水のゆくえ」の学習を振り返り，学校全体の水道料金を知りたいという気持ちが高まるようにする。また，折れ線グラフの一部をはじめに提示することで，変化の仕方について一人ひとりが予想できるようにする。そして，月ごとの学校の水道料金を表した折れ線グラフを4月から順に提示し，全体の変化の特徴や傾向に自然に着目できるようにする。その過程で徐々に変化している部分や，大きな変化が表れている部分について学校生活と関連づけながら話し合うことで，「その理由を明らかにしたい」という問題意識を醸成したい。

1．本時の問題をつかむ ・学校の水道料金を一度にすべて見せるのではなく，4〜5月を先に提示する。 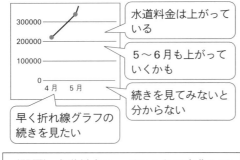 （問題）水道料金は，どのように変化していますか。	●4月と5月を例にあげて，数値の読み方や，線の傾きなどの既習事項について確認する。 ●拡大し，巻物のように巻いた折れ線グラフを，少しずつ提示していく。子どもが関心をもてるように，数値の変化や70万円を超える値段などを話題としてあげながら提示していく。 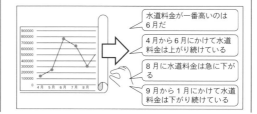

「月ごとの学校の水道料金」

- 6月が一番高い
- 8月に急に下がる
- 9月から1月下がり続けている
- 4月から6月上がり続けている

● 一年間の水道料金を提示したときの子どもたちのつぶやきを取りあげ，グラフの変化と結びつけていく。
● 「なぜ6月に水道料金が上がるのだろう」といった疑問や，「たぶんその理由は…」といった予想を取りあげ，めあてにつなげる。

2．本時のめあてをつくる

（めあて）折れ線グラフの変化の理由を考え説明しよう。

3．解決への見通しをたてる

T：理由を考えるために，どんなデータが必要ですか。
C：暑い日はたくさん水を使うから，気温のデータがほしい。
C：プールでもたくさん水を使うと思うので，プールの日数を知りたい。

● 見通し場面では，どんなデータが必要か考えるとともに，4つの変化（折れ線グラフの吹き出し）について理由が説明できるようにしておく。

4．自分なりの考えで解決する（自力解決）

・5種類のデータカードが入った封筒から，自分が説明したい水道料金の変化に適していると考えたカードを選ぶ。

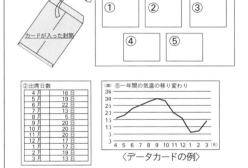

〈データカードの例〉

● データは「児童数の移り変わり」，「出席日数」，「プールの授業日数」，「学習園の植物の種類数」，「一年間の気温の移り変わり」という5種類を提示する。

● 5枚のデータカードが入った封筒を渡す前に，データカードの使い方や，データカードを使って考えていく方法について伝えておく。

● 1つのデータを使って自分の考えを書くことができた子どもには，別のデータを使って考えるよう助言する。

● 誰がどのデータを用いて理由を考えたのか，机間指導を通じて把握する。

【子どもたちに伝えておくこと】
・子ども全員に配布した封筒に，5枚のデータカードが入っているか確認する。
・水道料金の月ごとの変化の特徴のうち，自分が説明したい部分を決めてからデータカードを選ぶ。データカードを複数枚使用して説明してもよい。

> **対話を広げ深めていくための指導・支援の工夫**
>
> 集団で話し合う際，選択したデータカードを紹介し，どのような理由を伝えようとしているのか予想することで，自分の考えとの共通点や相違点に着目できるようにしたい。また，複数あるデータカードを読み取り結びつけた説明を取りあげることで，自分にはない考えに触れることができる。また，友達の考えを聞くだけでなく，タブレットを活用し，全員の考えを自由に見ることができる時間をつくることで，主体的に友達の考えとの共通点や相違点を見つける活動へとつなぐことができ，対話を広げ深めていく。

5．自分の考えや解決方法を発表し，話し合う（集団解決）

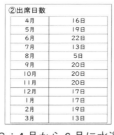 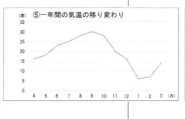 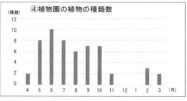

C：4月から6月に水道料金が上がり続けている理由を考えました。「⑤一年間の気温の移り変わり」のデータを見ると，同じように4月から6月にかけて上がり続けています。だから水道料金が上がり続けている。

T：どうして気温のデータを使って説明しようと思ったのですか。

C：暑くなると汗をかくし，のどがかわくので，多くの水を使うからです。

T：なるほど。気温のデータと水道料金は関わりがありそうだね。4月から6月に水道料金が上がり続けている理由を考えた人はいますか。

C：私は，「②出席日数」のデータを使って考えました。出席日数は4月から6月にかけて多くなっているので，水道料金も上がり続けたのだと思います。

T：同じ変化について，別のデータを使って説明したのですね。2つのデータを組み合わせて説明した人もいました。

C：私は，「⑤一年間の気温の移り変わり」と「④学習園に植えている植物の数」の2つのデータで説明します。

●同じデータカード，同じ変化の特徴など，自分の考えとの共通点を探しながら友達の発表を聞くようにする。

●結果だけでなく，なぜそのデータカードを用いたのかという根拠を取りあげ，思考過程に着目しながら話し合いを進めていく。

〈評価の観点・基準〉
【思考・判断・表現】
A：水道料金の推移に関わる折れ線グラフの特徴を読み取り，自分の調べたい目的に応じて複数のデータカードを選択し，変化の理由を説明している。
B：水道料金の推移に関わる折れ線グラフの特徴を読み取り，自分の調べたい目的に応じたデータカードを選択し，変化の理由を説明している。
C：水道料金の推移に関わる折れ線グラフの特徴を読み取り，自分の調べたい目的に応じたデータカードを選択したり，変化の理由を説明したりするに至っていない。

〈Cの子どもへの支援〉
・どの特徴について説明したいのかを確認し，どのデータを見ると説明できるかを考えられるよう言葉がけをする。

T：折れ線グラフのどの変化を説明しているか
　　考えながら聞きましょう。（子どものつぶ
　　やきを取りあげながら，発表を聞く意欲を
　　高める）。

C：⑤のデータでは6月は気温が高く，④の
　　データでは植物の数が多いので，水道料金
　　が上がり続けているのだと考えました。

T：説明する時に，どうして⑤と④のデータ
　　を組み合わせて考えたのですか。

C：水道料金が6月まで上がり続けているこ
　　とを説明するために2つのデータを選んだ。

T：（学級全体に対して）なぜこの2つのデー
　　タを選んだのか，わかる人はいますか。

C：⑤のデータは，4月から9月まで気温が上
　　がり続けているから選んだのだと思います。

C：④のデータは4月から6月まで植物の数
　　がふえているから，選んだと思います。

C：⑤と④のデータを合わせて説明すると，
　　「なるほど」と思ってもらえる説明になる
　　と考えたのだと思います。

T：何を伝えたいか考えデータを選んで説明
　　していて素晴らしいです。データを選んだ
　　理由も聞けるといいですね。

〈Bの子どもへの支援〉
・複数のデータを組み合わせて説明ができるよ
　う，言葉がけをする。

●どのデータを用いて説明しているか聞くよう
　に発問し，集中して発表を聞けるようにする。

●どのデータを組み合わせたのかを問い，2つ
　のデータを用いた理由について話し合いがで
　きるようにする。

●1対1のやりとりにならないように，学級全
　体に向けて発問する。

●一人ですべてを発表するのではなく，友達の
　発表に対して自分の考えや予想を伝え，発表
　をつないでいく。

●根拠をもってデータを選択したことや，複数
　のデータを用いて説明したことを価値づける。

●子どもたちが発表した際の言葉を板書し，一
　時間の学習の流れがわかるようにする。

考えを関連づけていく集団解決（例）

・同じ変化で違ったデータカードで説明している考えを取りあげ，比較する。
・同じデータカードで違った変化を説明している考えを取りあげ，比較する。
・複数のデータを用いることのよさについて話し合い，様々な視点から根拠を見つけて説明す
　ることにより，信頼性が高まることを知る。

学びを深めるための「振り返り」への指導・支援の工夫

　振り返り場面においては，子どもが自らの成長を実感することが大切だと考える。学んだこ
とや発見したことだけではなく，学び方や既習事項を活用できたかどうか等について振り返る
ことで，より自分自身の成長を実感できる振り返り場面にできると考えている。

　本時では，統計的な問題解決に取り組んだことによる成長をクラス全体で共有したうえで，
学習を振り返るようにする。また，友達が自分とは別のデータカードを用いていたり，複数の
データカードを組み合わせて理由を説明したりする等，自分になかった視点や考え方について
も振り返ることができるよう支援する。

9　第4学年「折れ線グラフと表」　169

6．本時の学習を振り返る C：黒板に書かれたことを見直し，学習したことを振り返りましょう。 C：同じ変化について考えていたのに，〇〇さんとは違うデータカードを使って説明していたのが驚いた。 C：違う変化について説明しているのに同じデータカードを使っていたのが，おもしろかったです。 T：学校の水道料金について，どう感じましたか。 C：1か月で70万円以上使っている月があって，高いと思った。 C：水がきれいになるには時間がかかるのに，もったいないと思いました。 T：よいことに気づきましたね。水のことについては，社会科で学習していきましょう。	●子どものつぶやきや集団解決の場面で話し合ったことを板書で残し，めあてに対する学びを振り返り，書くよう言葉がけする。 ●分かったことだけでなく，友達の考えのよいところについて振り返り，ともに学ぶよさを感じられるようにする。 ●問題解決できた喜びやデータを活用するよさについても書くよう助言する。 ●手洗いやそうじの時間等，ふだんの学校生活に関連する発言も積極的に取りあげる。 ●社会科の学習と関連づけ，「教科横断的な学習」の視点をもてるようにする。 ●ICT（タブレット）を使って，子どもどうし自由交流できるよう支援する。

8　本時で活用するデータ（本時に関する観点別評価問題例にも使用）

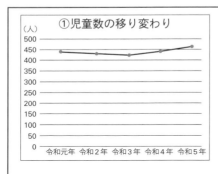

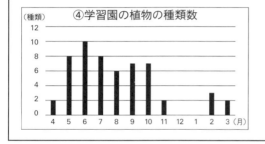

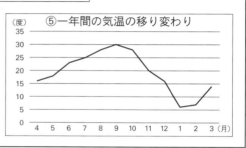

9　板書計画

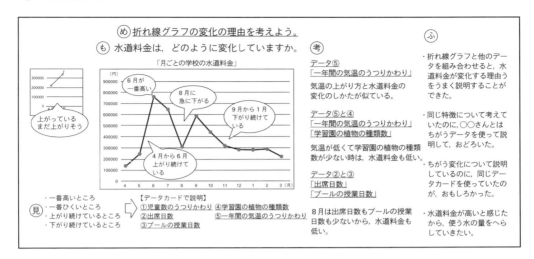

10　本時に関する観点別評価問題例【思考・判断・表現】
（適用問題にも活用できる）

（下の参考資料の①～⑤のうち，①と③と⑤の3つのデータを用いて回答します）

　水道料金の変化について，6月の7月の水道料金が高いことを，「①児童数の移り変わり」と「③プールの授業日数」と「⑤一年間の気温の移り変わり」の3つのデータを用いて説明します。（　）にあてはまる言葉を下の☐の中からえらびましょう。

　6月と7月の水道料金が高い理由を説明します。①のデータから，児童数は（　）ことが分かります。だから，児童数と水道料金は（　）と考えました。また，③のデータからは，プールの授業は（　）に行われ，⑤のデータからは，6月と7月の気温が高いことが分かります。だから，③と⑤のデータは，水道料金に（　）と考えました。

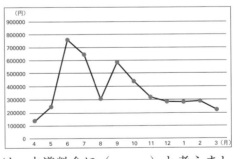

ア　増えている	イ　減っている	ウ　あまり変わっていない
エ　関係がある	オ　あまり関係がない	カ　5月と6月
キ　6月と7月	ク　7月と8月	ケ　低い　　コ　高い

9　第4学年「折れ線グラフと表」　171

10 第5学年 「整数の性質」

最小公倍数を活用して，シャッターチャンスを見つけよう！

この単元における場の設定や指導・支援，教材の工夫について

　本単元では，観点を決めて整数を類別したり，整数の構成について考察したりする等の学習を通して整数の概念についての理解を深めていく。単元を通して，偶数と奇数，倍数，公倍数，最小公倍数，約数，公約数，最大公約数について調べ，整数の集合に類別したり，乗法的な構成に着目して考えたりする等，新たな観点から整数を捉え直し，様々な場面に活用するとともに，数に対する感覚がより豊かになるように指導していく。

　学習を進める際には，縦2cm，横3cmのカードの正方形になる並べ方を考えたり，消しゴム12個と鉛筆16本をあまりが出ないように分けたりする等の日常の場面を生かした問題設定をし，子どもたちの多様な考えを交流し，公倍数や公約数の理解を深めていきたい。

　本時では，2台の電車が発車するパワーポイントを用いた自作のデジタルコンテンツを見せ，「6分おきと9分おきに発車する電車を同時に写真に撮るシャッターチャンスはいつか」という問題を設定する。子どもたちが「次に同時に到着するのはいつだろう」，「シャッターチャンスは何度もありそう」等の思いがもてるよう働きかけ問題意識を醸成する。ここでは，「漏れなく公倍数を求めるには数表に順序よく表す」や「公倍数を求めるには最小公倍数を使って考える」等の考えから，最小公倍数に着目して考えることのよさに気づかせたい。

第5学年　算数科学習指導案

1　単元名「整数の性質」

2　単元目標

（1）偶数，奇数の意味や倍数，公倍数，最小公倍数，約数，公約数，最大公約数の意味や求め方を理解する。

（2）観点を決めて整数を類別する仕方や数の構成について考察するとともに，公倍数や公約数の考えを日常生活や学習で活用しようとしている。

3　評価の観点と規準

【知識・技能】

・偶数と奇数の意味を理解し，整数を類別できるとともに，倍数，公倍数，最小公倍数，約数，公約数，最大公約数の意味を理解し，それらを求めることができる。

【思考・判断・表現】

・整数を偶数，奇数や倍数，約数の観点で類別し，その性質を考えている。

・倍数，公倍数，最小公倍数，約数，公約数，最大公約数の求め方を考えている。

【主体的に学習に取り組む態度】

・整数の性質をすすんで調べ，奇数・偶数に分けることや倍数・公倍数・最小公倍数・約数・公約数・最大公約数のよさに気づき，生活や学習で活用しようとしている。

172　第3部　研究授業に使える実践と指導案

4 本単元との内容の関連

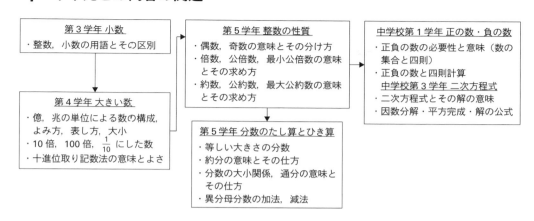

5 授業づくりの視点

(1) 教材観（学習材について）

　第4学年では整数の範囲を億や兆の位まで広げ，十進位取り記数法のしくみに対する理解を深め，そのよさを感じてきた。また，これまでの加法や減法，乗法の指導の中で，1つの数を他の数の和や差，積とみることについても理解を図ってきた。

　本単元では，整数を2でわってわり切れる（あまりが0になる）か，わり切れない（あまりが1になる）かに着目して，整数を偶数と奇数に類別していく。偶数，奇数という言葉は，生活の中でも使われるため，すでに知っている子どももいるが，その意味を正しく理解できるようにすることが大切である。また，「ある整数を整数倍してできる数」である倍数，「ある整数をわり切ることのできる数」である約数の意味についても学習し，整数の性質の理解を深めていく。さらに，公倍数，最小公倍数，公約数，最大公約数についても学習する。0については，「2×0＝0」は理解しているが0を偶数として捉えにくいため，数直線に表すことで，偶数と奇数が交互に並んでいることから偶数であることに気づくように支援する。このようにして数を類別したり数の構成について考えたりすることを通して数の概念の理解を深めていく。

　このような学習は，整数を偶数と奇数に分けたり，2の倍数（2，4，6，…）と3の倍数（3，6，9，…）の中でも6の倍数（6，12，…）を2と3の公倍数と考えたりする等，ある観点に基づき数の集合をつくる考え方の基礎的な経験となる。そして，「分数のたし算とひき算」で約分，通分の意味や方法等を考えるときに活用される。さらに「単位量あたりの大きさ」や第6学年の「等しい比」，中学校第1学年「数と式」における自然数を素数の積に表すこと，中学校第3学年の式の展開や因数分解の基礎となる内容であるので，定着を図っておきたい。

(2) 児童観（子どもの実態について）

　本学級では，問題に対して疑問や困惑を表現したり，今までの学習との違いを考えたりする等，算数の学習に意欲的に取り組む子どもが多い。また，数表等から積極的

に規則性を見いだそうとする子どもも多い。しかし，自分の考えをノートに表現したり，発表したりすることに課題を抱えている子どももいる。

偶数・奇数については日常的によく使っているものの，その性質について深く考えたことはなく，整数を2つの集合に類別できることのよさに気づくに至っていない。さらに，数の構成については，数を相対的な大きさとして捉えることが苦手な子どももいる。例えば，1.23を1＋0.2＋0.03と加法的に捉えることができるが，1.23を0.01の123個分という乗法的に捉えることが苦手な子どもがいる。また，6，12，18，…と規則的に増えていく数に対しても，6＋6＋6＋…と加法的に捉えようとする子どもは多くいるが，6×2，6×3，…と倍として捉えようとする子どもは少ない。

（3）指導観（指導の工夫について）

「偶数・奇数」の学習では，学級の人数を2つに分けることを題材にし，「偶数は2でわったときにあまりが0」になり，「奇数は2でわったときにあまりが1」になる数であり，2つの集合に類別できることに気づくようにする。その際，数表や数直線上に順序よく整理したり，偶数（2n）と奇数（2n＋1）を式に表したりして偶数・奇数が交互に並んでいる規則性に気づかせたい。さらに偶数＋偶数＝偶数，奇数＋偶数＝奇数，奇数＋奇数＝偶数というような数の性質についても気づかせたい。

倍数や公倍数の学習では，縦2cm，横3cmのカードを並べること等を題材にし，倍数が1つの整数の整数倍であると乗法的に考えられるようにしていきたい。そのために，それぞれの長さを数表に順序よく整理することで規則性を見つけ，公倍数に気づくように支援する。また，公倍数を見つける過程で最小公倍数に着目し，乗法的に数を捉えることで素早く正確に公倍数を見つけることができるよさにも気づかせたい。

約数や公約数の学習では，12個の消しゴムと16本の鉛筆のあまりの出ない分け方を考えること等を題材にし，それぞれの個数を数表に順序よく整理することで約数が12と16をわり切ることができる数であることを見いだし公約数や最大公約数について理解を深めていきたい。

本時の学習では，6と9の公倍数の見つけ方について考える。その際，問題解決的な学習に意欲的に取り組む子どもの実態を生かすため，「2つの電車が同時に到着するのは何分後なのか？」という疑問や困惑等を出発点とし，「本当に54分後か？」，「54分よりはやく着くのではないか？」，「18分後と54分後だけではないのではないか？」，「公倍数にはきまりがあるのではないか？」，「最小公倍数を2倍，3倍…していくと無限に公倍数が見つかるのか？」等と問題意識を連続・発展させながら学習を進めていきたい。その際，数表等を活用し対話する中で，「最小公倍数が分かれば，素早く公倍数を見つけることができる」等の乗法的な数の捉え方をすることで，公倍数の規則性や最小公倍数の有用性について気づけるようにしていきたい。

6 単元指導計画（全11時間）

	学習内容	評価の観点・規準
1・2	偶数と奇数 ・赤組と白組のそれぞれの全ゼッケン番号を調べ，整数を類別する。 ・偶数・奇数の意味を知り，整数を類別する。	【主体的に学習に取り組む態度】 2つの集合に整数を類別しようとしている。 【知識・技能】 偶数，奇数の意味やその類別の仕方を理解し，整数を類別することができる。
3・4	倍数と公倍数① ・カードを並べ，並べたカードの縦と横の長さの規則性や共通点について考える。 ・カードを並べ，並べたカードの縦と横の長さを調べ，倍数，公倍数の意味について考え，理解を深める。	【思考・判断・表現】 表や数直線等に表して，カードの数と縦と横の長さの規則性や共通点について考えている。 【知識・技能】 倍数，公倍数の意味を知り，その見つけ方を理解し，求めることができる。
5 （本時）	倍数と公倍数② ・出発間隔が異なる2台の電車が同時に出発する時間を最小公倍数をもとに考える。	【思考・判断・表現】 最小公倍数をもとにして，効率的に公倍数を見つけている。
6	3つの数の倍数と公倍数 ・（4，6，12）等の3つの数の公倍数の見つけ方を考える。	【思考・判断・表現】 公倍数の求め方を，公倍数の意味等をもとに説明している。
7・8	約数と公約数① ・12個のケーキをあまりなく分けられる人数を調べ，約数の見つけ方を考える。 ・12の約数の意味について理解する。	【思考・判断・表現】 約数の観点で数の集合や規則性を考えている。 【知識・技能】 約数の意味を知り，約数を見つける。
9	約数と公約数 ・12と16のどちらもあまりの出ない分け方を調べ，公約数，最大公約数の意味を理解する。	【知識・技能】 公約数，最大公約数の意味を知り，その見つけ方を理解し，求めることができる。
10	3つの数の約数と公約数③ ・（8，12，36）等の3つの数の公約数の見つけ方を考える。	【思考・判断・表現】 公約数の求め方を，公約数の意味等をもとに説明している。
11	整数の性質についての習熟と発展 ・倍数，約数を日常生活の場面に活用する問題をすすんで解決し，整数の性質について理解を深める。 ・ICTを活用して，練習問題に取り組む。	【主体的に学習に取り組む態度】 表や数直線等に表して，倍数や約数の規則性や関係について考えようとしている。 【知識・技能】 倍数，公倍数，最小公倍数，約数，公約数，最大公約数を活用した問題が解決できる。

10　第5学年「整数の性質」　　175

7 本時の学習

> **本時における場の設定や指導・支援，教材の工夫について**
>
> 　本時では，導入場面でICTを活用し電車が6分と9分間隔で発車する様子を確認し，「同時に2台が撮れるシャッターチャンスを考えたい」という意欲を高め，公倍数に着目できるようにしていく。また，公倍数をもれなく見つけるために，順序よく数表に表して考えるよう支援する。その過程で，「最小公倍数を使って考えるとシャッターチャンスが簡単に見つかる」というような「最小公倍数の有用性」に気づけるようにしていきたい。

(1) 本時の目標
・最小公倍数をもとにして，6と9の公倍数の見つけ方を考えている。

(2) 本時の展開

学習活動	指導上の留意点

> **主体的な学習を喚起する「問題意識の醸成」のあり方**
>
> 　導入場面では，A電車とB電車が駅に到着して出発するパワーポイントを活用した動画を見せ，「同時に出発するタイミングが何回もあるかな」という疑問をもつことができるようにする。また，6×9＝54の考えでは「もっと早くシャッターチャンスはあるはずだ」「間が抜けている気がする」「もれなく数を見つけるためには数列や数表に表して考えたい」という子どもの問題意識を醸成し，数表に表して考えていく子どもを育てていきたい。

1．本時の問題をつかむ

【問題】Aの電車は6分おきに，Bの電車は9分おきに出発します。今2つの電車が同時に発車します。このあと同時に出発するシャッターチャンスは何分後ですか。

C：最初は同時に出発するね。
C：2台同時に写真に撮りたいね。
C：シャッターチャンスはいつかな。
C：2台同時に発車する時間を考えるんだね。
C：6×9＝54の54分後の1回だよ。
C：シャッターチャンスは何回もあると思う。

●問題場面をパワーポイントを活用した動画で表し，出発間隔の異なる2つの電車が同時に出発する問題の状況を理解しやすくする。
●6×9＝54と考えた子どもの意見を板書し，公倍数とつなぐ。
●前時で扱った3と4の倍数の数表を掲示しておき，子どもが確認できるようにしておく。

2．本時のめあてをつくる

【めあて】シャッターチャンスは何分後にあるのか考えよう！

3．解決への見通しをたてる

・6×9の答えから考える。
・6の段と9の段の答えから考える。
・表にまとめて公倍数で考える。

●子どもは，考え方の見通しや解決方法の見通しをランダムに発表するので，整理して板書する。

176　第3部　研究授業に使える実践と指導案

4．自分なりの考えで解決する（自力解決）

〈6×9の答えから考える〉
　6×9=54 だから 54 分後に撮れる。

〈6の倍数，9の倍数の答えから考える〉
　6の倍数：6, 12, ⑱, 24, 30, 36…
　9の倍数：9, ⑱, 27, 36…
　18 分後に撮れる。

〈表にまとめて考える〉

電車A	6	12	⑱	24	30	㊱	42	48	㊺
電車B	9	⑱	27	㊱	45	㊺	63	72	81

〈18の倍数で考える〉
　最初の公倍数が18だからこのあとは 18, 36, 54, 72, 90…と 18 ずつ増える。

電車A	18	36	54	72	90

● 54 分後以外にもないか調べるよう支援する。

● 最小公倍数の 18 分後しか考えられなかった子どもには，次に同時に出発するときはないか助言する。

「対話」を広げるための指導・支援の工夫

　最初は「6×9=54」の考えを取り上げ，「もっと短い時間で同時に出発するのではないか」という問いをもつことができるようにする。その後，数表を取り上げることで，「もれなく公倍数を見つけることのよさ」を共有できるようにする。さらに，数表をもとに比例の考えを取り上げることで「最小公倍数のよさ」に気づかせたい。

5．自分なりの考えを発表し，話し合う

〈6×9=54 の考え〉
C：電車Aは6分おきで電車Bは9分おきに出発するから 6×9=54 で 54 分後に着くよ。

〈54 の倍数の考え〉
C：54 分後に同時に出発するので，その次は 54 分後の 108 分後に同時に出発する。

〈6の倍数と9の倍数の考え〉
C：54 分後よりもっとはやくシャッターチャンスはあるよ。
T：その考えを説明できますか。
C：6と9の倍数を書いていくと分かる。
電車A：6, 12, ⑱　　電車B：9, ⑱
C：表にすると分かりやすい。

〈表にまとめた考え〉

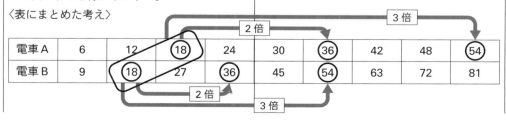

〈評価の観点・基準〉【思考・判断・表現】
　A：最小公倍数をもとにして，6と9の公倍数を見つけることのよさを説明している。
　B：最小公倍数をもとにして，6と9の公倍数の見つけ方を考えている。
　C：6と9公倍数を見つけることはできるが，最小公倍数を見いだすに至っていない。

〈Cの子どもへの支援〉
・6と9の公倍数の規則性について考えるよう言葉がけをする。

〈Bの子どもへの支援〉
・最小公倍数を見つけた過程を説明できるよう言葉がけをする。

10　第5学年「整数の性質」　177

〈18 の倍数の考え〉

C：18 ずつ増えている。18 の倍数だ。

T：6 と 9 で考えていたのに 18 の倍数なのですか？

C：同時に出発するのは 18 の倍数だからシャッターチャンスが分かる。

●表にまとめた考えを全体交流の後半で取りあげ，多様な考えを表に位置づけながら，2倍，3倍の関係に着目するよう支援する。

● 18 の意味について子どもに問うことで，公倍数は最小公倍数の倍数であるという関係性に着目できるようにする。

18 の倍数：18，36，54，72，90…

6．適用問題（10 回目のシャッターチャンスは何分後）を解決する

C：18＋18＋18＋18＋18＋18＋18＋18＋18＋18＝180 だから 180 分後だ。

C：18×10＝180 です。

C：最小公倍数を使うと計算も簡単ではやい。

● 18 ずつ増える（加法的）考えから，18 の整数倍に増えている考えに発展させるよう言葉がけをする。

●最小公倍数に着目し，乗法的に考えている考えを取りあげ，そのよさを共有する。

7．本時の学習を振り返る

> **学びを深めるための「振り返り」への指導・支援の工夫**
>
> 　振り返り場面では，今日の問題に対する疑問・困惑をどのように解決したのかという過程に着目し，大切にしたいと思ったことを書くように言葉がけをする。具体的には，「6×9＝54 ではなぜ落ちやもれが出てしまうのか」「最小公倍数を使って考えると落ちや重なりがなく，計算で素早く公倍数を求めることができる」等，最小公倍数で考えるよさに着目できるようにする。また，新たな疑問・困惑についても書くように言葉がけをし，次時の学習の問題意識へとつなげていくことで，単元を通して問題意識が連続・発展するようにしていく。

C：表にするとなぜ公倍数が必要か分かった。

C：最小公倍数が分かれば何分後に同時に着くかが計算で簡単に求めることができる。

T：すばらしい考えを見つけましたね。

C：最小公倍数は便利だ。

● 6 と 9 の倍数を数表に書き出してから公倍数を見つける考え方と最小公倍数に着目してから公倍数を見つける考え方の違いに着目して，振り返るように言葉がけをする。

●振り返りをタブレットを活用し，交流する。

8 板書計画

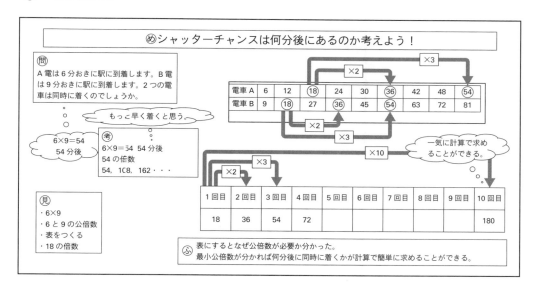

9 本時に関する観点別評価問題例【思考・判断・表現】
（適用問題にも活用できる）

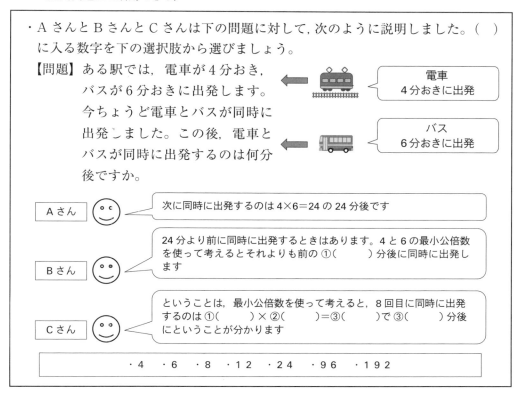

10 第5学年「整数の性質」

11

第5学年 「図形の面積」

ひし形の公式づくりについて，タブレットを活用して考えよう！

この単元における場の設定や指導・支援，教材の工夫について

　本単元では，「既習の図形の面積の求め方をもとに考えれば，新たな図形でも求積できる」という考え方を大切にして学習を展開していく。

　求積方法を導く過程を式や図などを用いて考え，解決方法の共通点や相違点を見いだしていくことを重視し，「図形のどこの長さに着目すると面積を求めることができるのか」考えることができるようにする。そこで，単元を通して，求積に必要な図形の構成要素を色テープで視覚化し，図形の性質や特徴と面積を関係づけ，求積方法が考えられるようにする。

　本時であるひし形の求積の場合も垂直二等分している対角線を使えば面積を求めることができるのかを確かめ，子どもが公式として導けるよう支援する。

　さらに，子どもが容易に図形を操作して考え，解決過程を可視化するために，単元を通して子どもがタブレットを活用できるよう指導していく。

第5学年　算数科学習指導案

1　単元名「図形の面積」

2　単元目標

（1）等積変形や倍積変形，分割，補完等の方法を用いて，既習の面積の求め方をもとに，平行四辺形や三角形，台形，ひし形の面積の求め方を理解できる。

（2）多様な求積方法の共通点や相違点を見いだし，考えた過程を振り返り，図形の構成要素と面積を関連させることで公式化することのよさを感じている。

3　評価の観点と規準

【知識・技能】

・求積公式を使った平行四辺形や三角形，台形，ひし形の面積の求め方を理解し，公式を用いて面積を求めることができる。

【思考・判断・表現】

・平行四辺形や三角形，台形，ひし形の面積の求め方を，等積変形や倍積変形，分割，補完等の方法を用いて，既習の図形の面積の求め方をもとに考えている。

・図形の構成要素に着目しながら，多様な考え方の共通点や相違点を見いだし，公式化するよさについて考えている。

【主体的に学習に取り組む態度】

・図形の性質や特徴と面積との関連に関心をもち，その求積方法を工夫して考えることにより，数学的活動の楽しさやよさに気づき，新たな図形であっても既習の図形の公式を思い出し，学習に活用しようとしている。

180　第3部　研究授業に使える実践と指導案

4 本単元との内容の関連

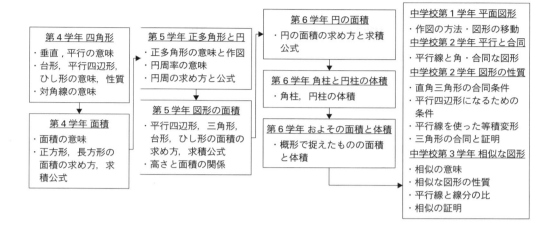

5 授業づくりの視点

(1) 教材観（学習材について）

　子どもたちは，第4学年で長方形や正方形をはじめ複合図形の面積の求め方を考え，面積についての意味を理解してきている。

　本単元では，平行四辺形や三角形，台形，ひし形などの基本的な図形の面積について，既習の長方形や正方形などの面積の求め方に帰着し，公式をつくり出し，それを用いて面積を求めることが主なねらいとなる。平行四辺形や三角形，台形，ひし形の基本的な図形の面積の求め方を考えるには，「既習の図形の面積の求め方」をもとに具体物を操作したり，数，式，図を用いたりして考え，説明するといった数学的活動に取り組ませることが大切である。また，「等積変形」や「倍積変形」，「分割」，「補完」等の考えを用いて自分なりの方法で表現する活動を繰り返し行うことで，数学的な見方・考え方を高めることができると考える。そして，多様な求積方法を考えるだけでなく，それぞれの方法を比較・検討し，面積を求めるために必要な部分の長さが共通して「垂直な2本の直線」であることに気づくようにし，公式を子どもがつくり出せるようにすることを重視して，学習を進めていきたい。

　この学習は，第6学年で行う「身の回りにある形を概形で捉え，およその面積を求めたり，円の面積を求めたりする」際も，第5学年まで学習で用いた「等積変形」や「倍積変形」，「分割」，「補完」等の考えを活用し，既習の面積の求積の学習と関連させて，見通しをもって数学的活動を展開できるようになると考える。

　さらに，図形の構成要素や構成の仕方に着目し，図形の性質や関係を直観的に捉え論理的に考察する中学校「三角形の合同と証明」や「相似の証明」等の図形の論証の学習につながっていく。

11　第5学年「図形の面積」　181

(2) 児童観（子どもの実態について）

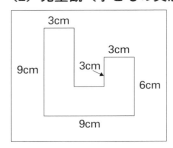

　本学級の子どもたちは，算数に意欲的に取り組むことができ，新たな問題に対しても既習の学習を振り返りながらすすんで自分で考えたり，友達と話し合ったりして問題解決する姿が見られる。

　第4学年で学習した「面積」の学習の状況を把握するため，レディネステストを実施した。レディネステストの複合図形の面積を求める問題では，分割の考えはできても「複合図形を既習の正方形や長方形に等積変形して求積する」考えに至らなかった子ども（約13％：22人中3人）や，既習の長方形や正方形に等積変形できても，図形に複数示されている数値などの情報から求積に必要な情報を的確に読み取れなかった子ども（約9％：22人中2人）がいた。

　このように既習の面積の学習の想起が難しい子どもや，自分の導き出した数値がもつ意味について理解ができていない子どももいるため，求積方法を導く過程を式や図と関連させながら「式を読む」活動が必要であると考える。

(3) 指導観（指導の工夫について）

　「既習の学習を振り返りながらすすんで自分で考えたり，友達と話し合ったりして問題解決する」といった子どものよさを生かし，単元を通して図形の構成要素に着目し，どこの長さが分かれば面積を求めることができるか考え，既習の図形の求積公式を活用しながら新たな図形の求積に取り組む活動を行う。さらに，求積方法を導く過程を式や図と関連させながら「式を読む」活動を行うことで学習を深めていきたい。

　本単元では，ICT活用として教師が作成した図形を子どものタブレットに配布し，活用する。そのことで容易に図形を分割したり，移動させたりすることができ「考えよう」という子どもの意欲を高めていきたい。また，子どもの実態から求積方法を導く過程を具体物，式，図などを関連させながら説明する活動を意識したい。

　ここでは，友達の考えを聞くだけでなく，子ども一人ひとりがタブレットを用いて図形を操作することで友達の解決過程を共有し，新たな考え方を知ることでより内容の定着が図れると考えている。

　本時のひし形の求積において，子どもたちは今まで対角線の長さは求積に必要なかった経験から「対角線は求積に必要なのか」という疑問・困惑等をもつと考えられる。「既習の面積の求め方をもとに考えれば求めることができる」という見通しをもち，子どもたちが多様な考え方の共通点や相違点に着目しながら話し合う中で「どの求積の方法も対角線を使っている」ということに，子どもが気づけるようにしていきたい。そして，既習の面積の求め方と比べ，「なぜ，ひし形だけ対角線の長さが求積に必要なのか」という問題意識を醸成し，「どの図形も，垂直な2本の直線の長さをもとに求積している」等の図形の求積の共通点を子どもたちが見いだし，子どもたちの言葉で表現できるようにしたい。

〈タブレットの活用について〉

児童用タブレット内アプリ「スカイメニュークラス」内の「発表ノート」を活用する。子どもたちは，図形（色部分）の必要な部分を自由に分割したり，移動させたり，回転させたりすることができ，矢印を用いて解決過程を説明することができる。

6　単元指導計画（全14時間）

	学習内容	評価の観点・規準
1・2	平行四辺形の面積の求め方 ・まわりの長さが等しい長方形と平行四辺形を比較し，平行四辺形の面積の求め方について解決する。 ・平行四辺形の面積の求め方を，長方形の面積の求め方などをもとにして考え，解決過程を説明する。	【主体的に学習に取り組む態度】 平行四辺形の面積を，既習の図形の求積方法に帰着して考えようとしている。 【思考・判断・表現】 単位面積のいくつ分の考えや等積変形等の考えを使って，平行四辺形の面積の求め方を考え，その方法を説明している。
3	平行四辺形の面積を求める公式 ・いろいろな形の平行四辺形の底辺と高さを見つけ，求積の仕方を考える。 ・平行四辺形の面積を求積公式を用いて計算し，求める。	【思考・判断・表現】 平行四辺形の面積を求めるために必要な長さはどこかを考えている。 【知識・技能】 平行四辺形の求積公式を用いて，面積を求めることができる。
4・5	高さが外側にある平行四辺形の面積 ・高さが図形の外にある場合の平行四辺形の面積を求める。 平行四辺形の面積と底辺や高さの関係 ・底辺や高さを自分で決めて，平行四辺形の面積を求める。	【知識・技能】 高さが外にある場合でも，求積公式を用いて，面積を求めることができる。 【知識・技能】 底辺や高さを自分で選択し，求積公式を用いて，面積を求めることができる。
6	三角形の面積の求め方 ・三角形の面積の求め方を，長方形や平行四辺形の面積の求め方などをもとにして考える。	【思考・判断・表現】 平行四辺形や長方形に等積変形や倍積変形，分割，補完等の考えで三角形の面積の求め方を考えている。
7	三角形の面積を求める公式 ・三角形の底辺と高さに着目し，公式のつくり方を考える。 ・三角形の面積を，求積公式を用いて計算し，求める。	【思考・判断・表現】 三角形の面積を求めるために必要な長さはどこか考えている。 【知識・技能】 三角形の求積公式を用いて，面積を求めることができる。

8・9	高さが外側にある三角形の面積 ・高さが図形の外にある場合の三角形の面積を求める。 ・底辺や高さを自分で決めて，三角形の面積を求める。 三角形の面積と底辺と高さの関係 ・底辺と高さが同じ三角形の面積を求め，面積も同じになる理由について考える。	【知識・技能】 高さが外にある場合でも，求積公式を用いて，面積を求めることができる。 底辺や高さを自分で選択し，求積公式を用いて，面積を求めることができる。 【思考・判断・表現】 底辺と高さが変わらなければ面積が同じになる理由について考えている。
10	台形の面積の求め方 ・台形の面積の求め方を，長方形や平行四辺形，三角形の面積の求め方などをもとにして考える。	【思考・判断・表現】 台形の面積の求め方を等積変形や倍積変形，分割，補完等により長方形や三角形，平行四辺形などに変形して考え，その方法を考えている。
11	台形の面積を求める公式 ・台形の上底，下底，高さに着目し，公式のつくり方を考える。 ・台形の面積を公式を用いて計算し，求める。	【思考・判断・表現】 台形の面積を求めるために必要な長さはどこかを考えている。 【知識・技能】 台形の求積公式を用いて，面積を求めることができる。
12 (本時)	ひし形の面積の求め方 ・ひし形の面積の求め方を，長方形や平行四辺形，三角形等の面積の求め方をもとに，対角線に着目して考える。	【思考・判断・表現】 ひし形の面積の求め方を，等積変形や倍積変形，分割，補完等の考えにより長方形や正方形，三角形，平行四辺形などに変形し，対角線に着目して考えている。
13	ひし形の面積を求める公式 ・ひし形の対角線に着目し，公式のつくり方を考える。 ・ひし形の面積を公式を用いて計算し，求める。	【思考・判断・表現】 ひし形の面積を求めるために必要な長さはどこかを考えている。 【知識・技能】 ひし形の求積公式の意味を理解している。
14	平行四辺形の高さと面積の関係 ・平行四辺形の底辺の長さはそのままで，高さを変えていったときの高さと面積の関係について調べる。	【知識・技能】 底辺を固定し，高さを変えたとき，面積は高さに比例することを理解している。 【思考・判断・表現】 平行四辺形で，底辺の長さが一定で高さが変わったときの面積の変わり方について考えている。
15	図形の面積についての習熟と発展 ・ICTを活用し，自分で選択した練習問題に取り組む。 ・発展問題に取り組み，図形の面積の見方・考え方を広げたり深めたりする。	【主体的に学習に取り組む態度】 図形に応じた求積方法を選択し，解決に向けてすすんで考えようとしている。 【知識・技能】 ICTを活用し平行四辺形や三角形，台形，ひし形の面積の求め方を理解し，公式を用いて面積を求めることができる。

7 本時の学習

> **本時における場の設定や指導・支援，教材の工夫について**
>
> 本時では，導入場面で既習の図形では求積に対角線の長さは必要なかった経験から「ひし形の求積に対角線は必要なのか」という疑問・困惑等をもつように，既習の図形の求積の過程をパワーポイントで作成し，テレビ画面に投影しながら子どもと一緒に振り返る。
>
> そして，全体の交流では，それぞれが考えたひし形の求積方法について話し合う中で，どの求積方法にも「対角線の長さが使われている」という共通点に着目し，「なぜ，対角線×対角線÷2をすれば求積できるのか」といった公式の意味について子どもたちが考えられるような展開にしたい。
>
> また，タブレットを活用し，友達の解決過程を式や図と関連させながら説明できるようにしていく。そして，既習の図形と比べ，図形の求積の共通点に着目し「どの図形も，垂直な2辺の長さをもとに面積を求めている」や「ひし形の定義や性質と公式がつながっている」等の気づきがもてるよう支援していきたい。

（1）本時の目標

- ひし形の面積の求め方を，等積変形や倍積変形，分割，補完の考えにより長方形や正方形，三角形，平行四辺形などに変形し，対角線に着目して考えている。

（2）本時の展開

学習活動	指導上の留意点
主体的な学習を喚起する「問題意識の醸成」のあり方 　導入場面では，平行四辺形，三角形，台形の既習の図形の求積の過程を振り返り，求積のためには，どの構成要素に着目すればよいのかについて子どもが考えられるようにする。 　また，ひし形の図形を斜め向きや縦向きといった安定しないような向きで提示することで，図形の構成要素に自然に着目できるようにする。そして，前時までの図形では求積に必要なかった「ななめの線の長さ」や「対角線の長さ」が「ひし形」の面積の求積方法を導く過程に必要な理由を考えることで，子どもの問題意識を醸成したい。	
1．**本時の問題をつかむ** （斜め向きに提示）（縦向きに提示）  C：平行四辺形だ。 C：台形にも見えるよ。 C：あれっ，ひし形じゃないかな。 　（横向きに提示） 	●パワーポイントを用いて既習の図形の求積の学習を振り返る（大型TVに映す）。 ●ひし形の図形を斜め向きや縦向きといった安定しないような向きで提示することで，「まわす，ずらす，うらがえす」等の操作を通して，図形の構成要素に自然に着目できるようにする。

T：なぜ，ひし形だと思ったのですか。 C：4つの辺の長さが等しいからです。 C：向かい合った辺が平行だからです。	●図形の定義や性質を思い起こし，ひし形であることを確認する。

問　このひし形の面積は何 cm² ですか。

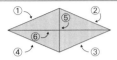

C：④を底辺としても使えそうだよ。 C：それだと高さは分からないよ。 C：このひし形の面積を求めるために①，②，③，④の長さは使えないと思います。 C：じゃあ，⑤，⑥を使うのかな。 C：対角線の長さは必要だと思います。 C：えっ？　でも，対角線も今まで必要ではなかったよ？	●求積の際に，どの構成要素に着目するのか話し合いやすくするために，図形を提示し，辺に①～⑥の番号をつけていく。 ●辺の長さをあらかじめ提示せず，マス目一マスを1cmとして考えるよう言葉がけをし，求積に必要な長さだけに着目できるようにする。 ●「対角線の長さ」が，ひし形の面積の求積に必要な理由を問うことで子どもの問題意識を醸成する。

2．本時のめあてをつくる

め　ひし形の面積の求め方を考えよう。

―ひし形の面積を求めるために，対角線は必要なのか説明しよう！―

3．解決への見通しをたてる

C：知っている長方形に変形する。 C：「切って移動法」や「2倍して÷2法」も使えそうだ。 C：「分ける法」や「あるとみてひく法」も使えないかな。	●既習の学習での振り返りシートの記述を見ながら，見通しについて考える。 ●既習の学習である図形の求積方法が書かれている掲示物を見ながら，見通しについて考える。

4．自分なりの考えで解決する（自力解決）

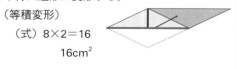

①長方形から考える。 　（倍積変形） 　（式）4×8＝32 　　　32÷2＝16　　　16cm² 　（補完） 　（式）4×8＝32 　　　4×2÷2＝4　4×4＝16 　　　32－16＝16　　16cm² ②平行四辺形に変形する。 　（等積変形） 　　　（式）8×2＝16 　　　　　　16cm²	●長方形の「縦の辺」と「横の辺」がひし形の対角線であることに着目し，「÷2」が表す意味について図を使って考えられるよう支援する。 ●長方形の「縦の辺」と「横の辺」がひし形の対角線であることに着目し，「－16」が表す意味について図を使って考えられるよう支援する。 ●平行四辺形の「底辺」と「高さ」がひし形の対角線であることに着目し，図を使って考える中で「高さ」が「対角線」の半分の長さ「÷2」であることに気づけるよう支援する。

③正方形に変形する。
　（等積変形）
　（式）4×4＝16　　16cm²

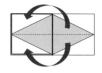

④三角形に分割する。
　（分割）
　（式）8×2÷2＝8
　　　　8×2＝16　　16cm²

C：①の考え方で答えが出せたよ。
T：他の考え方でも答えを求めることができるかな。
C：長方形に変える方法は，「2倍して÷2法」でも「あるとみてひく法」でもできたよ。
C：長方形に変える以外でも平行四辺形に変える方法でも考えることができそう。
C：私は正方形に変えて考えることができたよ。
C：色々な考え方で答えを出すことができたよ。
T：すごいね。考え方同士の共通点や相違点はありそうですか。
C：どの考え方でもひし形の「対角線の長さ」は使って考えています。
C：私が考えた方法は，どの考え方も「÷2」が式に入っているよ。

● 正方形の「一辺」と「一辺」がひし形の対角線であることに着目し，，図を使って考える中で「一辺の長さ」が「対角線」の半分の長さ「÷2」であることに気づけるよう支援する。
● 三角形の「底辺」と「高さ」がひし形の対角線であることに着目し，「高さ」が「対角線」の半分の長さ「÷2」であることに気づけるよう支援する。

〈評価の観点・基準〉
【思考・判断・表現】
　A：ひし形の面積の求め方を，等積変形や倍積変形，分割，補完等の考えで長方形や正方形，三角形，平行四辺形等に変形し，対角線に着目して考え，対角線が必要な理由について説明できる。
　B：ひし形の面積の求め方を，等積変形や倍積変形，分割，補完等の考えで長方形や正方形，三角形，平行四辺形等に変形し，対角線に着目して考えている。
　C：ひし形の面積の求め方を考えるに至っていない。

〈Cの子どもへの支援〉
・既習事項が使えないか，また，見通しを振り返り，タブレット内の図形を分割したり，移動させたりしながら考えるよう支援する。
〈Bの子どもへの支援〉
・求積の際に使った式に出てくる長さが，もとのひし形のどこの長さになるのか，構成要素に着目させる。

対話を広げ深めていくための指導・支援の工夫

　求積の結果だけではなく，言葉，番号，矢印等さまざまな表現方法を活用しながら，求積方法を導く過程を式や図を用いて考えたり，互いの表現を読み合ったりする活動を行う。そのために自分の考えを表現し対話するだけでなく，子どもたちがお互いの表現を価値づけながら学習を進めていくことを支援したい。
　集団で話し合う際，子どもが考えた図の一部を隠して提示し，「式を読む」ことにより求積方法を導く過程を考えたり，求積の際に使用した式の数値や構成要素について話し合ったりできるよう支援する。また，友達の考え方を確かめるだけでなく，一人ひとりがタブレットを活用し，図形を移動・変形させて考えてみることで，友達の考えと自身の考えとの共通点や相違点について考えられるようにし，対話を深めていく。

5．自分の考えや解決方法を発表し，話し合う（集団解決）

C：①の考えは，「長方形」に変形している。

T：式を見てみましょう。どのように面積を求めたのですか。

C：「4×8＝32」は長方形の面積を表している。

C：「÷2」は，面積の半分の意味です。

T：次は，図を見てみましょう。

T：②の式はなぜ「2cm」なのですか。

C：「4÷2」をしたんだと思います。

C：②の考えにも「÷2」があります。

C：③や④の考えにも「÷2」があります。

T：どのように考えたのか，タブレットを使ってひし形を動かしてみましょう。

C：今までの図形は「対角線」を使わなかったのに，ひし形は，使っているよ。

T：対角線はなぜ必要ですか。

C：対角線はどの考え方でも「底辺×高さ」で考えられるので必要です。

C：ひし形は対角線が垂直に交わっている。

T：4つの式を見て，何か気づきしたか。

C：どの考えも，「4×8÷2」です。

●①，②，③，④それぞれの考えの図を一部隠して提示し，求積方法を導く過程を考えられるよう支援する。

●「変形後の図形の名前」「式」「図」を同時に提示せずに，順番に見せていくことで，求積の際にどのように考えたのか思考の過程と式を関連させて考えられるよう支援する。（②，③，④についても同様に話し合いを進めていく。）

●①，②，③，④の考えの共通点に着目し，「÷2」の意味について考えられるよう支援する。

●タブレットの図形を動かすことで，思考の過程と式を関連させて考えられるように言葉がけする。

●①，②，③，④の考えの共通点に着目し，「対角線」について考えられるよう支援する。

学びを深めるための「振り返り」への指導・支援の工夫

　振り返り場面においては，子どもが自身の成長を実感することが大切だと考える。そこで，単元においての毎時間の振り返りを記入できる「振り返りシート」をつくり，そこに，第1時からの学習で自分が学んだことや発見したことをまとめていく。どの既習内容が使えるかを考えたり，単元の学習の中での気づきをすぐに確認できたりすることで単元を通しての自分の変容に気づけるように支援する。

　特に集団解決でみつけた複数の考えの共通点である「どの考えも対角線を用いて求積している。」ことが共有できるよう支援する。

6．本時の学習を振り返る

C：今までは，「底辺」と「高さ」が垂直関係だった。ひし形では，「対角線」と「対角線」が垂直だ。

C：図形の学習（性質や特徴）と面積の公式は関係している。

C：毎時間かいてきた振り返りシートをみると，学んだことがよく分かる。

●導入で映した既習の図形の求積過程を見て「ひし形」も既習の図形も垂直に交わる二本の直線を用いて求積できたことを確認する。

●「ひし形の求積には，なぜ対角線の長さが必要なのか」について自分の言葉で説明するよう言葉がけする。

188　第3部　研究授業に使える実践と指導案

8 板書計画

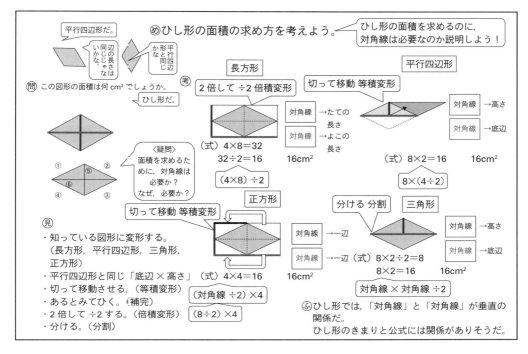

9 本時に関する観点別評価問題例【思考・判断・表現】
（適用問題にも活用できる）

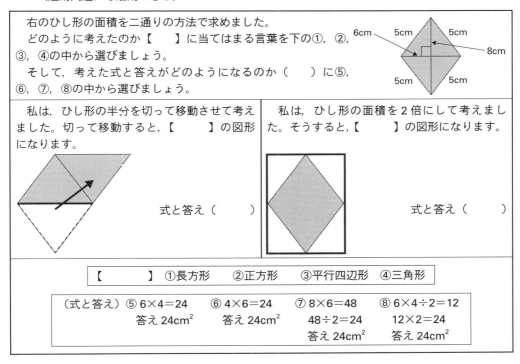

12

第5学年 「割合」
必要な2量を選択し，求めた割合からバスケットボールの勝者を決めよう！

この単元における場の設定や指導・支援，教材の工夫について

　割合の学習では，日常の事象において，資料の全体と部分の関係どうし，部分と部分の関係どうしを比べる場面で，2つの数量の関係に着目する。その際に，比べる対象を明確にし，比べるために必要となる2つの数量の関係を，比例関係を前提に，割合でみてよいかを判断する。そして，何を基準量とし，何を比較量とするかなどを筋道立てて考えられるようにする必要がある。

　本単元では，単元を通して割合を視覚的に捉えるために，2本の数直線を用いて同種の2量の数量関係に着目できるように支援する。また，各時間において，「基準量が比較量のどれだけに相当するのか」という割合の意味についても常に考えられるような場を設定する。

　本時においても，子どもの関心が高い「バスケットボールの勝者」を決めるために同種の3量から基準量と比較量を選択し，導き出した割合を考察する。導き出した割合の意味や割合の数値の大小関係に着目するために，3つの数直線を縦に並べる。そうすることにより全体量「1」が揃うので，それぞれの割合の関係について，対話を通して考えを深めていくような授業展開をめざしたい。

第5学年　算数科学習指導案

1 　単元名「割合」

2 　単元目標

（1）ある2つの数量の関係と別の2つの数量の関係を比べる場合に，数量の関係を数直線などに表して，基準量や比較量を見いだし，割合や百分率や歩合を用いて表すことができる。

（2）割合の考えを学習や日常の生活に生かそうとするとともに，考察の方法や結果を振り返り，割合の考えのよさを感じ，よりよく問題を解決しようとしている。

3 　評価の観点と規準

【知識・技能】

・割合，百分率，歩合の意味を理解し，2つの数量から割合を求めたり，割合をもとにして基準量や比較量を求めたりすることができる。

【思考・判断・表現】

・日常の事象における数量の関係に着目し，数直線や式などを用いて，ある2つの数量の関係と別の2つの数量の関係との比べ方を考察している。

【主体的に学習に取り組む態度】

・割合，百分率，歩合を活用して，進んで数直線や式に表現しながら比較したり考察したりし，さらに，生活や学習に生かし，そのよさに気づいている。

190　　第3部　研究授業に使える実践と指導案

4　本単元との内容の関連

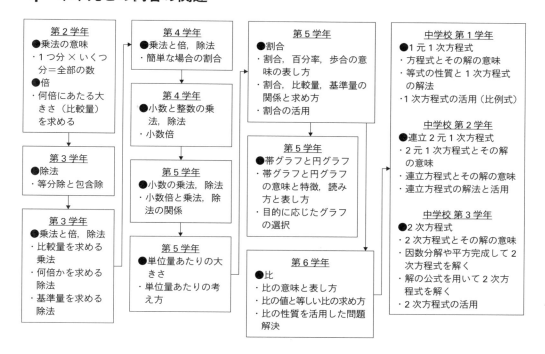

5　授業づくりの視点

(1) 教材観（学習材について）

　第2学年では，かけ算（倍概念）について学習し，乗除法に関連した学習の中で割合の見方や考え方を学習してきている。そして，第3学年からは「倍」に焦点を当てた単元での学習を行ってきている。第4学年において，「倍」の意味を「基準量を1とみたとき，比較する量がいくつにあたるか」という見方に広げ，倍を表す数が小数の場合の意味についても学習してきている。このような「倍」の見方に基づき，整数で表される簡単な場合について，ある2つの数量の関係と別の2つの数量の関係とを比べる際に割合を用いる場合があることを学習してきている。第5学年では「小数のわり算」の学習において，一方の量がもう一方の量の何倍かを求めたり，倍を表す小数から基準量や比較量を求めたりして，割合の素地となる学習をしている。また，「単位量あたりの大きさ」の学習では，量を比較するため，異種の2量について，1あたりの大きさを比較することを学んできている。

　本単元で学習する「割合」は，同種の2量の大きさについて，「一方の量を基準とし，『1』（もしくは『10割』『100％』）とすると，もう一方の量はどれくらいになるのか」という考えである。そこで同種の2量から全体の量を「もとにする量」，部分の量を「比べる量」として割合を考えていくことになる。しかし，それは子どもにとって基準となる量が異なるのに，同じ「1」とみることに難しさを感じるであろう。

　そこで，数直線を縦に並べる工夫をして，基準量「1」をそろえて求めた割合を視

覚的に比べたり，10割（歩合）や100％（百分率）といった日常生活でよく用いられている表現と関連づけたりしながら子どもたちが考えやすくなるよう支援する。また，第6学年の「比」や中学校の学習へのつながりも考えながら教材を捉える。さらに，日常生活や今後の学習に生かしていき，社会科や総合的な学習の時間など，他教科でも割合を活用し，割合のよさを感じられるようにしたい。

（2）児童観（子どもの実態について）

本学級の子どもは，算数に意欲的に取り組み，自分で考えたり友達と話し合ったりすることのよさを感じている姿が見られる。一方で，図や言葉，式を関連させながらそれぞれの意味やつながりを考えたり，説明したりすることを苦手としている子どももいる。また，第2学年から獲得する倍概念の学習，「一方の量がもう一方の量の何倍か」という割合に直結する問題では，問題場面から基準量と比較量を自分で見つけ，2量の数量関係を図や数直線などに表すことにも課題があると考える。

（3）指導観（指導の工夫について）

本単元の指導の工夫として，子どもの実態（課題）により，問題場面から数直線を活用して同種の2量の数量関係を表し，比較量や基準量を自分で見つけ，立式の意味や求めた割合の意味を考察できるようにした。その際に，数直線と式を関連させ，求めた割合の意味を明らかにしたり，求めた割合から何が言えるのかを説明したりする活動を取り入れる。また，タブレット端末を活用し，数直線をもとに「比較量が基準量に対してどれだけなのか」という割合を視覚的に捉えられるようにする。

また，単元を通して多様な考えを比較検討しやすくするために，子どもの「かきたい」「友達に伝えたい」等といったよさを生かし，対話を深めるために，一人ひとりが活用できるホワイトボードやタブレットを使用する。それぞれには，数直線で割合を量として表現したり，割合を求めるための式をかいたりして図と式を関連させ，求めた割合の意味を考察する。

本時では，体育の学習で行っているバスケットボールのチームの強さを比べる問題に取り組む。勝ち数・負け数・試合数の中から割合の意味を考えながら基準量と比較量を選択し割合を導き出す。具体的には，「試合数」に対する「勝ち数」や「負け数」の割合，「勝ち数」に対する「負け数」の割合等，多様に考えられるように支援する。それらの考えを，2本の数直線を活用しながら深める授業展開にしたい。

6 単元指導計画（全11時間）

	学習内容	評価の観点・規準
1	同種の2量の大きさの比べ方 ・輪投げの記録を使って，一番うまく投げられた班について考える。	【主体的に学習に取り組む態度】 うまさの比べ方に関心をもち，意欲的に比べようとしている。
2	同種の2量の割合を用いた大きさ比べ ・割合を使って比べ方を考える。	【思考・判断・表現】 同種の2量の大きさの比べ方を，一方の数量の何倍になっているか（割合）で考えている。

192　第3部　研究授業に使える実践と指導案

3	割合の意味と求め方 ・割合の意味を考え，求め方を知る。 ・数直線を使って比較量，基準量の意味を考える。	【知識・技能】 割合の意味を考え，その求め方を理解している。 【思考・判断・表現】 図や式をもとにして，比較量が基準量の何倍になっているかを考えている。
4 (本時)	割合を使った強さ比べの考察 ・比較量と基準量を選択し，求めた割合の意味を捉え，バスケットボールにおいてどのチームが一番強いかを考える。	【思考・判断・表現】 同種の2量の関係を数直線や式に表すなどして，割合（部分量÷部分量・部分量÷全体量）を用いた表し方や比べ方を考えている。
5	百分率の意味と求め方 ・百分率の意味と表し方を知る。 ・基準量を1とみていた割合の数を100とみるので，比較量も100倍しなければならないことを理解する。	【知識・技能】 百分率の意味を知り，その表し方を理解している。 【主体的に学習に取り組む態度】 百分率を使って割合を表すと分かりやすく表せることに気づいている。
6	歩合の意味と求め方 ・歩合の意味と表し方を知る。 ・基準量を1とみていた割合の数を10とみるので，比較量も10倍しなければならないことを理解する。 ・歩合と割合や百分率との関係を表や図に表して考える。	【知識・技能】 歩合の意味を知り，その表し方を理解している。 【主体的に学習に取り組む態度】 歩合と割合・百分率とのつながりを考えようとしている。
7	比べる量の求め方 ・数直線図に数量の関係を表し，比較量の求め方を考える。	【思考・判断・表現】 比較量の求め方を，図や式をもとに考えている。
8	もとにする量の求め方 ・数直線図に数量の関係を表し，基準量の求め方を考える。	【思考・判断・表現】 基準量の求め方を，図や式をもとに考えている。
9	割引の場面での代金の求め方 ・数直線図に数量の関係を表す。 ・割引の場面について，代金の求め方を考えている。	【思考・判断・表現】 割引の問題を，割合の考えを用いて考えている。
10	割合を使って「どちらがお得か」を考察 ・パン屋での買い物について，割引の条件を読み取って「どちらがお得か」を考える。	【思考・判断・表現】 割引の条件をもとにどの買い物の仕方が得かを考えている。
11	割合についての習熟と発展 ・タブレット端末を使って練習問題をする。 ・学習した問題の数値を変え，新たな問題をつくったり，身近にある割合の問題を解決したりする。	【知識・技能】 ICTを活用して，自分に合った学習を選択し解決できる。 【主体的に学習に取り組む態度】 日常にある割合の問題を見つけ，すすんで解決しようとしている。

12 第5学年「割合」 193

7　本時の学習

本時における場の設定や指導・支援，教材の工夫について

　本時では，体育の授業で子どもたちに親しみがある「バスケットボール」のチームの強さの比べ方を割合を用いて考察する。子どもが「勝ち数・負け数・試合数から基準量と比較量を選択して割合を導き出せば解決できそうだ」という問題意識をもつ導入場面から，導き出した割合の意味や割合の数値の大小関係から考察して対話を深める集団解決を行う。さらに，次時で学習する百分率やこの後学習する帯グラフや比といった系統性を意識した教材の工夫など，問題意識が連続し，深い学びにつながるような学習展開をめざしていきたい。

（1）本時の目標

・必要な2量を選択し，同種の2量の関係を数直線や式に表すなどして，割合（部分量÷部分量・部分量÷全体量）を用いた表し方や比べ方を考えている。

（2）本時の展開

学習活動	指導上の留意点

主体的な学習を喚起する「問題意識の醸成」のあり方

　導入場面では，「バスケットボール」チームの勝ち数のみ分かる表を提示し，どのチームが強いと言えるのかを問う。子どもたちは，「負け数も分からないと，どのチームが強いと言えるのか分からない」と考える。そこで負け数が分かる表を提示する。その表を見ると，勝ち数と負け数の差は同じであることから，割合を使って考える必要感が生まれるようにする。さらに，試合数が分かる表を提示する。試合数が明示されているので，情報過多（勝ち数・負け数・試合数の3つ）になり疑問や困惑が起こるだろう。そこで割合で比べるという既習事項をもとに，「勝ち数・負け数・試合数から基準量と比較量を選択して割合で強さを比べられそうだ」という問題意識が醸成されると考える。

学習活動	指導上の留意点

1．本時の問題をつかむ
C：今日はどんな問題かなあ。
T：体育でバスケットボールの試合をしていますよね。この表は他のクラスの結果です。
 	
       　| 勝ち数 |
    Aチーム | 7
    Bチーム | 6
    Cチーム | 8
 	
C：Cチームが一番強い。
C：先生，負けた数が知りたいです。
T：どうしてですか。
C：勝ち数と負け数を見ないと強さが分からないです。
 	
     | 勝ち数 | 負け数
   Aチーム | 7 | 3
   Bチーム | 6 | 2
   Cチーム | 8 | 4
	●はじめに，バスケットボールの試合の「勝ち数」のみ書かれた表を提示し，どのチームが強いと言えるのかを問う。
	
	●「勝ち数」だけでは強さが分からない。「負け数」も必要ではないかという考えを表出できるよう言葉がけする。（パワーポイントを活用し大型TVに映す）
	
	●次に，「勝ち数」と「負け数」の表を提示する（パワーポイントを活用し大型TVに映す）。

本時の問題をつかむの表：

	勝ち数
Aチーム	7
Bチーム	6
Cチーム	8

	勝ち数	負け数
Aチーム	7	3
Bチーム	6	2
Cチーム	8	4

194　第3部　研究授業に使える実践と指導案

C：あれ，勝ち数と負け数の差がどれも同じ。
C：どこのチームが強いのかな。
C：差が同じだから割合で比べればよい。
T：もう1つ表を出してよいですか。

	勝ち数	負け数	試合数
Aチーム	7	3	10
Bチーム	6	2	8
Cチーム	3	4	12

C：あれっ，試合数も違う。
C：どれとどれを見たらよいのかな。
C：難しそう。
C：勝ち数・負け数・試合数の中から2つ選べば割合で比べられるかもしれない。
T：その意見が今日の問題につながりそうですね。

⑰ A，B，Cのチームの中で，どのチームがいちばん強いと言えますか。

C：試合数を公倍数を使ってそろえて考えることができるけど計算が面倒だ。
C：勝ち数，負け数，試合数の3つの中から選べば割合をつくることができます。
T：それでは今日のめあてはどうしますか。

● 「勝ち数」と「負け数」の差が同じであることに気づき，割合の考えを使う必要感がもてるように言葉がけする。

●最後に「試合数」が追加された表を提示する（パワーポイントを活用し大型TVに映す）。

●「勝ち数」「負け数」「試合数」と情報過多な状態にして，子どもたちの疑問，困惑を喚起する。

●子どもが表を見て気づいたことから今日の問題につなげられるように支援する。

●データが3つになっても，「既習事項（基準量と比較量を選択して割合を導き出すことができる）を使えば解決できそうだ」という問題意識を醸成し，問題解決の方向性が明確になるよう支援する。

2．本時のめあてをつくる

め　勝ち数・負け数・試合数の中から2つ選んで割合をつかって比べ方を考えよう。

3．解決への見通しをたてる

C：今日は前に学習した公式が使えそうです。
C：「比べる量÷もとにする量」を考えればよいと思います。
C：「勝ち数」「負け数」「試合数」の中から「もとにする量」と「比べる量」を選べばよいと思います。
T：この3つの中から選んで式を考えればできそうですね。たくさん式がつくれそうだね。求めた割合の意味も考えてください。
T：どんな式がつくれそうですか。
C：「勝ち数」÷「試合数」
C：「負け数」÷「試合数」
C：「勝ち数」÷「負け数」
C：数直線を使って考える。

●前時までの学習内容を確認できるように掲示物を準備し，割合を求める公式（比較量÷基準量）を確認する。

●数直線を大型テレビに映し，色塗りの部分を増やしたり減らしたりして，割合を量として捉えるように支援する。

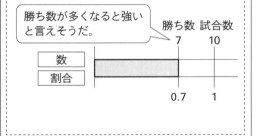

4．自分なりの考えで解決する (自力解決)

① 「勝ち数」÷「負け数」
　Aチーム：7÷3＝2.33（四捨五入）
　Bチーム：6÷2＝3
　Cチーム：8÷4＝2
　（見通しのような数直線も活用する）
　　　　　　　　　　　　Bチームが一番強い。

② 「勝ち数」÷「試合数」
　Aチーム：7÷10＝0.7
　Bチーム：6÷8＝0.75
　Cチーム：8÷12＝0.67（四捨五入）
　　　（見通しのような数直線も活用する。）
　　　　　　　　　　　　Bチームが一番強い。

③ 「負け数」÷「試合数」
　Aチーム：3÷10＝0.3
　Bチーム：2÷8＝0.25
　Cチーム：4÷12＝0.33（四捨五入）
　　　　　　　　　　　　Bチームが一番強い。

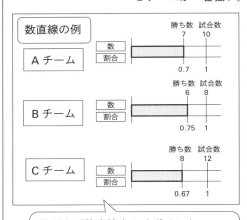

子どもが数直線をかくポイント
● 1をそろえてかく理由（よさ）について話し合う。
● 基準量を1とみたときに，比較量がどれくらいになるか色をぬる。

● 発表ボード（ホワイトボード）に式や数直線を使って分かりやすく表現するよう助言する。また，自分が求めた答えの根拠を考えるように言葉がけする。

〈評価の観点・基準〉【思考・判断・表現】
A：データの中から基準量と比較量を選択し，数直線と式を関連づけ，割合を用いた表し方や比べ方を考え説明することができる。
B：データの中から基準量と比較量を選択し，数直線や式に表すなどして割合を用いた表し方や比べ方を考えている。
C：データの中から基準量や比較量を選択できず，割合を用いた表し方や比べ方を考えるに至っていない。

〈Cの子どもへの支援〉
・分かりやすい②の考えを選ぶように言葉がけする。また，計算に課題がある子どもには，電卓を活用するよう支援する。
〈Bの子どもへの支援〉
・式と数直線を関連づけて考えるように言葉がけし，割合の意味について，気づいたことや考えたことをかくよう助言する。
● 机間指導では，集団解決での対話の構成のために，子どもの考えを見取る。また，なぜ割合の数値が大きい方が強いと言えるかなど，子どもが説明できるよう支援する。さらに，②と③の考えで，数直線の中に試合数に対して勝ち数と負け数の割合があることや，その2つをたすと1になることに気づかせるよう言葉がけをする。

対話を広げ深めていくための指導・支援の工夫

　子どもの話し合いが活性化するために，自力解決で多様な考えに取り組めるように見通しの場面を充実させる。3種類の割合の考え方を捉えさせることで，自分と違う考え方にも関心をもつようにする。集団解決では，割合の意味や「求めた割合から何が言えるのか」ということに焦点をあて，対話を深めていく。その際に，根拠を明らかにしたり，求めた割合の意味などの共通点や相違点を見つけたりする活動において，子どもの割合の考えを広げたり深めたりしていく。

5．自分の考えや解決方法を発表し，話し合う（集団解決）

①「勝ち数」÷「負け数」子どもは数直線で表している

> Aチーム：7÷3＝2.33（四捨五入）
> Bチーム：6÷2＝3
> Cチーム：8÷4＝2　Bチームが一番強い。

C：考えたことを説明したいです。
C：「負け数」をもとにして，「勝ち数」の割合で比べています。
C：「負け数」に対してそれぞれの割合が2.33，3，2になったので，一番数字の大きいBチームが一番強いと言えます。
T：どうして一番数字の大きいBチームが強いと言えますか？
C：「負け数」をもとにして，「勝ち数」の割合で比べているので，割合メーター（数直線参照）がよく伸びているBチームが強いと言えます。
C：負け数に対して勝ち数が多いほど割合が大きくなるから割合の数値の大きい方が強いと言えます。
T：なるほど。だから割合の数値が大きいほど強いと言えるんだね。

> ②・③の考えも同様の流れで発表し，共通点や相違点を考えながら対話を深める。

①「勝ち数」÷「負け数」　数直線あり
Aチーム：7÷3＝2.33（四捨五入）
Bチーム：6÷2＝3　Bチームが一番強い
Cチーム：8÷4＝2

〈話し合いの内容①〉考えを深める発問
割合の数値の大きい方がなぜ強いと言えますか。

②「勝ち数」÷「試合数」　数直線あり
Aチーム：7÷10＝0.7
Bチーム：6÷8＝0.75　Bが一番強い
Cチーム：8÷12＝0.67（四捨五入）

〈話し合いの内容②〉考えを深める発問
似ているところや違うところはありますか（①と②の考えを比較し，どちらの考えも割合の数値が大きい方が強いと言えることに気づかせる）。

③「負け数」÷「試合数」　数直線あり
Aチーム：3÷10＝0.3
Bチーム：2÷8＝0.25　Bが一番強い
Cチーム：4÷12＝0.33（四捨五入）

〈話し合いの内容③〉考えを深める発問
②の考え方では割合の数値が大きい方が強いと言えるのになぜ割合の数値の小さい方が強いと言えますか（②と③の考えを比較する）。

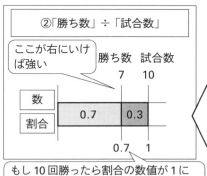

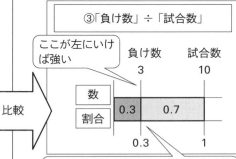

C：②の考え方は試合数に対して勝ち数が多い方が割合の数値が大きくなるから強いと言えました。

12　第5学年「割合」　　197

C：③の考え方は試合数に対して負け数が少ない方が割合の数値が小さくなるから強い。 T：なるほど。よく見ていましたね。数直線で見るとよく分かるね。	●子どもの例を挙げて説明する際に，見通しの場面で提示した数直線を大型テレビに映し出し，割合の数値の変化を量として視覚的に捉えられるように支援する。

〈話し合いの内容④〉
・「部分量」＋「部分量」＝「全体量」　　　・割合の数値をたせば「1」になる。
〈考えを深める発問〉
どうして勝ち数の割合の数値と負け数の割合の数値をたすと「1」になるのですか。

C：あれ，②と③の考え方で勝ち数と負け数の割合をたしたら「1」になっています。 T：本当だね。なぜ「1」になるのかな。 C：試合数に対する勝ち数の割合が 0.7 で負け数の割合は 0.3 だからと思います。 T：今日はたくさんの学びがありましたね。 C：勝ち数・負け数・試合数の中から 2 つ選んで割合を求めて比べ方を考えました。 C：割合の数値が小さい方が強いと言える場合があることが分かりました。 C：私が知っている割合って何％だったので，もしかして B は 75 ％ということかな。 T：次の学習が楽しみですね。	●机間指導で，勝ち数と負け数の割合をたせば「1」になることに気づいている子どもの考えを発表できるようにする。 ●子どもたちが話し合った結果を，本時で獲得した新たな学びや次時に向けての学習の視点でまとめることができるように支援する。 ●②の考え方と百分率がつながりがあることに気づくように支援する。 ②「勝ち数」÷「試合数」　数直線あり A チーム：$7 \div 10 = 0.7$ B チーム：$6 \div 8 = 0.75$　　B が一番強い C チーム：$8 \div 12 = 0.67$（四捨五入）

> **学びを深めるための「振り返り」への指導・支援の工夫**
>
> 　振り返り場面では，問題場面に戻って，今日の問題をどのように解決したのかという過程に焦点をあて振り返れるように支援する。その中で，問題解決の喜びや友だちと一緒に学ぶよさなどを感じる記述があれば取り上げる。内容面では，「部分量÷部分量」で割合を捉え，「部分量と部分量を合わせると全体量」になるといった，集団解決での対話をもとに振り返る。そのとき，「今日分かったこと」や「新たな気づき」だけでなく，百分率とのつながりなど，次時への期待感がもてるように「次に学習してみたいこと」の観点も示しておく。

6．本時の学習を振り返る C：「勝ち数」,「負け数」,「試合数」の 3 つの中から，もとにする量と比べる量の 2 つを選べば，割合を求めることができた。 C：「試合数」をもとにしたときの「勝ち数」の割合は，割合の数値が大きい方が強い。 C：友だちの考えから「負け数」の割合の数値が小さい方が強いと分かった。 C：割合は難しかったけれど使うと便利だ。 C：次は「％」や「野球の何割」を調べたい。	・自分のこと（考え）　・友だちのこと（考え） ・分かったことや新たに気づいたこと ・次に学習してみたいこと ●上記の観点を示し，本時の問題をどのように考え解決したのか，解決過程を振り返るよう言葉がけする。 ●分かったことだけではなく，感じたことも書くよう支援する。

8 板書計画

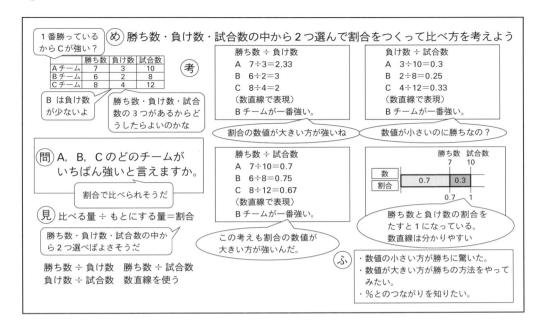

9 本時に関する観点別評価問題例【思考・判断・表現】
（適用問題にも活用できる）

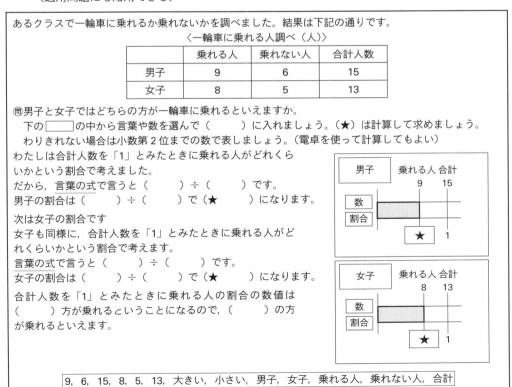

13 第6学年「分数のわり算」

「なぜ，ひっくり返してかけるのか」を考えよう！

この単元における場の設定や指導・支援，教材の工夫について

「分数のわり算」は子どもにとって文章問題の場面や構造が分かりにくいという困り感や，「なぜひっくり返してかけるのか」という疑問が生まれる学習である。これらの問題に対して，2本の数直線や面積図，計算のきまり等を活用して多様に考えることのよさの感得や，それらの考え方の共通点や相違点を子どもたちの対話を深めながら関連づけていく。そうすることによって，「分数÷分数」の問題解決を子ども自らが進め，「なぜひっくり返してかけるのか」の説明ができるように支援していきたい。

第6学年　算数科学習指導案

1　単元名　「分数のわり算」

2　単元目標

（1）「分数÷分数」の意味や計算の仕方を理解し，その計算ができる。

（2）数直線や面積図や計算のきまり等を活用して多様に考えたり，解決の過程を振り返りながら共通点を見いだしたりし，既習の整数や小数の計算の仕方をもとに，すすんで「分数÷分数」を問題解決しようとする。

3　評価の観点と規準

【知識・技能】

・「分数÷分数」の意味や計算の仕方を理解し，その計算ができる。

【思考・判断・表現】

・既習の整数や小数の計算の仕方をもとに，「分数÷分数」の計算の仕方を考え，説明している。

・数直線や面積図，計算のきまり等を活用して多様に考えたり，解決の過程を振り返りながら共通点を見いだしたりしている。

【主体的に学習に取り組む態度】

・「分数÷分数」の計算の仕方を数直線や面積図，計算のきまり等をすすんで考えようとしている。

・既習の整数や小数の計算の仕方をもとに，分数の計算も同じように考えることができるというよさに気づいている。

200　第3部　研究授業に使える実践と指導案

4 本単元との内容の関連

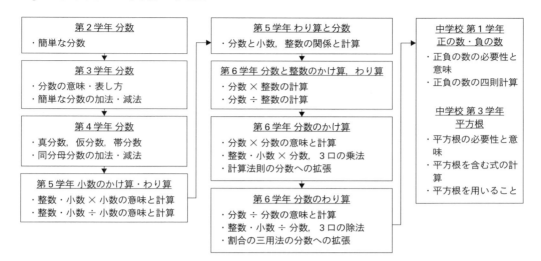

5 授業づくりの視点

(1) 教材観（学習材について）

　子どもたちは，第5学年の「小数×小数」や「小数÷小数」の学習において，問題場面の中で，今まで整数であったものが小数に変わっていることを見つけ，形式不易の考え方を用いて演算を決定してきている。そして，2本の数直線等の図の考え方や「わられる数とわる数に同じ数をかけても同じ数でわっても商は変わらない」という計算のきまりを用いて考えてきている。また，1より小さな純小数をかける場合は「かけ算なのに答えが小さくなる」という小数倍の概念も獲得し，純小数でわった場合は「わり算なのに答えが大きくなる」ということも経験してきている。

　第6学年の「分数×分数」では，「分数をかけるとはどういうことか」を具体的な場面として，ペンキの量とぬれる面積という問題場面を通して学習してきている。その際に，面積図や数直線を用いたり，「1dLでぬれる面積×ペンキの量＝ぬれる面積」という言葉の式を用いたりして，かける数が分数であっても，かけ算の意味を拡張することで「分数×分数」の計算を理解してきている。

　そして本単元「分数÷分数」は，子どもたちはもちろんのこと，指導者にとっても難しい教材として認識されている。その難しさは，子どもの側から考えると，問題把握がしにくく演算決定ができにくいことや，解決方法が分かりにくい等，様々な要因が考えられる。また，「分数÷分数」の指導をするにあたっては，分数の意味や系統性，分数と小数の関係，分数とわり算の関係等，分数についての内容の理解が不可欠となる。そして，面積図や数直線，式のきまり等，それぞれの考え方を多面的に捉え，どのように統合していくのかを十分に考えておかねばならない。ここでは，「分数÷分数」の形式的な計算の習熟に偏ることなく，数直線や面積図，式，言葉等を使って計算の意味や計算の仕方を考える数学的活動を進めていく。そして，子どもた

ちの解決方法に違いがあっても考え方の共通点を見いだし，一般化していくことが大切であると考えている。なお，中学校数学になると，本時のように数直線や面積図や計算のきまり等を活用して多様に考えることよりも，分数を1つの数として扱い，数処理としての問題解決へと変化していくことも念頭に置いて指導していきたい。

（2）児童観（子どもの実態について）

　子どもたちは，算数に意欲的に取り組むことができ，図や言葉，式等を用いてすすんで表現しようとしている。一方，これらの表現方法を活用して筋道立てて説明したり，多様な考えを関連づけたりすることに課題を感じる。また，説明を聞いても理解できない子どももいて，支援が必要である。

　第6学年の「分数×分数」では，かける数が分数であり，整数のかけ算のように同数累加で考えようとする子どもは，分数をかけることの理解が難しかった。そこで，第5学年の「小数×小数」の学習を想起させ，数直線を用いた考えによって理解を深めることができ，また，「分数×分数」の場面や計算を視覚的に捉える方法として面積図をつくって解決できる子どももいた。さらに，子どもたちは「分数×分数」の計算を一般化していく過程において，話し合いによって「分母どうし，分子どうしをかければよい」ということを考え出したことに大きな喜びを感じていた。また，「分数÷分数はひっくり返してかければよいのは知っているけれど，なぜそうなるのか分からないので，みんなで話し合い解決したい」と期待をもっている子どももいる。このように，子どもたちは一人では解決できなかったり，うまく説明できなかったりしても，「みんなで話し合いをしていけば，きっと分かるはずだ」という経験を積み重ねてきている。

（3）指導観（指導の工夫について）

　単元を通して，子どもたちの課題である「筋道立てて説明したり，多様な考えや表現方法を関連づけたりする力」を身につけるために，「どの考えの子どもを指名し，そこに誰の考えをつけたすのか」や「違う考えの解決方法の中にも共通点はないか」という視点を大切にして指導をしていく必要がある。

　本時では，「分数÷分数」を解決するために，まず「わる数に逆数をかけて1にする方法」を取り上げる。そして，子どもたちの多様に表現しようとするよさを生かして，「計算のきまりを用いた考え」や「数直線を用いた考え」等を積極的に想起できるようにし，すすんで問題解決していけるように支援していく。面積図等，一人では途中までしか解決できなかった考え方も評価し，発表したことに対してつけたす等しながら，みんなでつくり上げていくような集団解決を構成していきたい。

　前単元でも複数の考え方を関連づけて，共通点や相違点を見つけてきた経験をもとに，「分数÷分数は，なぜ，ひっくり返してかけるのか」という子どもたちの問いについて，一見違うように感じる図，数直線，式等の中にある共通点を見つけられるように支援し，説明できるようにしていきたい。

6 単元指導計画（全12時間）

	学習内容	評価の観点・規準
1・2	これまでのわり算の復習 ・これまでに学習してきたわり算の計算の仕方を振り返る。 「分数÷単位分数」の計算の仕方 ・$(\frac{2}{5} \div \frac{1}{4})$ の計算の仕方を考える。	【主体的に学習に取り組む態度】 整数，小数，分数の学習を振り返り，「分数÷分数」の計算を考えようとしている。 【思考・判断・表現】 「分数÷単位分数」の計算の仕方を数直線や面積図や計算のきまり等を使って考えている。
3（本時）・4	「分数÷分数」の計算の仕方 ・$(\frac{2}{5} \div \frac{3}{4})$ の計算の仕方を考える。	【思考・判断・表現】 「分数÷分数」の計算の仕方を既習事項（数直線や面積図や計算のきまり等）を使って考えている。
5〜8	整数,小数,分数のまじった乗法,除法の計算の仕方 ・3つの分数のかけ算とわり算 ・整数，小数，分数のまじったかけ算，わり算の計算	【思考・判断・表現】 整数，小数，分数のまじった乗法，除法の計算を分数の乗法の計算として考えている。 【知識・技能】 整数，小数，分数のまじった乗法，除法の計算をすることができる。
9	分数でわるときの除法と商の大きさの関係 ・わる数と商の大きさの関係を調べる。	【知識・技能】 除数の大きさによる被除数と商の大小関係を理解している。
10	分数を用いた速さの問題 ・150kmの道のりを2時間20分で走る時速の問題を解決する。	【知識・技能】 時間が分数で表される場合も，速さの公式が用いられることを理解している。
11	倍を表す数と分数 ・2つの数量の倍関係を分数を用いて表す。 ・$\frac{2}{5}$L は $\frac{3}{4}$L の何倍かを考える。	【知識・技能】 2つの数量の倍関係を表す数が分数となる場合があることを理解している。 【主体的に学習に取り組む態度】 倍を表す分数の問題を分数のわり算を使ってすすんで解決しようとしている。
12	分数のわり算についての習熟と発展 ・ICTを活用して，練習問題を子どもが選択し，解決する。 ・適用問題を行い，分数についての理解や技能の定着を深める。	【主体的に学習に取り組む態度】 自分に合った学習方法を選択し，解決に向けてすすんで考えようとしている。 【知識・技能】 分数のわり算の意味理解や計算ができる。

13　第6学年「分数のわり算」　203

7 本時の学習

本時における場の設定や指導・支援，教材の工夫について

　本時では，「分数÷分数」の計算の仕方を考える際に多様な解決方法を交流し，共通点を見つけながら考えを統合していく。ただ「逆数をかければよい」と考えるのではなく，分数の除法の意味が分かり，既習事項からいつでも計算の仕方を考え出せる学習経験が重要だと考える。このような経験は，中学校数学での抽象的な式操作の基礎となるはずである。

（1）本時の目標

・「分数÷分数」の計算の仕方を既習事項（数直線や面積図や計算のきまり等）を使って考えることができる。

（2）本時の展開

学習活動	指導上の留意点
主体的な学習を喚起する「問題意識の醸成」のあり方 　導入場面では，分数のかけ算と同様，ペンキの量とぬれる面積について考えることで，除数が分数である場合の除法へと拡張していく。その際，既習事項である「整数÷整数」や「分数÷整数」の問題場面をICT機器を用いて振り返ることで，「言葉の式が整数や小数のときと同じだから，数字が分数に変わっても立式できる」という形式不易の考えが有効であることを確認する。そして，「分数÷分数」の計算も「今までと同じようにわり算のきまりや数直線，面積図等を用いた方法で解決できるのではないか」という問題意識を醸成し，解決への意欲を高めていきたい。	

学習活動	指導上の留意点
1．本時の問題をつかむ ┌─────────────────┐ $\frac{3}{4}$dL で $\frac{2}{5}$m² のかべをぬれるペンキがあります。このペンキ1dL では，何 m² のかべをぬれるでしょうか。 └─────────────────┘ C：かけ算の問題なのか，わり算の問題なのか分からなくなってきた。 T：今までの問題を思い出してみよう。 C：小数のわり算と同じ話だ。	●問題場面が理解できるように，ICT（デジタル教科書）を用いて，$\frac{3}{4}$dL で $\frac{2}{5}$m² のかべをぬれる様子を提示する。 ●前時と同じ文章問題であることを確認し，$\frac{1}{4}$dL が $\frac{3}{4}$dL に変わっただけであること（形式不易の考え）を見つけられるよう支援する。
2．文章問題から，式をたてる 　　（式）　　　$\frac{2}{5} \div \frac{3}{4}$	●立式しやすいように，問題構造を示す。 ┌──────────────────┐ 3dL で 2m² → 2 ÷ 3 0.3dL で 0.2m² → 0.2 ÷ 0.3 $\frac{3}{4}$ dL で $\frac{2}{5}$ m² → ? └──────────────────┘
3．本時のめあてをつくる	

┌─────────────────────────────────────┐
　め　分数÷分数の計算の仕方を考え，説明しよう。
└─────────────────────────────────────┘

204　　第3部　研究授業に使える実践と指導案

4．解決への見通しをたてる

- ・計算のきまりを使う。
- ・逆数をかけてわる数を 1 にする
- ・わる数を整数にする
- ・数直線で考える。
- ・面積図で考える。

```
      6      ÷     3     ＝2
   (6×2)   ÷   (3×2)   ＝2
   (6÷3)   ÷   (3÷3)   ＝2
```

5．自分なりの考えで解決する（自力解決）

C：面積図を使って考えたいけど，うまくかけるかな。

C：2 本の数直線なら，説明ができそうだ。

T：見通しの計算のきまりを使ってわる数を整数にできないかな？

C：計算のきまりを使うと，ひっくり返してかけることと同じになった。

●分数のかけ算の学習を思い起こし，計算だけではなく数直線や面積図の活用も考えるよう支援する。

●計算のきまりについて確認する。（わり算では，わられる数とわる数に同じ数をかけたり，同じ数でわったりしても答えは変わらない）

●机間指導では以下の 3 点を中心に子どもへの支援を行う。

- ・解決が停滞している子どもへの支援をする。
- ・1 つの考えができた子どもには，「図で考えた子どもは式で」，「式で考えた子どもは数直線で」等違う方法で解決するよう助言する。
- ・自分の考えた過程が説明できるように発表の準備をするように助言する。

対話を広げ深めていくための指導・支援の工夫

　本時の交流場面では，主な 4 つの考え方を結びつけていくことをねらいとしている。一人の子どもだけで一つの考えを発表するのではなく，友達の図や計算方法を用いて説明する機会を設け，子どもが感じたことも吹き出しを使って書き出して考えをつないでいきたい。その際，一見違う考え方のように思われる計算のきまりを使った考え方と数直線や面積図を使った考え方のそれぞれの共通点を見つけることを話し合いの目標にすることで，友達の考えと自分の考えを比べながら交流を進めることができると考える。

6．自分の考えや解決方法を発表し，話し合う（集団解決）

①計算で考える（逆数をかけてわる数を 1 にする）

$$\frac{2}{5} \div \frac{3}{4}$$

$$\left(\frac{2}{5} \times \frac{4}{3}\right) \div \left(\frac{3}{4} \times \frac{4}{3}\right)$$

$\frac{2}{5} \times \frac{4}{3}$ だ

$$\left(\frac{2}{5} \times \frac{4}{3}\right) \div 1$$

$$\frac{8}{15} \div 1 \qquad = \frac{8}{15} \qquad \boxed{\frac{8}{15}} \text{m}^2$$

C：計算のきまりを使ってわる数に逆数をかけて 1 にして考えた。

評価基準【思考・判断・表現】

A：「分数÷分数」の計算の仕方を既習事項を使って多様に考えている。

B：「分数÷分数」の計算の仕方を既習事項を使って考えている。

C：「分数÷分数」の計算の仕方を既習事項を使って考えるに至っていない。

〈C の子どもへの支援〉

- ・計算を順序よく考え，図をかいて数量の関係を明確にするよう言葉がけする。

〈B の子どもへの支援〉

- ・自分が考えた方法をもとに別の方法で考えるよう助言する。

13　第 6 学年「分数のわり算」　205

②計算で考える（わる数を整数にする）

$$\frac{2}{5} \div \frac{3}{4}$$
$$\left(\frac{2}{5} \times 4\right) \div \left(\frac{3}{4} \times 4\right)$$
$$\left(\frac{2}{5} \times 4\right) \div 3$$
$$\frac{8}{5} \div 3 = \frac{8}{15}$$

$\frac{2}{5} \times \frac{4}{3}$ だ

$\boxed{\frac{8}{15}\text{m}^2}$

③数直線で考える

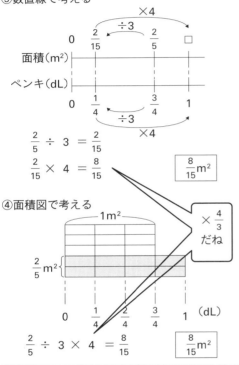

$$\frac{2}{5} \div 3 = \frac{2}{15}$$
$$\frac{2}{15} \times 4 = \frac{8}{15}$$

$\boxed{\frac{8}{15}\text{m}^2}$

④面積図で考える

$\times \frac{4}{3}$ だね

$$\frac{2}{5} \div 3 \times 4 = \frac{8}{15}$$

$\boxed{\frac{8}{15}\text{m}^2}$

● ①の考えが，わられる数とわる数の両方にわる数の逆数をかけることで，わる数が1になり，わられる数を×4をして÷3していることを確認する。

● ②の考えが，「÷整数」の計算にしていく過程で，わられる数を（×4）をして（÷3）になっていることを確認する。

● ①と②は，どちらもわられる数を「×4して÷3」（×$\frac{4}{3}$）していることを確認する。

● ③の考えが，数直線上で$\frac{3}{4}$dLの$\frac{1}{3}$倍（÷3）の$\frac{1}{4}$dL分のぬれる面積を求めてから，4倍（×4）をして，1dL分のぬれる面積を求めていることに気づくよう支援する。

● 表し方は違うけれど，考え方が似ているところを見つけるよう言葉がけし，④につなぐ。

● ④の考えについて，「面積図にも数直線と同じように×$\frac{4}{3}$をしているところはあるかな？」と発問する。そうすることにより，「面積図でも$\frac{3}{4}$dLを（÷3）して，$\frac{1}{4}$dLで$\frac{2}{15}$m²ぬれ，そのペンキが4倍分（×4）あるから$\frac{2}{15}$×4をして1dL分を求めている」という共通点に気づくよう支援する。

● ①と④や，③と④との共通点（×$\frac{4}{3}$）についても，吹き出しを用いて関連づけていく。

学びを深めるための「振り返り」への指導・支援の工夫

振り返りの場面においては，「できた」や「分かった」という結果だけでなく，解決の過程を振り返り，多様な考えを関連づける。そして，「なぜ分子と分母をひっくり返してかけるのか」という疑問を解決した喜びを共有できるようにする。振り返りは，単元を通してタブレット端末を用いて記録していく。

7．本時の学習を振り返る

T：感じたことも含めて，振り返りましょう。
C：図や表で考えるとわかりやすかった。
C：どの考えも÷3と×4があった。
C：×$\frac{4}{3}$にする理由がわかってすっきりした。

● $\frac{2}{5} \div \frac{3}{4}$の計算の過程を振り返り，考え方の共通点を再認識できるよう支援する。

● タブレット端末に本時の学習での疑問や次時に解決したいこと等を書くように働きかける。

8 板書計画

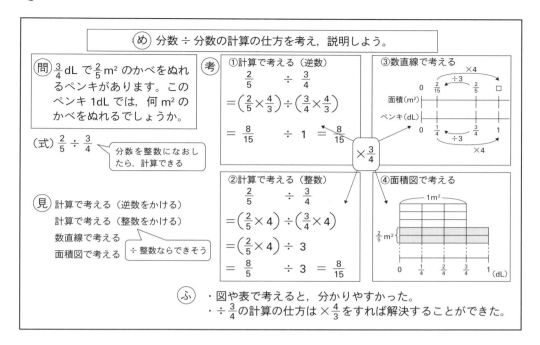

9 本時に関する観点別評価問題例【思考・判断・表現】
（適用問題にも活用できる）

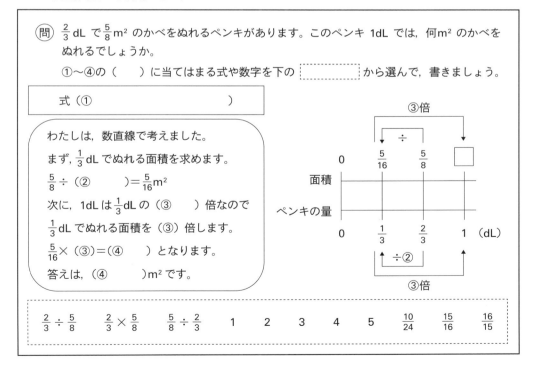

| 14 | 第6学年 「比例と反比例」 |

第6学年 「比例と反比例」

てこのはたらきは反比例になるのかな？　調べてみよう！

この単元における場の設定や指導・支援，教材の工夫について

　算数科の「比例と反比例」と理科「てこのはたらき」とを教科横断的に学習することで，反比例の学習を子どもたちが主体的に取り組めるようにした。

　理科で「てこ」を使った実験で，つり合ったという経験をもとに，実験では 1g のおもりがなく 12g や 15g をつくることができず，てこの 4 めもりと 5 めもりを調べることができなかった。それを，算数科の反比例の学習で調べたいという問題意識をもてるようにする。そして，算数科で表や言葉の式等を用いて数値を求めたことが正しいのかを，実際にてこを使ってつり合うのかを確かめることで，考えたことと実験とをつなげていきたい。

　理科「てこのはたらき」の学習を算数科「比例と反比例」の学習と同時期に行っている。

第6学年　算数科学習指導案

1　単元名「比例と反比例」

2　単元目標

（1）伴って変わる2つの数量やそれらの関係に着目し，表・式・グラフ等を用いて，その変化や対応の特徴を考えている。

（2）比例や反比例の関係について日常の生活や他教科等との関係を図ることでそのよさを感じ，学習したことを生活や他教科等に活用しようとする態度を養う。

3　評価の観点と規準

【知識・技能】

・比例や反比例の関係にある2つの数量の関係を理解し，表，式，グラフに表すことができる。

【思考・判断・表現】

・伴って変わる2つの数量やそれらの関係に着目し，表，式，グラフを用いて，比例や反比例の関係の特徴を考えている。

【主体的に学習に取り組む態度】

・比例や反比例の関係について調べ，学習したことを生活や今後の学習や他教科にすすんで活用しようとしている。

208　第3部　研究授業に使える実践と指導案

4　本単元との内容の関連

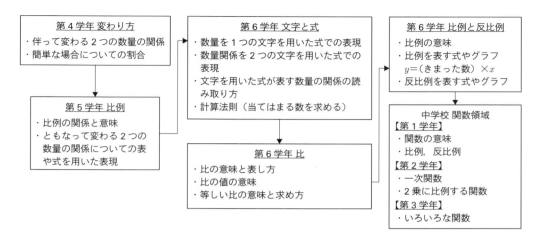

5　授業づくりの視点

(1) 教材観（学習材について）

　第4学年「変わり方」の単元では，具体的な場面において，表や式，グラフ等を用いて変化の特徴を読み取ったり，対応のきまりを見つけたりする活動を通して，伴って変わる2つの数量を見いだし，表や式を用いてそれらの関係に着目してきた。

　第5学年「表や式を使って」の単元では，表を用いて数量の変化の特徴や対応のきまりを調べたり，数量の関係を○や△等を使った式に表したりすることを通して，伴って変わる2つの数量の関係を考察するときの数学的な見方や考え方を深めてきた。

　本単元では，身の回りから伴って変わる2つの数量を見つけるところから学習が始まる。比例では一方がm倍になればもう一方もm倍になるということ，変化の特徴や対応のきまりに着目し，比例として捉えた数量関係をグラフに表していく。反比例では，「二つの数量の一方がm倍になれば，それと対応する他方の数量は$\frac{1}{m}$倍になる」ことや，二つの数量の対応している値の積が一定になっているということを見いだしていく。そして，これらの数量の関係をグラフに表し反比例についての理解を深めていく。さらに，比例との共通点や相違点について考えていく。そうすることで，中学校における関数の学習につなげていきたい。

(2) 児童観（子どもの実態について）

　本学級の子どもたちは，自分が考えたことをノートや発表で意欲的に表現することができる。算数科の学習においては，表を縦や横に見ながらきまりを見つけ，比例関係や式についても考えてきた。理科の学習においても算数科の学習と同様に，子どもたちが問題意識をもち実験を通して予想したり考察したりする等，学習に意欲的に取り組んでいる様子が見られる。しかし，算数科の学習において表からきまりを見つけることはできているが，変化の特徴や対応のきまりの関係を式に表すことができない子どももいる。そのことが課題になっている。

(3) 指導観（指導の工夫について）

　第6学年「比例と反比例」で学ぶ「反比例」については，日常の経験が少ないと考える。そこで，理科「てこのはたらき」の学習と関連づけることで実際の体験を通して「反比例」について考えていくことが重要である。理科の「てこのはたらき」では，「てこのつり合いと重さ」，「てこのつり合いの規則性」，「てこの利用」について学習する。その中でも，「てこのつり合いの規則性」が算数科「反比例」の学習と関連が深いと考える。ここでは，理科と算数科の横断的な学習を行うことで，子どもたちが主体的にきまりを見つけたり発表したりできるようにしたい。具体的には，算数科の前時までに理科の学習で，実際にてこを使って左うでが6めもり10gのとき，右うででは何gのときがつり合うのかを試しておく。その体験をもとに本時の学習では，てこでは実験できなかった4めもりと5めもりの値を算数科で求めていく。このことで反比例の変化の特徴や対応のきまりについて考えていく。

　また，算数科の学習で表からきまりを見つけることはできるが，そのきまりを使って，式に表すことが難しいという子どもの実態がある。そこで，理科でのてこの実験で，「対応のきまり」が「てこの重さとうでの長さの関係」と同じになっていることを見いだすよう支援する。

6　単元指導計画（全13時間）

	学習内容	評価の観点・規準
1・2	比例① ・身の回りから伴って変わる2つの数量を進んで見つけ，その変化の仕方がどのようになっているかを表を使って調べる。	【思考・判断・表現】 伴って変わる2つの数量の関係に着目し，その変わり方を比べ説明している。 【主体的に学習に取り組む態度】 身の回りから，伴って変わる2つの数量関係になっているものを探そうとしている。
3	比例② ・2つの数量の関係について表を見て比例するものと比例しないものを調べる。 ・x が小数倍，分数倍になるときの y を調べる。	【思考・判断・表現】 比例する2つの数量の関係について，x が小数倍，分数倍になると，y がどのように変わるかを考えている。
4	比例の式とグラフ① ・y が x に比例するとき，$y=$（きまった数）$\times x$ と式に表す。	【思考・判断・表現】 比例するとき，対応する2つの数量にどのような関係があるかを考えている。
5・6	比例の式とグラフ② ・比例の関係をグラフに表す。 ・比例の関係を表すグラフの特徴をまとめる。 ・比例の関係を表すグラフから，x や y の値を読み取る。	【知識・技能】 比例の関係をグラフに表したり，グラフから x や y の値を読み取ったりすることができる。 【主体的に学習に取り組む態度】 グラフや表の特徴からすすんで比例の関係を調べようとしている。

7	比例の式とグラフ③ ・2本の比例のグラフから，事象の様子の特徴を読み取る。	【思考・判断・表現】 傾きの異なる2本の比例のグラフから，事象の様子や特徴を読み取り，説明している。
8	反比例① ・比例の関係と対比的に捉えて，反比例の意味を理解する。	【知識・技能】 反比例の意味を理解している。
9 (本時)	反比例② ・理科「てこのはたらき」を使ってつり合ったときの重さを考える。 ・反比例の関係について考える。	【思考・判断・表現】 比例の場合と対比しながら，反比例する2つの数量の変わり方に着目して，その特徴や対応のきまりを見いだしている。
10	反比例③ ・表から伴って変わる2つの量の関係を調べる。	【思考・判断・表現】 横の長さが2倍，3倍，…になると，縦の長さがどのように変わるかを考えている。
11	反比例の式とグラフ① ・y が x に反比例するとき，対応する x と y の値の関係を調べる。 ・y が x に反比例するとき，x と y の関係を式に表す。 ・$x \times y =$（きまった数）の関係を理解する。	【主体的に学習に取り組む態度】 すすんで反比例の関係をグラフや表の特徴から調べている。 【知識・技能】 反比例の関係を式に表すことができる。
12	反比例の式とグラフ② ・反比例の関係をグラフで表す。 ・反比例の関係を表すグラフの特徴を読み取る。	【思考・判断・表現】 反比例の関係をグラフに表したとき，どのような特徴があるかを考えている。
13	比例・反比例ついての習熟と発展 ・適用問題や発展問題を行い，比例・反比例についての理解を確認し，技能の定着を図る。 ・ICTを活用し，自分で問題を選んで解決する。	【知識・技能】 比例と反比例についての問題を解決することができる。 【主体的に学習に取り組む態度】 自分で選択した問題をすすんで解決しようとしている。

7　本時の学習

本時における場の設定や指導・支援，教材の工夫について

　理科では「てこはどのようなときにつり合うのか」を学習し，実際にてこを使って「左うでが6めもり10gのときには，右うででは何めもり何gのときがつり合うのか」を実験している。その体験をもとに本時の学習とつなげ，理科の学習ではおもりがないため，実際につりさげることができなかった4めもりと5めもりのときの重さを算数科で求める学習を行う。ここでは，比例のときのように表にして，変化の特徴や対応のきまりを見つけ，比例のときとは違う規則性に気づくことができるようにする。そこで，理科の時間には求められなかった4めもりと5めもりのときの重さが算数科の学習により求められるというよさも感じてほしい。

（1）本時の目標
・比例の場合と対比しながら，反比例する2つの数量の変わり方に着目して，その特徴や対応のきまりを見いだしている。

14　第6学年　「比例と反比例」　211

(2) 本時の展開

学習活動	指導上の留意点
主体的な学習を喚起する「問題意識の醸成」のあり方 導入場面では，比例のきまりを見つけるために表にしたり，式にしたりした過程をパワーポイントで振り返る。また，理科の学習で行ったてこのはたらきの実験の様子も振り返る。例えば「6めもりのとき10g」や「1めもりのとき60g」…のように，てこをつり合わせるうでの長さとおもりの重さをランダムに提示することで，「並べたい」，「きまりを見つけたい」という子どもの問題意識を醸成する。そのことから表からきまりを見つけ，式に表し，問題を解決できるよさが感じられるように学習を展開していきたい。	

学習活動	指導上の留意点
1. 本時の問題をつかむ C：理科の時間に何度もおもりをつりさげた。 C：ここでは，つり合うときとつり合わないときがあった。 C：6めもり10gはつり合った。 C：1めもり60gもつり合った。 C：3めもり20gもつり合った。 C：2めもり30gのときもつり合った。 C：4めもりと5めもりのときはつり合わなかった。 T：どうしたらつり合いそうですか。 C：つり合いそうだけど。 C：10gとちょっと小さいおもりがあればな。 C：計算で求められないかな。 T：では，今日は4めもりと5めもりのときのおもりの重さを考えてみましょう。	●数値をランダムに提示することで，順序よく並べたいと考えるよう支援する。また，縦に書いた紙を貼ることで，表へとつなげる。 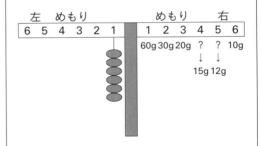 ●理科のてこではつり合わなかった問題を本時の問題に設定する。
㋐ 左うでが6めもりで10gのとき，右うでが4めもりと5めもりのときの重さは何gになりますか。	
2. 本時のめあてをつくる C：比例じゃない。 C：重さが減っている。 C：きまりを見つけたら重さが分かりそう。	●子どもたちの考えをもとにめあてを一緒に設定する。
㋍ きまりを見つけて，てこが4めもりと5めもりのときの重さを調べよう。	
3. 解決への見通しをたてる C：表をつくってきまりを見つけるとよい。 T：どうして表を使えると思いましたか。 C：表を横に見ると関係が分かる。 C：表を縦に見ると式ができる。	●表の見方を確認し，縦に見ると式をつくることができ（対応のきまり），横に見ると比例の関係が分かる（変化の特徴）ことを確認する。

C：グラフをかいてみる。
C：実際におもりをつるしてみる。

評価の観点・基準【思考・判断・表現】
A：比例の場合と対比しながら，表をつくり，変化の特徴や対応のきまりを見いだし，説明することができる。
B：比例の場合と対比しながら，表をつくり，変化の特徴や対応のきまりを見いだすことができる。
C：比例の場合と対比しながら，表をつくり，変化の特徴や対応のきまりを見いだすに至ってない。

4．自分なりの解決方法で考える（自力解決）

①変化の特徴

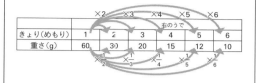

C：60÷2＝30
　　60÷3＝20…になる。
C：きょりが2倍，3倍，4倍…になると重さは $\frac{1}{2}$ 倍，$\frac{1}{3}$ 倍，$\frac{1}{4}$ 倍…になっている。

〈Cの子どもへの支援〉
・比例の学習を想起できるようにし，表を縦や横で見るよう助言する。

〈Bの子どもへの支援〉
・きまりをどのように活用し式をつくったのか説明できるように促す。

●①について，比例のときと違ってきょりが増えると重さが減っていくことから，きまりを見つけるよう支援する。

②対応のきまり

	右のうで					
きょり(めもり)	1	2	3	4	5	6
重さ(g)	60	30	20	15	12	10
	‖	‖	‖	‖	‖	‖
	60	60	60	60	60	60

C：1×60＝60，2×30＝60…になる。
C：式にすると「きょり×重さ＝60」になる。
C：「重さ＝60÷きょり」の式にもなるよ。
T：きょりを x，重さを y に表すと
　　「$x \times y = 60$」や「$y = 60 \div x$」ですね。
C：4めもりは15g，5めもりは12gです。

●てこは「きょり×重さ」をすると同じ数になるというきまりを関連づける。

●対応のきまりからできた式の意味や数字についても表や言葉で説明できるように支援する。

「対話」を広げ深めるための指導・支援の工夫

　比例と同じように表をつくって，縦や横に見てきまりを見つける中で，比例との共通点や相違点について対話を深めていく。さらに，式をつくるときには，表を縦に見たきまりが活用できることに気づくよう支援する。
　反比例についてのきまりや式，式の意味について考えることで，きまりを見つけるよさや式にするよさが感じられるよう学習を展開していきたい。

5．自分の考えや解決方法を発表し話し合う（集団解決）

C：表を見てきまりを見つけました。
T：①（変化の特徴）の考えは，表をどのように見て，何が分かりましたか。
C：表を横に見ています。
C：比例とは違う。
C：きょりが2倍，3倍，4倍…になると重さは $\frac{1}{2}$ 倍，$\frac{1}{3}$ 倍，$\frac{1}{4}$ 倍…になっている。

●対話を進めていく中で表から変化の特徴と対応のきまりを見つけ，比例との違いを明らかにしていく。

●子どもがきまりを見つけた時点で，x が2倍，3倍，4倍…になると y は $\frac{1}{2}$ 倍，$\frac{1}{3}$ 倍，

14　第6学年「比例と反比例」　213

T：②（対応のきまり）の考えは，表をどのように見て，何が分かりましたか。 C：表を縦に見ています。 C：重さは「60÷きょり」の式になる。 T：式がつくれましたね。右うでが4めもりと5めもりのときの重さは何gですか。 C：4めもりのとき15gになった。 C：5めもりのときは12gになった。 C：式にしたら簡単に求められた。	$\frac{1}{4}$倍…になることを「反比例」と伝える。 ●きょりと重さが反比例していたということを①の表で確認する。 ●式をつくって重さが求められたことから式のよさに気づくようにする。

学びを深めるための「振り返り」への指導・支援

　日々の振り返りの中では，子ども自身が成長を感じられるようにしたい。既習事項を振り返るだけでなく，自分だけのポートフォリオをつくっていくことを支援していく。ICTに記録することで，自分の考えを蓄積できるようにする。また，それぞれの子どもたちが考えたことを共有する場をつくるために，「Padlet」というアプリを活用することで，子どもどうしが自由に交流できる場もつくっていく。

　本時では，ICTを活用し，てこを使った経験とつなげて振り返りができるよう支援する。そして，計算で求めたことが本当につり合うのかをてこを使って実験することで，算数科と理科の学習との関連を深めていくことのよさを感じることができるようにする。

6．本時の学習を振り返る C：反比例の式を使ったら4めもりのときは15gになった。 C：5めもりのときは12gになるよ。 T：では，みんなが求めたことが本当かどうか実際におもりをつけてみましょう。 C：本当につり合った。すごい。 C：理科の実験で，左うでの「きょり×重さ」と右うでの「きょり×重さ」は同じだということがわかった。 C：算数の反比例の式と理科のてこはつながっているんだ。 C：式をつくると，めもり（きょり）や重さが求められる。	●理科の実験器具にはなかった15gと12gのおもりを教師が事前に作成しておく。 ●本当にてこがつり合うのかを4めもりに15g，5めもりに12gのおもりをつけて確認する。 ●てこがつり合うときには，力を加える位置と力の大きさの間に規則性があること（理科）と反比例との関連を子どもの振り返りをもとに確認する。 ●本時の学習の振り返りを次時の学習につなぐ。

8 板書計画

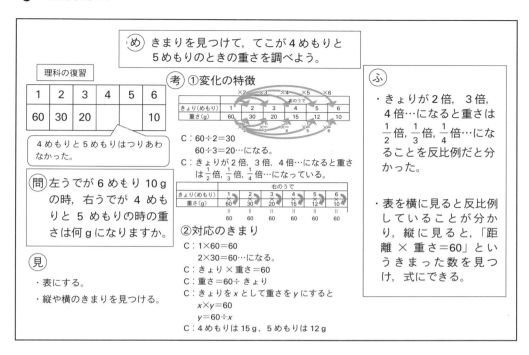

9 本時に関する観点別評価問題例【思考・判断・表現】
（適用問題にも活用できる）

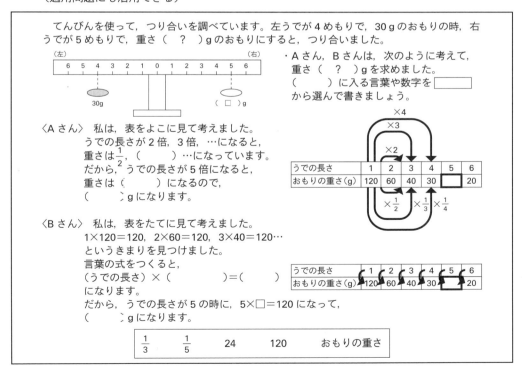

```
15
```

第6学年「場合の数」

プッシュボタン式の錠（カギ）のセキュリティが高い数字の組み合わせを考えよう！

この単元における場の設定や指導・支援，教材の工夫について

「リレーや整列の順番を決定する」や「複数の中からいくつかを選択する」など，子どもたちの生活の中で，並び方や組み合わせの考えを活用する場面は多くある。しかし，実際には立候補やじゃんけん等で順番を決めたり，選択するものがあらかじめ決まっていたりすることが多く，落ちや重なりなく起こり得るすべての場合を考える経験は少ない。

本単元では，起こり得る場合について落ちや重なりがないように観点を決めて規則正しく並べたり図や表などに整理したりして，すべての場合を明らかにすることが主なねらいとなる。

本時では，プッシュボタンが5つあるカギの1桁から5桁の数の組み合わせを考えていく。その中で，「一番組み合わせの数が多い（セキュリティが高い）のが何桁なのか」を子ども自らが見つけていく学習を展開していく。

さらに，1桁と4桁，2桁と3桁の組み合わせの数が同じであることに気づき，「選んでいない数字」に着目することを支援し，発展的な学習につないでいく。

そして，パスワードやPINコード，パターンロックなど，並び方や組み合わせで学習したことを生活や他の学習に生かしていけるようにしていく。

第6学年　算数科学習指導案

1　単元名「場合の数」

2　単元目標

（1）ものの並び方や組み合わせについて，落ちや重なりのないように図や表などを用いて，起こり得る場合を順序よく整理して調べることができる。

（2）起こり得る場合を調べた過程を振り返り，数学的な見方・考え方や数学的な表現などのよさに気づき，生活や学習に活用しようとする態度を養う。

3　評価の観点と規準

【知識・技能】

・図や表などを用いて，起こり得る場合を順序よく整理することができる。

【思考・判断・表現】

・事象の特徴に着目し，順序よく整理する観点を決めて，落ちや重なりなく調べる方法を考察している。

・名称を記号化したり，図や表を事象の特徴に応じて工夫したりして考察している。

【主体的に学習に取り組む態度】

・起こり得る場合について，数学的に表現したり，処理したりした過程を振り返り，観点を決めて順序よく整理することのよさに気づき，学習したことを生活や学習に活用しようとしている。

216　第3部　研究授業に使える実践と指導案

4 本単元との内容の関連

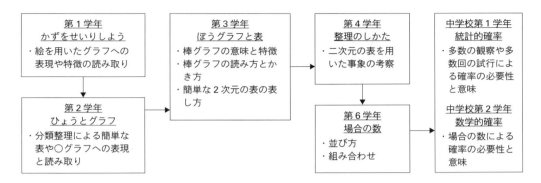

5 授業づくりの視点

(1) 教材観（学習材について）

　子どもたちは第4学年において，目的に応じてデータを分類整理し，特徴や傾向に着目している。さらに，適切なグラフを選択して表すことでデータの特徴や傾向を判断したり，結論について考察したりする学習を行っている。データを2つの観点から分類した二次元の表に表す過程では，日時・曜日・時間や場所などの複数の観点から項目を2つ選ぶ経験をしている。また，A，Bの2つの観点からデータを調べ，例えば，「犬を飼っている」，「犬を飼っていない」，「猫を飼っている」，「猫を飼っていない」などの4つの場合を考え，落ちや重なりがないように分類整理してきている。

　本単元では，起こり得るすべての場合を適切な観点から分類整理して，順序よく列挙できるようにすることがねらいとなる。落ちや重なりなく調べるには，観点を決めて，あるものを固定して考えることや，図や表を適切に用いることが大切である。

　リレーの順番を考える学習（第1・2時）では，4人（A，B，C，D）が一列に並ぶ場合を考えるときには，まずAに着目して，Aが先頭に立つ場合を考え，次に2番目にBが並ぶ場合を固定して考える。つまり，「AとB」を固定して3番目，4番目を考えることが大切である。同様に「AとC」や「AとD」と順序よく固定して，落ちや重なりなくすべての場合を列挙できるようにする。このような考え方を話し合う過程で，樹形図や表（リーグ表等），記号どうしを線で結ぶ図などを取りあげ，図や表と関連づけながら，落ちや重なりなく調べることができるようにする。また，図に表す際に記号化し，簡潔に表すことも学習していく。さらに，多様な図や表をもとに，起こり得るすべての場合の数を計算で効率的に求められることについても話し合い，中学校の確率の学習へとつないでいきたい。

(2) 児童観（子どもの実態について）

　本学級の子どもは，既習事項をもとに見通しを出し合い，それぞれが自分なりの考えをもって，解決に向かうことができる。また，クラス全体で多様な考え方を出し合い，既習事項との関連や多様な考え方どうしの関係，それぞれの考え方のよさなどについて話し合う経験を積み重ねている。さらに，普段の学習においても，多様な考

15　第6学年「場合の数」　217

方をもとに新しいアイデアを導き出す子どもや,「こんな場合はどうなるのかな」と
考察の範囲を広げて考えようとする子どもの姿が見られる。しかし,既習事項と結び
つけて考えようとしたり,問題の条件を変更して発展的に考えようとしたりする子ど
もは多くはなく,単元を通して問題意識が連続・発展するといった学習経験も少ない。

（3）指導観（指導の工夫について）

子どもの実態を受け,本単元においても,多様な考えをまとめたり発展させたりし
ていきたい。具体的には,次の3つの視点を大切にし,子どもの素朴な疑問を取り上
げ新たな発見を促しながら学習を深めていきたい。

大切にしたい 子どもの学ぶ姿	①全体の数が増えたり減ったりし たらどうなるのだろう？	（例）4人の並び方は24通りだけど,5 人になったら何通りになるのかな。
	②選び出す数が増えたり減ったり したらどうなるのだろう？	（例）4種類のケーキから3種類を選ぶ と組み合わせの数は増えるのかな。
	③きまりを使って大きな数でも求 めてみたい。	（例）かけ算を使ったら,6人の並び方も 求められそうだ。

本時においては,情報化社会を生きる子どもたちにとってのセキュリティの重要性
から,「パスワード」をキーワードとして,よりセキュリティの高い組み合わせにつ
いて考える。5つの数字から,「何桁のパスワードにすると一番組み合わせの数が多
くなるのだろう」という問題意識を醸成し,既習事項を活用しながら,5つの数字か
ら子どもが個々で選んだ1桁,2桁,3桁,4桁の組み合わせの数について調べる。

次に,子どものよさを生かすことで,それぞれの解決方法を積極的に話し合い,
「桁数が増えているのに組み合わせの数が増えないのはなぜだろう」や「桁数が違う
のに組み合わせの数がなぜ同じになるのかな」など様々な問題を見いだすと考える。
さらに,桁数と組み合わせの数を表に整理することで,子どもたちは,2桁や3桁の
組み合わせの数が最大値になっていることに気づくだけでなく,1桁と4桁や2桁と
3桁の組み合わせの数が同じになることの不思議さを話し合い,「選んでいない数字」
に着目して,組み合わせの数を考えることができることを発見する。

このように,セキュリティの高い桁数を自ら決定して組み合わせの数を調べること
や,「他の桁数の組み合わせの数は何通りだろう」という子どもの興味・関心を十分
に引き出しながら,主体的な学びができるよう学習を展開していきたい。

6 単元指導計画（全8時間）

	学習内容	評価の観点・規準
1 ・ 2	4種類の並び方 ・4人がリレーで走る順番が何通りか調べる。 ・走る人を記号化し,表や樹形図を用いて調べる。	【思考・判断・表現】 観点を決め,あるものを固定して落ちや重なりがないように順序よく並び方を考えている。 【知識・技能】 あるものを固定して,順序よく並び方を整理し,樹形図や表に表すことができる。

3	全体からいくつかを取り出す場合の並べ方 ・4種類のジュースから，2人が1種類ずつ選ぶときの，選び方が何通りか調べる。 ・4枚の数字が書かれたカードから，3枚を並べてできる3桁の整数を調べる。	【思考・判断・表現】 4種類のものの中から2つか3つを選ぶ並び方と，その場合の数について，図や表を用いて考えている。 【主体的に学習に取り組む態度】 全体からいくつかを取り出す場合の並べ方について，図や表を活用しようとしている。
4	4種類から2つを選ぶ組み合わせ ・4つのチームで，試合をするときの，試合の組み合わせの総数を調べる。	【思考・判断・表現】 4種類のものの中から2種類を選ぶ組み合わせと，その場合の数について，図や表に整理しながら考えている。 【知識・技能】 順序を問わない組み合わせについて理解し，重複する組み合わせを削除することができる。
5 (本時)	選ばないものに着目した，組み合わせの求め方 ・5つの整数の中から，いくつかを選ぶときの，組み合わせの数が一番多くなる桁数を調べる。	【思考・判断・表現】 総数5からいくつかを選ぶ組み合わせについて，複数の桁数の組み合わせの数を考え，組み合わせの数が同じになる桁数があることを見いだしている。
6	条件のある組み合わせ ・B駅を経由して，A駅からC駅に行くときの経路について調べる。 （条件：運賃・時間）	【思考・判断・表現】 条件に合う組み合わせの数について，図や表を用いて効率よく考えている。 【知識・技能】 条件に合うように組み合わせの数を求めることができる。
7	身の回りにある並び方や組み合わせ 【学習例】 ・ラーメンの味の組み合わせ 　（麺の硬さ／味の濃さ／油の量） ・ミニカーの色の組み合わせ 　（ボディの色／車中の色／ホイールの色） 等	【主体的に学習に取り組む態度】 身の回りにある並び方や組み合わせを進んで探し，その並び方や組み合わせの数について調べ，新聞にまとめようとしている。
8	並び方と組み合わせの習熟と発展 ・ICTを活用し，練習問題を解決する。 ・問題づくりやさまざまな場合の数の問題に取り組む。	【知識・技能】 全体の数からいくつかを選び出す組み合わせの数を求めることができる。 【主体的に学習に取り組む態度】 すすんで問題をつくったり選択したりして，解決しようとしている。

7 本時の学習

> **本時における場の設定や指導・支援，教材の工夫について**
>
> 本時では，総数5からいくつかを選択した場合の組み合わせについて考える。
> 子どもたちの身近にあるカギ（プッシュボタン式南京錠）を教材として取りあげ，パスワードによるセキュリティと関連づけることで，子どもたちの興味・関心を喚起する。また，パスワードの桁数を子どもたちが決めることで，主体的な学びができるようにする。
> 「組み合わせの数が一番多いのは何桁のパスワードだろう」という問いをもち，自ら複数の桁数について考えたり，他の人の考えを聞いたりなど，主体的に学ぶ姿が見られると考えている。また，様々な桁数の組み合わせの数を順に整理していく中で，子どもたちは，最大値や同じ数などに着目しながら，桁数と組み合わせの数の規則性に気づいていく。
> 全体交流を通して新たな問いや気づきを生み出すことで，学ぶ意欲をさらに高め，選択しない数に着目して考えることのよさを感じる学習を展開する。

(1) 本時の目標

総数5からいくつかを選ぶ組み合わせについて，複雑な桁数の組み合わせの数を考え，組み合わせの数が同じになる桁数があることを見いだすことができる。

(2) 本時の展開

学習活動	指導上の留意点

> **主体的な学習を喚起する「問題意識の醸成」のあり方**
>
> 導入場面では，実物のカギや写真を提示し，数字の組み合わせによって開錠できることを確認する。日頃，スマートフォンやパソコンなどを使う子どもたちにとってパスワードは身近なものであり，セキュリティが高い方がよいことから，できるだけ組み合わせの数を多くしたいという思いを引き出す。
> 子どもが考えやすい組み合わせの数の少ないパスワードの桁数を話し合う中で，桁数によって組み合わせの数が異なることに気づき，「組み合わせの数が1番多いのは何桁なのか明らかにしたい」という問題意識をもって，組み合わせについて調べていく子どもの主体的な学習を展開していく。

1．本時の問題をつかむ T：今日は，数字を押して開くカギを持ってきました。セキュリティが一番低いのは何桁ですか。  C：1桁だと思う。5種類しかない。 C：5桁はもっと少ない。 （問題） 1番セキュリティの高いカギにするには，パスワードを何桁にするとよいですか。	●実物や写真を提示し，数字の組み合わせで開錠できることを確認する。 ●パスワードの桁数は，セキュリティを高めるために，「組み合わせの数が1番多くできる桁数」になっていることを伝え，子どもの興味・関心を喚起する。 ●5桁の場合の組み合わせの数について話し合い，桁数が増えれば組み合わせの数が必ずしも増えるのではないことを確認する。

220　第3部　研究授業に使える実践と指導案

T：何桁のパスワードにするとセキュリティが高いと思いますか。 C：1桁ではないと思う。 C：5桁だとボタンを全部押すので，1通りしかないのかな。 C：2桁は，昨日の考え方と同じだ。 C：3桁かな？4桁かな？ C：図で考えてみないとわからない。 T：その通りですね。みんなでめあてを考えましょう。	●桁数によって組み合わせの数が異なることに気づき，問い「1番セキュリティの高いカギは何桁のパスワードにすればよいのか」がもてるよう支援する。 ●組み合わせの数が多いと思う桁数を直観で決め黒板にその予想を書き出す。 | 1桁 | 2桁 | 3桁 | 4桁 | 5桁 | |---|---|---|---|---| | 2人 | 6人 | 9人 | 14人 | 2人 |

2．本時のめあてをつくる

```
セキュリティの高いカギの桁数について考えよう！
―組み合わせの数が多いパスワードは何桁？―
```

3．解決への見通しをたてる C：すべての組み合わせを書き出す。 T：どんな方法で考えるのかな。 C：樹形図を書く。 C：重なった組み合わせを消す。 C：記号を線で結ぶ。 C：計算をする。	●前時の解決方法を再度確認する。 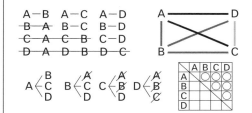
4．自分なりの考えで組み合わせの数を調べる 　　（自力解決） 【1桁の組み合わせの考え方】 ・1か2か3か4か5　　　　　　　　　5通り 【2桁の組み合わせの考え方】 ・組み合わせを書き出し，重複を削除 　1－2　　1－3　　1－4　　1－5 　2̶1̶　　2－3　　2－4　　2－5 　3̶1̶　　3̶2̶　　3－4　　3－5 　4̶1̶　　4̶2̶　　4̶3̶　　4－5 　5̶1̶　　5̶2̶　　5̶3̶　　5̶4̶　　10通り ・樹形図で表し，重複を削除 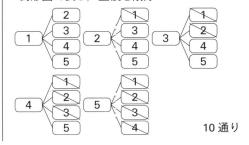　10通り	●前時と比べ，全体の数が4から5にかわっていることに着目し，前時の図を活用できるように支援する。 〈評価の観点・基準〉 【思考・判断・表現】 A：総数5からいくつかを選ぶ場合，組み合わせの数が同じになる桁数があることに気づき，組み合わせの規則性を考えることができる。 B：総数5からいくつかを選ぶ組み合わせについて，複数の桁数の組み合わせの数を考え，組み合わせの数が同じになる桁数があることを見いだしている。 C：総数5からいくつかを選ぶ組み合わせについて，組み合わせの数を考えるに至っていない。

・リーグ表　　　・数字をつないだ図

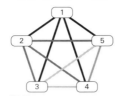

1+2+3+4=10　　10通り

〈Cの子どもへの支援〉
・組み合わせの数を順序よく考えられるように，2つめに書く数を固定することを伝え図や表の書き方を支援する。

〈Bの子どもへの支援〉
・1桁と4桁，2桁と3桁のように，組み合わせの数が同じである場合があることに気づくよう支援する。

【3桁の組み合わせの考え方】
・樹形図で表し，重複を削除

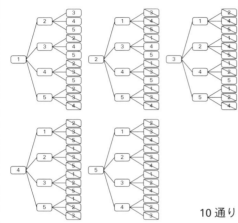

10通り

・順序よく書き出す

1−2−3	2−3−4	3−4−5
1−2−4	2−3−5	
1−2−5	2−4−5	
1−3−4		
1−3−5		
1−4−5		10通り

【4桁の組み合わせの考え方】
・樹形図で表し，重複を削除
〈1を固定した場合〉

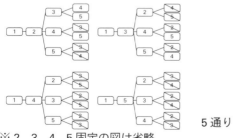

5通り

※2，3，4，5固定の図は省略

●落ちや重なりがないように順序よく書き出したり，削除したりできるように支援する。

●1を固定した樹形図では，1を含む組み合わせをすべて書き出しているため，2を固定した樹形図では1を含む組み合わせはすべて削除できることに気づくように支援する。

●3桁の樹形図については，情報量が多くなるため，解決途中の子どものノートを大型テレビに投影し，みんなで考えるよう支援する。

●すべての組み合わせを樹形図で書くことは難しいので，同じ考えの子どもどうしで協力して解決してもよいことを伝える。

●すべての場合を書き出している子どもには，同じ組み合わせを見つけて消すよう助言する。

●4桁の樹形図についても，情報量が多くなるため，子どものノートを大型テレビに投影し，みんなで考えるよう言葉がけする。

●すべての場合を書き出している子どもには，同じ組み合わせを見つけて消していくよう助言する。

・順序よく書き出す

1－2－3－4　→　5 を選んでいない

1－2－3－5　→　4 を選んでいない

1－2－4－5　→　3 を選んでいない

1－3－4－5　→　2 を選んでいない

2－3－4－5　→　1 を選んでいない　　　　5 通り

【5 桁の組み合わせの考え方】

・1，2，3，4，5 のすべてを選ぶ

　　　　　　　　　　　　　　　　1 通り

● 4 桁の樹形図で，すべての場合を書き出して重複を削除する方法で解決することの大変さを感じている子どもには，「選んでいない数字」から考えるよう働きかける。

● 5 つの数字から 5 つを選んだ場合は，全ての数を選ぶ必要があることや順序が関係しないことに気づくよう支援する。

対話を広げ深めていくための指導・支援の工夫

　「他の桁数の組み合わせは何通りになったのだろう」や「セキュリティが 1 番高いのはどのグループだろう」という子どもの興味・関心を大切にし，ノートやタブレットにまとめた考え方を見せ合うなど，自然に発生する交流も認めていく。その後，全体交流における対話で，桁数が増えると組み合わせの数が減少していくポイントがあることや組み合わせの数が同じになる桁数があることに気づき，組み合わせの数の規則性に着目しながら，「どうして，同じ数になるのだろう」，「どうして 4 桁のパスワードはこんなに少なくなるのだろう」ということに気づき，「選んでいない数字」に着目した組み合わせを考えるよう働きかけていく。

5．自分の考えや解決方法を発表し，話し合う（集団解決）

T：よく考えました。それぞれの考えをみんなに分かるように発表できますか。

C：1 桁はボタンの数で 5 種類だ。

C：5 桁は多いと思っていたのに，1 通り。

T：どのような方法で調べましたか。

C：リーグ表で考えました。

C：樹形図で考えたけれど，3 桁は時間がかかって難しかった。

C：一つずつ同じ数を消していくとよい。

C：一番セキュリティが高いのは 2 桁だ。

C：3 桁も 10 通りで同じだ。

T：他にも同じ通りがありましたか。みんなで表に整理してみましょう。

桁数	1	2	3	4	5
組み合わせの数	5	10	10	5	1

C：2 桁と 3 桁が組み合わせの数が多い。

C：2 桁と 3 桁は，どちらも 10 通り。

C：1 桁と 4 桁も，どちらも 5 通り。

C：総数と桁数が同じなら 1 通り。

● 1 桁から順に組み合わせの数を調べた方法を発表するよう言葉がけする。

●樹形図だけではなく，表や数を並べた考え等，発表を促し，その内容を関連づける。

● 3 桁や 4 桁を考えた子どもの中で，「選んでいない数字」から考えることができた子どもの意見も発表できるようにする。

●それぞれの組み合わせの数を，表に整理しながら板書することで，2 桁と 3 桁が 10 通りで一番組み合わせの数が多いことや，2 桁と 3 桁と同じように，1 桁と 4 桁の組み合わせの数が同じであることに気づくよう支援する。

T：どうして，1桁と4桁は組み合わせの数が同じになるのかな。

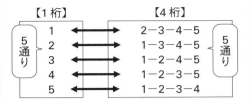

C：1桁と4桁を合わせると5になる。
C：4桁の方を見ると，どれか1つの数字が入っていない。
C：4桁を選ぶということは，選ばない数を1つ選ぶことと同じだ。
T：ほかの桁で，同じことが言えますか。
C：3桁を選ぶということは，選ばない2つの数を決めることと同じ。
C：数が少ない方で組み合わせを考えるとはやくて簡単かもしれない。

● 同じ数の組み合わせが2組あるが，まず簡単な場合である「1桁と4桁」の関係について話し合い，子どもたちが理解できるよう支援する。

●「1桁と4桁」の関係が理解できたら，一番セキュリティが高い「2桁と3桁」について，組み合わせが10通りあるので，子どもどうしで協力し合いながら解決できるよう支援する。

●「選んでいない数字」に着目できるように，1桁（2桁）の場合の組み合わせと，4桁（3桁）の場合の組み合わせを比較する。

6．適用問題を解決する

赤，青，黄，緑，白の5種類の色紙から，4種類を1枚ずつ選んで組にします。組み合わせは，全部で何通りありますか。

●「5種類から4つを選ぶということは，選択しない色を1つ選ぶことと同じであること」を考えるよう助言する。（「赤を選ばない」，「青を選ばない」，「黄色を選ばない」，「緑を選ばない」，「白を選ばない」の5通り）

7．本時の学習を振り返る

学びを深めるための「振り返り」への指導・支援の工夫
ここでは，解決のために有効に働いた考えや方法，解決できた喜び等についても振り変えるよう言葉がけする。さらに，「選んでいない数字」に着目して，組み合わせを考えることを発見した達成感も再確認する。最後にボタンが6つのカギを見せ，「数字が多くなった場合何桁が多いのか」や「同じ組み合わせの数の桁数があるのか」等，新たな問題意識から発展的な学習へとつなげる。そして，ダイヤル式のカギやスマートフォンのPINコード，パターンロック等，身近なパスワードへと関心が高まるようにする。

T：セキュリティの高いカギの桁数について考えることができましたね。今日の学習について振り返りましょう。
C：一番セキュリティが高い桁数を見つけて，うれしかった。
C：選ぶ数が多くなっても，順序よく図に表すと組み合わせの数を考えることができた。
C：選ばない数に注目しても，組み合わせを考えることができた。

● カギの映像を見せ，3桁が1番組み合わせの数が多いことを確認し，3つのボタンを押し開錠する。その際に，押していない2つのボタンに着目できるようにする。
● ボタンの総数が6のカギがあることを知らせ，総数が多くなっても，今日の学習で見つけた規則性が成り立つのかという疑問から，発展的な学習につながるよう働きかける。

8 板書計画

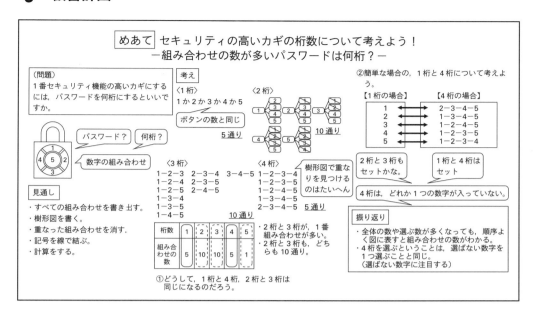

9 本時に関する観点別評価問題例【思考・判断・表現】
（適用問題にも活用できる）

> 3種類のケーキから，2種類を1こずつ選びます。
> 組み合わせは全部で何通りあるか考えています。
> A　B　C

1. 組み合わせになると考えたものを書きました。「まちがっている組み合わせ」や「同じ組み合わせ」になるものに×をつけ，（　）に数字を書きましょう。

> （　）A―A　　（　）B―A　　（　）C―A
> （　）A―B　　（　）B―B　　（　）C―B
> （　）A―C　　（　）B―C　　（　）C―C

　組み合わせの数は（　）種類になりました。

2. もっと簡単な方法はないか考えました。次の（　）に入る記号や数字を，□の中から選び，考え方を完成させましょう。

> 3種類から2種類を選ぶ組み合わせは，AとB，AとC，BとCだと考えました。
> 　AとBの組み合わせでは，Cを選びません。
> 　AとCの組み合わせでは，Bを選びません。
> 　BとCの組み合わせでは，（　）を選びません。
> 　だから，3種類から2種類を選ぶ組み合わせは，1種類を選ばないことと同じになり，全部で（　）通りになります。

> A , B , C , 1 , 2 , 3

15　第6学年「場合の数」　225

おわりに

1 ICT の有用性とその活用について

（1）GIGA スクール構想

　GIGA スクール構想とは，「児童生徒向けの 1 人 1 台端末と，高速大容量の通信ネットワークを一体的に整備し，多様な子どもたちを誰一人取り残すことなく，公正に個別最適化された創造性を育む教育を，全国の学校現場で持続的に実現させる構想」（GIGA スクール構想の実現へ　文部科学省）といわれている（GIGA とは，10 の 9 乗（10 億）を表す単位）。

　また，「Global and Innovation Gateway for All」の略で，「すべての児童・生徒のための世界につながる革新的な扉」という意味である。社会に開かれた教育課程をめざし，ICT の活用で子どもの未来の扉が開いてくことをめざしている。

（2）ICT の活用の有用性（個別最適な学習と協働的な学習）

　ICT の有効性については様々なことが考えられるが，学校現場での活用として考えてみると，特に算数科においては以下のようなことが考えられる。

① 多様な教材や教具としての活用（具体物では不可能なことを可能にできる）

　インターネットで情報を集めたり，デジタル教科書（考え等を書き込むことができる等）や QR コード等を活用しながら学習を進めたりすることができる。

　さらに例えば，円の面積の学習において，円を扇形に切って並べ長方形に等積変形していく際，何等分にも分割することができるので，子どもが長方形に近づいていく様子を実際に見ることができ，筋道立てて考えることができる。

② 具体と抽象との間を取りもつ

　算数科では，具体的な操作から抽象的な操作へと抽象化することが難しい子どももいる。ICT は，半抽象的な要素として具体と抽象の間を取りもつことができると考える。例えば，3D ソフトを活用し直方体の展開図をつくるとき，具体的操作と念頭操作の間の半抽象的な操作として具体と抽象の橋渡しとなる。

③ 子どもの考えやつくったものが保存できる

　子どもが，身の回りの図形をタブレットで撮った写真や動画，さらに，板書やノートの記述等を保存することができる。これらの蓄積からポートフォリオ的な役割も果たし，単元の最初から終わりまでの記録を見直すことができ，自分の変容（成長）を感じることができる。

　また，学習したことが保存できるので，学年が上がっても，それらを活用し発展させていくことができる。

④ 自分のタイミングで学習ができる（失敗しても何度でもやり直せる）

　具体的な操作では，一度つくったり切ったりしたものはもとに戻らないが，ICT を活用すれば何度でもやり直しができる。また，自由なタイミングで自分の考えを友達に知らせたり，友達の考えを知ったりする等の即時的な情報交換もできるようにな

る。そして，単元の終末等には練習問題や発展問題を子ども自らが選択し，答え合わせも自分でできるので，自分の理解度に応じた個別最適な学習や自学自習が可能になる。さらに，子どもの自己評価・相互評価の結果を教師の評価としても活用できる。

（3）情報の活用の仕方や情報モラルの育成

① 人権的な問題（著作権や肖像権等の問題）への配慮

例えば図形の学習で身の回りの写真等を撮って活用する場合，「許可が必要か」や「著作権や肖像権等がないのか」等に配慮することが重要である。

また授業中，自由に友達の考えや解決方法を交流する場合，その友達の許可を得ることが前提となることを教師は考えておかなければならない。

② 情報の活用の仕方

インターネットを使って，様々な情報が瞬時に得られることがICTの便利な点である。その場合，「情報が確かなものか，真実か」等を考察・吟味・判断できる資質・能力を育てる必要がある。

また，収集したり加工したりした情報を他の人に伝えるときにも，もとの情報源を明らかにし，一緒につくった人の同意等，セキュリティも含めて教師が指導していく必要がある。

（4）教師の働き方改革とICTの活用

① リモートで授業ができる

授業を休んだ子どもや不登校傾向にある子どもにもリモートで授業ができ，その過程で課題のやり取りもできる。特に学校と家庭の学習の往還ができ，学習の機会の保障や保護者との連携もスムーズにできるようになる。

② 教師がつくった教材・教具が保存・整理できる

同じ中学校区の小学校どうしや小・中学校でつくった教材や教具を交換したり，小・中学校の連続について，リモートで研修をしたりすることにより，小・中学校9年間の算数・数学のカリキュラムをつくっていくことができる。

このような意味で，「Global and Innovation Gateway for All」という言葉の意味をどのように解釈し，教師がどのような構想のもと実践していけるのか楽しみである。

子どもたちには多くの人為的な壁があると感じている。すべての壁には意味があると思うが，教科等の壁，学年の壁，教師間の壁，幼・保・小の壁，同中学校区の小・小の壁や小・中の壁，学校と塾（家庭学習）との壁等，様々ある。子どもたちはこの壁を乗り越えながら生きている。

ICTを積極的に活用することにより，これらの壁が取り払われれば，子どもの新しい扉を開く改革となる。

そのためには，小学校で子どもたちが蓄積してきたデータ等を中学校にスムーズに移行し，また，教師の活用技術等の情報交換や連携が不可欠となる。

さらに，今後AIの活用やDX（デジタルトランスフォーメーション）にも対応した教育も考えていく必要がある。

2　評価と指導について

　一般的に「○○先生から評価された」と言われると，どのような印象を受けるだろうか。この「評価された」という意味は，「認められた」や「高い評価を得た」，「褒められた」と捉えることができる。しかし，通知表等を楽しみしている子どももいれば，そうでない子どももいるのが現実である。

　本来評価とは，子どものよさや可能性を知らせるものであり，授業中に教師が評価し，その結果を生かして指導や支援を行い，子どもの学習を深め，資質・能力を育てていくためのものである。また，教師の仕事として多くの時間を費やしているのも評価についてである。なぜなら評価は，子どもとの関係や保護者との関係にも大きく影響するからである。

(1) 新しい学力観・評価観
① 土台型の学力観からの脱却

　私が新任教師だったころ，「学力は，家を建てるようなもので，はじめの土台がしっかりしていないと，いくら立派な家を建てても崩れてしまう。だから，基礎的な知識や技能を子どもに徹底的に教えることが大切で，その土台がしっかりしていれば，考えたり，関心をもったりできる」と教えてもらった。

図1　新しい学力観・評価観

　しかし，子どもが成長していく様子を見ていると，それとは少し違う姿も見えてきた。例えば，友達が自転車に乗って自分の前をさっそうと通り過ぎていくと，「便利そうだ」や「楽しそうだ」と感じ，自転車に興味・関心をもつ。そこで，自転車を買ってもらうが，なかなかうまく乗れず何度も転倒し痛い思いもする。しかし，はじめにもった興味・関心が支えとなり，補助輪をつけたり後ろを持ってもらいバランスをとったり等，試行錯誤しながら乗り方を考え工夫し，うまく乗るための知識や技能を身につけていく。

　この子どもの問題解決していく姿から，（図1）のように「学びに向かう力・人間性等」が土台となり，「思考力・判断力・表現力等」を駆使しながら理解を深め，「知識及び技能」を身につけていくと考えることもできる。

②「見える学力」と「見えにくい学力」

　上述した資質・能力の育ちについては，評価として「知識・技能」はペーパーテスト等でその定着や理解度が見えやすいが，「思考・判断・表現」や「主体的に学習に取り組む態度」はペーパーテストだけでは見えにくい（指導案では，それぞれの授業に対応した「思考・判断・表現」や「主体的に学習に取り組む態度」の評価問題を作成している）。それは，学習の結果だけでなく解決の過程や対話の状況，ノートへの記述，振り返り等を総合的に評価しなければならないからである。

　そこで，第1部第4章でも述べたが，そのことを念頭に，教師は見えにくい評価を可視化するための指導方法や評価方法の工夫をすることが大切となる。

(2) 教師による評価と子どもによる評価の一体化

　評価といえば，教師が行うものというイメージが強いが，本来子ども自身が「自分の学習の状況を評価し，次なる学習へと連続・発展させていく」ことが重要だと考える。ただ（図2）にあるように小学校低学年から高学年に成長していく過程で，低学年では，「自分の学習の状況を評価し，次なる学習へと連続・発展させていく」ことを教師が代行していくことになる。しかし，次第にそれらのことを子どもが自力で行っていくことができるようになっていくと考える。

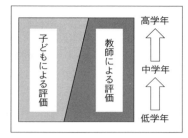

図2　教師による評価と子どもによる評価の関係

　そこで，教師による評価と子どもによる評価の一体化が不可欠となる。

① 教師による評価について

　教師による評価については，B. S. ブルームが著書『学習評価ハンドブック』（1974）の中で「診断的評価」，「形成的評価」，「総括的評価」を提唱したことは周知のことである。

　ここでは，具体的な場面をあげて簡単に触れておく。

ア．診断的評価について

　診断的評価とは，ある教育活動の開始前，その教育活動を進めるための前提条件となるレディネスを評価することである。

　例えば，第3学年「分数：量としての分数等」の学習に入る前に，その前提条件になる第2学年の「分数：分割分数等」や第3学年の「小数」がどれだけ理解できているかを評価することである。その評価結果を生かして第3学年の分数の指導を計画していく。また，その評価は，子どもたちのグルーピングや学習のコースの設定・選択，クラス編成等にも活用されることもある。

イ．形成的評価について

　形成的評価とは，教育活動の過程で，教育目標に応じた活動がなされているのかを評価し適切な指導を行っていくことである。

　指導案の本時の指導にあるように，問題解決の過程で評価の観点と評価基準（A，B，C）を設定し，子どもの学習状況を評価し，例えば，「Cと判断された子どもはBに」，「Bと判断された子どもはAに」伸ばしていくための評価を形成的評価と考えることができる。このときの評価基準は判断基準（目標を観点別で表した規準とは異なる）とも呼ばれ，本時の指導であれば，B基準が本時の目標と合致していることになる（指導案参照）。

ウ．総括的評価について

　総括的評価とは，一定の教育活動が終了した際に評価を行い，教育活動を全体的に総括し反省的に把握するものである。総括的評価は評定として通知表や指導要録等にも扱われている。さらに，指導方法等の授業評価やカリキュラム評価に生かし，今後

の授業やカリキュラムを改善していくことにも活用できる。

② 子どもによる評価について

ア．自己評価

　自己評価については，1時点の自己評価と2時点での自己評価があるということについては，第1部第4章の振り返りのところで述べたが，メタ認知のことも含めて，子どもが自己評価できるように働きかけることが重要である。

　算数の学習における自己評価の様相については，低学年は主に自分の活動や感じたことを振り返ることが多く，中・高学年になれば，活動だけではなく考えたことやその過程を振り返ることができるようになると考えられる。

イ．他者評価・相互評価

　自己評価に対して他者からの評価は，自分の考えを広めたり客観的に捉えたりすることができる。さらに，相互評価では，子どもどうしが評価し合うことにより，お互いが気づかなかった考えを共有したり高め合ったりすることができる。ここでは，自己評価と相互評価を分けて考えるのではなく，相互に関係するように働きかけることが重要である。

　評価については，子どもが「頑張った」と感じたときに，教師も「頑張った」と捉えることができれば，こんな効果のある評価はないと考える。そのために教師は子どもの解決に寄り添い，その過程をしっかり見取り評価していかなければならない。

　そうすることで，子どもが苦労して解決したことへの喜びを教師も共有することができ，その行為への価値づけもできる。

　「先生は私のことをずっと見てくれていたんだ」と子どもが感じる評価が「教師による評価と子どもによる評価の一体化」と考える。そして，子どもが主体的に学習に取り組み，解決に向かう過程で，思考・判断・表現を繰り返し，知識や技能も含めて深い学びになる3観点のバランスのとれた評価が何よりも重要となる。

　このように評価と指導が適切に行われることが，「豊かで確かな授業力」につながっていく。

「ジャン・ピアジェ」

　子どもは大好きです。生き生きして素晴らしいからです。
　新鮮です。感嘆すべきだからです。私たちの方法は，何よりも過程が分かってくるまで，子どもと話そうと努めることです。
　子どもを理解しなくてはいけません。尊敬することが必要です。

　　　　　　　　　『ピアジェ晩年に語る』より（J-C ブランギエ：大浜幾久子　訳　1985）

謝　辞

　「五領域における内容と留意点（第2部）」の執筆を担当していただいた先生方，大変お忙しい中，何度も話し合い，内容を吟味・精査していただき，本当にありがとうございました。

　「研究授業に使える実践と指導案（第3部）」の執筆を担当していただいた先生方，公務等お忙しい中，指導案の作成から評価問題の実施に至るまで，きめ細かく実践していただき，本当にありがとうございました。

　また，藤田の理論編（第1部）について，奈良セミナー（奈良教育大学における算数・数学の研究会）では，奈良教育大学名誉教授　重松　敬一　先生，奈良教育大学　教授　近藤　裕　先生はじめ，参会の先生方からご指導ご助言をいただき，ありがとうございました。

　なお，領域の理論編の執筆をはじめ，藤田の理論編，指導案等の点検等，最後まで多大なご協力をいただいた太成学院大学人間学部　教授　中村　眞人　先生に心から感謝いたします。

　最後に，書籍の制作のために何度も相談にのっていただき，アドバイスをいただいた東洋館出版社の畑中　潤　様に感謝申しあげます。

　　　　　　　　　　　　　　　　　　　　　　　　藤田英治

〈引用・参考文献〉

全章にわたる引用・参考文献

- ・文部科学省『小学校学習指導要領（平成 29 年告示）解説　算数編』2018
- ・文部科学省『中学校学習指導要領（平成 29 年告示）解説　算数編』2018
- ・文部科学省『小学校学習指導要領（平成 29 年告示）解説　理科編』2018
- ・文部科学省『中学校学習指導要領（平成 29 年告示）解説　理科編』2018
- ・文部科学省『小学校学習指導要領（平成 29 年告示）解説　生活編』2018
- ・文部科学省『小学校学習指導要領（平成 29 年告示）解説　総合的な学習の時間編』2018
- ・文部科学省『小学校学習指導要領（平成 29 年告示）解説　特別の教科　道徳編』2018
- ・文部科学省国立教育政策研究所教育課程研究センター「指導と評価の一体化」のための学習評価に関する参考資料【小学校算数】2020
- ・文部科学省国立教育政策研究所教育課程研究センター「指導と評価の一体化」のための学習評価に関する参考資料【中学校数学】2020
- ・日本数学教育学会編著　算数教育指導用語辞典　第 5 版　2018
- ・中原忠男編集『算数・数学科　重要用語 300 の基礎知識』明治図書　2000
- ・天野正輝編集『教育課程　重要用語 300 の基礎知識』明治図書　1999
- ・森　敏昭，秋田喜代美編集『教育評価　重要用語 300 の基礎知識』明治図書　2000

第 1 章　算数・数学教育がめざすもの

- ・遠山　啓『数学と社会と教育』国土社　1972
- ・伊藤俊彦『算数科教育研究の入門』杉山書店　1990
- ・平林一栄『数学教育の活動主義的展開』東洋館出版社　1987
- ・藤田英治「豊かな心を育む算数教育」大阪教育大学　実践学校教育　第 18 号　2015

第 2 章　「豊かで確かな授業力」を培うために

- ・日本数学教育学会編『算数・数学 授業研究ハンドブック』東洋館出版社　2021
- ・木村　優，岸野麻衣編『授業研究 実践を変え，理論を革新する』新曜社　2019
- ・稲垣忠彦，佐藤　学『子どもと教育 授業研究入門』岩波書店　1996
- ・鹿毛雅治，藤本和久『授業研究を創る』教育出版　2023
- ・小林康宏『研究授業パーフェクトガイドブック』明治図書　2018
- ・木村　優，岸野麻衣編『授業研究　実践を変え，理論を革新する』第 2 章　新曜社　2019
- ・新算数教育研究会　研究事業部編『算数科における授業の研究の進め方と実践研究論文の書き方』（第 3 章 藤田英治 P178 ～ P183）　東洋館出版社　1999

第 3 章　問題解決と「問題解決的な学習」について

- ・J. デューイ著　松野安男訳『民主主義と教育』上・下　1975/2022　岩波書店
- ・J. デューイ著　宮原誠一訳『学校と社会』上・下　1957/2024　岩波書店
- ・鰺坂二夫『デューイの教育学』1983　玉川大学出版部
- ・上野正道『ジョン・デューイ』（民主主義と教育の哲学）岩波新書　2022
- ・波多野完治『ピアジェ入門』1991　国土社
- ・滝沢武久『ピアジェ理論の展開』1992　国土社
- ・柿内賢信訳　G. ポリア『いかにして問題をとくか』丸善株式会社　1992
- ・早勢裕明編著『算数科　問題解決の授業　ガイドブック』明治図書　2017
- ・算数科教育学研究会編『新版　算数科教育研究』東洋館出版社　2019
- ・片桐重男『問題解決過程と発問分析』明治図書　1988

- 藤井千春『子どもが蘇る　問題解決学習の授業原理』明治図書　2010
- S. クルーリック　J. A. ルドニック著　伊藤説朗訳・解説『算数・数学科問題解決指導ハンドブック』明治図書　1985
- 平野年光『和算　算額問題の教材化』東洋館出版社　2014
- 速水敏彦『内発的動機づけと自律的動機づけ』金子書房　2022
- T. S. ブレイバー編著　清水寛之，金城光，松田崇志訳『動機づけと認知コントロール』北大路書房　2018
- 鹿毛雅治『学習意欲の理論　動機づけの教育心理学』金子書房　2024
- 日本健康心理学会編『健康心理学事典』丸善出版　1989
- スタニスラス・ドゥアンヌ著　松浦俊輔訳　中村仁洋解説『脳はこうして学ぶ』森北出版　2021
- Paul Pierre Broca　中村克樹監修『脳のしくみ』新星出版社　2008
- ニュートン別冊『自律神経の取扱説明書』2023
- ニュートン別冊『メンタルの取扱説明書』2023
- 鈴木郁子『自律神経の科学』講談社　2024
- 苧阪直行編『報酬を期待する脳』（ニューロエコノミクスの新展開）新曜社　2014
- 藤田英治「情意面を重視した問題解決的な学習と言語活動の活性化における考察」大阪教育大学実践学校教育講座　実践学校教育研究　第 17 号　2015

第 4 章　「主体的・対話的で深い学び」を実現する情意面を重視した問題解決的な学習

- 松下佳代，京都大学高等教育研究開発促進センター編著『ディープ・アクティブラーニング』勁草書房　2015
- 石井英真『中教審「答申」を読み解く』日本標準　2017
- 文部科学省教育課程課編集／幼児教育課　別冊初等教育資料 2 月号臨時増刊「幼稚園，小学校，中学校高等学校及び特別支援学校の学習指導要領等の改善及び必要な方策等について」2018
- 堀裕嗣著『AL 授業　10 の原理・100 の原則』明治図書　2023
- A. L. ブラウン著　湯川良三・石田裕久共訳『メタ認知』サイエンス社　1984
- 三宮真知子編著『メタ認知　学習力を支える高次認知機能』北大路書房　2008
- 三宮真智子『メタ認知で〈学ぶ力〉を高める』北大路書房　2018
- 重松敬一監修　勝美芳雄，高澤茂樹，上田喜彦，髙井吾朗『算数の授業で「メタ認知」を育てよう』日本文教出版　2013
- 狭間節子編著『こうすれば空間図形の学習は変わる』明治図書　2002
- 清水静海監修，小西繁編『論理的な思考力や直感力を育てる』明治図書　1989
- 梶浦真　監修小林和雄『〈主体的・対話的で深い学びを実現する〉【振り返り指導】の基礎知識』教育報道出版社　2C21
- 梶浦真『アクティブ・ラーニング時代の「振り返り指導」入門』教育報道出版社　2022
- 前田隆一『小・中学校を一貫する初等図形教育への提言』東洋館出版社　1995
- 橋本吉彦『算数教育原論』東洋館出版社　2009
- 堀　公俊『ファシリテーション入門〈第 2 版〉』日本経済新聞出版　2018
- 安斎勇樹，塩瀬隆之『問いのデザイン　創造的対話のファシリテーション』学芸出版社　2020
- 神保勇児『子供がなぜか話したくなる 算数ファシリテーション入門』東洋館出版社　2022
- 金山憲正『思考力アップのための算数活動のポイント』㈱ERP　2013
- 小西豊文『不思議な算数　センス・オブ・ワンダーと算数教育』学術研究出版　2021
- 大阪教育大学　附属平野小学校『学習の個性化における教師の役割』東洋館出版社　1992
- 大阪教育大学　附属平野小学校『学習の個性化を支える評価と指導』東洋館出版社　1995

第5章　授業をカリキュラムレベルで考える

- 柴田義松『教育課程　カリキュラム入門』有斐閣コンパクト　2000
- 武村重和『教育課程』国土社　1988
- 長尾彰夫『新カリキュラム論』有斐閣双書　1989
- 歓喜隆司，山住勝広，中野真志共編著『教育課程』佛教大学　1993
- 田村知子『カリキュラムマネジメント―学力向上へのアクションプラン―』日本標準　2014

第2部　五領域における内容と留意点（中学校の内容との関連）

「数と計算」領域

- 片桐重男『名著復刻　数学的な考え方の具体化』明治図書　2017
- 片桐重男『算数教育学概論』東洋館出版社　2012
- 新算数教育研究会編集『リーディングス　新しい算数研究　整数の計算』東洋館出版社　2011
- 新算数教育研究会編集『リーディングス　新しい算数研究　小数・分数の計算』東洋館出版社　2011

「図形」領域

- 全国算数授業研究会『算数科　新学習指導要領　改革のキーワードをこう実現する』東洋館出版社　2017
- 片桐重男『算数と数学の一貫した指導が学力を向上させる』学事出版　2015

「測定」領域

- 算数教育学研究会編『算数科教育研究』学芸図書株式会社　1979
- 伊藤一郎，片桐重男，沢田和佐，中島健三，平林一栄編集『新・算数指導講座　量と測定・図形 ⑤［低学年］，⑥［中学年］，⑦［高学年］』金子書房　1981
- 新算数教育研究会『リーディングス　新しい算数研究　量と測定』東洋館出版社　2012

「変化と関係」領域

- 小学館「教育技術」編集部『何が変わるの？教科等の要点が簡潔にわかる！新学習指導要領ここがポイント』小学館　2019
- 杉山吉茂『初等科数学科教育学序説』東洋館出版社　2008
- 筑波大学附属小学校算数研究部『算数授業論究 VOL.83』東洋館出版社　2012
- 新算数教育研究会『講座 算数授業の新展開第6学年』東洋館出版社　2010
- 片桐重男『数学的な考え方を育てる「関数・統計」の指導』明治図書出版　1995

「データの活用」領域

- 吉田武男，清水美憲『初等算数科教育』ミネルヴァ書房　2019
- 日文教授用資料『小学校算数・中学校数学「データの活用」指導の初歩の初歩』日本文教出版　2018
- 桝本新一郎『数学教育の統計指導における批判的思考』2017
- 筑波大学附属小学校算数研究部『算数授業論究　Vol. 112「統計」を究める』東洋館出版社　2017

第3部　研究授業に使える実践と指導案（板書計画，評価問題例）15 実践

- 金本良通編著『アクティブ・ラーニングを位置づけた小学校算数科の授業プラン』（第2章　藤田英治 P38 ～ P43，P56 ～ P61）2017
- 金本良通，赤井利行，池野正晴，黒﨑東洋郎編著『算数科　深い学びを実現させる理論と実践』（第2章　実践編「変わり方」P130 ～ P137　藤田英治）東洋館出版社　2017
- 細呂木見良『21世紀のための新しい算数教育の方法』東洋館出版社　1992
- 赤井利行編著『わかる算数科指導法』東洋館出版社（2018）（第3節　学習指導の実際 P154 ～

P167　藤田英治）
- 片桐重男『数学的な考え方の具現化と指導—算数・数学科の真の学力向上を目指して—』明治図書　2004
- 梶田叡一責任編集　人間教育研究協議会編『実践的思考力・課題解決力を鍛える』（P89 ～ P97　宮岸洋，P98 ～ P110　藤田英治）金子書房　2015
- 堺市初等教育研究会　算数部会「算数で考え，算数で表現し，算数のよさに感じる子ども—情意面を重視した問題解決的な学習における『言語活動』の活性化—」2013
- 堺市初等教育研究会　算数部会「深い学び」のある算数学習 —問題解決的な学習における「数学的な見方・考え方」の深まりとその評価—　研究冊子　2018
- 大阪教育大学附属平野小学校「自己を発揮し自ら変容する子ども」研究発表指導案集（P24 ～ P26　第 4 学年「変わり方を調べる」藤田英治）1991
- 大阪教育大学教育学部附属平野小学校「自己を発揮し自ら変容する子ども」研究のまとめ（P29 ～ P32　第 4 学年「変わり方を調べる」藤田英治）1991
- 大阪教育大学教育学部附属平野小学校「自己を発揮し自ら変容する子ども—学習の個性化における評価のあり方—」研究のまとめ（P42 ～ P48　第 4 学年「面積を調べる」藤田英治）1993
- 大阪教育大学教育学部附属平野小学校「学習指導案集」（P34 ～ P36　第 2 学年「長方形と正方形を調べる」藤田英治）1994
- 大阪教育大学教育学部附属平野小学校「自己を発揮し自ら変容する子ども —学習の個性化を支える評価—」研究のまとめ（P34 ～ P38　第 5 学年「学習計画を立て，図形の面積を調べる」藤田英治）1995
- 藤田英治　大阪教育大学 実践学校教育 第 18 号「分数の概念形成における系統性についての一考察」—「分数÷分数」における指導の困難性の解明と学習モデルの構築—　2016

おわりに
- 髙谷浩樹『「GIGA スクール」を超える』東洋館出版社　2022
- 中川一史，赤堀侃司『GIGA スクール時代の学びを拓く！PC1 人 1 台スタートブック』ぎょうせい　2021
- 飯島康之『ICT で変わる 数学的探究』明治図書　2021
- B. S. ブルーム著　渋谷憲一，藤田恵璽，梶田叡一訳『学習評価ハンドブック』第一法規　1974
- 蓑手章吾『個別最適な学びを実現する ICT の使い方』学陽書房　2022
- 梶田叡一『形成的な評価のために』明治図書　1986
- 水越敏行『授業評価研究入門』明治図書　1982
- 安彦忠彦『自己評価』図書文化　1987
- J-C・ブランギエ　大浜幾久子訳『ピアジェ晩年に語る』国土社　1985
- 田中保樹，三藤敏樹，髙木展郎編著『資質・能力を育成する学習評価』東洋館出版社　2020
- 澤井陽介『できる評価・続けられる評価』東洋館出版社　2022

執筆者一覧

【第1部】

はじめに，第1・2・3・4・5章，おわりに
太成学院大学　人間学部　教授　　　　　　　　　　　　　　　　　藤田　英治

【第2部】

「数と計算」平安女学院大学　子ども教育学部　教授　　　　　　　井上　正人
「図形」大阪市立阪南小学校　前校長
　　　　　　大阪市小学校教育研究会算数部　前部長　　　　　　　當麻　俊和
「測定」堺市教育委員会事務局　教職員人事部
　　　　　　教職員人事課　主任管理主事　　　　　　　　　　　　角野兼太郎
「変化と関係」堺市教育委員会事務局　学校教育部　部長　　　　　渡邉　耕太
「データの活用」太成学院大学　人間学部　教授　　　　　　　　　中村　眞人

【実践編】

① 第1学年「大きなかず」堺市立野田小学校　　　　　　　　　　　平尾　美季
② 第1学年「どちらがながい」堺市立久世小学校　　　　　　　　　松阪　一樹
③ 第2学年「三角形と四角形」大阪教育大学 附属平野小学校　　　　竹林　和之
④ 第2学年「ひょうとグラフ」堺市立久世小学校　指導教諭　　　　黒川　真奈
⑤ 第3学年「あまりのあるわり算」堺市立上野芝小学校　　　　　　藤畑　沙知
⑥ 第3学年「重さ」堺市立福泉上小学校　　　　　　　　　　　　　東濱　和宏
⑦ 第4学年「面積」堺市立東陶器小学校　　　　　　　　　　　　　東濱　裕子
⑧ 第4学年「変わり方」堺市立金岡南小学校　主幹教諭　　　　　　伊藤　晴久
⑨ 第4学年「折れ線グラフと表」堺市立土師小学校　主幹教諭　　　前田　健吾
⑩ 第5学年「整数の性質」堺市立向丘小学校　　　　　　　　　　　大西　孝
⑪ 第5学年「図形の面積」堺市立庭代台小学校　　　　　　　　　　岡本　悟
⑫ 第5学年「割合」堺市立東陶器小学校　　　　　　　　　　　　　一柳　克仁
⑬ 第6学年「分数のわり算」堺市立大仙西小学校　主幹教諭　　　　宮岸　洋
⑭ 第6学年「比例と反比例」堺市立鳳南小学校　　　　　　　　　　鹿島　渚
⑮ 第6学年「場合の数」堺市教育委員会事務局　学校教育部
　　　　　　教育課程課　指導主事　　　　　　　　　　　　　　　濱田　幸廣

【編著者】

藤田　英治（ふじた　ひではる）

太成学院大学　人間学部　教授　（教育学修士）

前教職・教育支援センター長
指導科目：算数科概論，教科教育法（算数），道徳教育の指導法（初等）
特別活動及び総合的な学習の指導法（初等）（中高），生活科概論
教科教育法（生活），進路指導の理論と実践（初等）
元大阪教育大学　非常勤講師　算数科教育法

大阪教育大学　卒業
大阪教育大学　大学院 教育学研究科 実践学校教育専攻 修了

【勤務歴・主な役職歴】

堺市立浜寺小学校，堺市立大仙西小学校　教諭
大阪教育大学　附属平野小学校　文部教官教諭
堺市教育委員会　学校指導課　指導主事
（算数科，数学科，生活科，総合的な学習の時間，特別活動　担当）
堺市教育委員会　教育センター　指導主事
（算数科，数学科，生活科，総合的な学習の時間，特別活動　担当）
堺市立西百舌鳥小学校，堺市立深井小学校，堺市立槇塚台小学校　教頭
堺市立槇塚台小学校，堺市立浅香山小学校　校長
堺市算数教育研究会　会長
堺市初等教育研究会　算数部　代表部長
堺市初等教育研究会（教科等17部会）　会長
大阪府公立小学校算数教育研究会　副会長，参与
大阪府校長会理事
堺市校長会副会長

新算数教育研究会　堺支部長（現在）
「教科等教育研究会」を立ち上げ，現場の先生方と研究・実践を行っている。（現在）

【主な著書】

・赤井利行編著『わかる算数科指導法』第3章　第3節「学習指導の実際」（藤田執筆）東洋館出版社　2018
・金本良通，赤井利行，池野正晴，黒﨑東洋郎編著『算数科 深い学びを実現させる理論と実践』第2章　第4学年「変わり方」（藤田執筆）東洋館出版社　2017
・金本良通編著『アクティブ・ラーニングを位置づけた小学校算数科の授業プラン』第2章　1年「かたちづくり」，2年「長方形と正方形」，3年「重さのたんいとはかり方」（藤田執筆）明治図書　2017
・梶田叡一責任編集『実践的思考力・課題解決力を鍛える』pp.98〜110（藤田執筆）金子書房　2015
・新算数教育研究会　研究事業部編『算数科における授業研究の進め方と実践研究論文の書き方』第3章　4「研究協議会をどう進め，研究主題に迫るか」（運営の仕方）（藤田執筆）東洋館出版社　1999
・中田正浩編著『新しい視点から見た教職入門』【第1版】【第2版】【第3版】実践編：第1章第2節「教員の仕事」，第2章第2節「学級経営」，第3章第3節「生徒指導」（藤田執筆）大学教育出版　2018

【主な論文】

・藤田英治　太成学院大学紀要　第20巻「豊かな心を育む算数教育」―子どもの情意面を重視した問題解決的な学習モデルの構築「コピー用紙の秘密（白銀比）」―　2018
・藤田英治　大阪教育大学　実践学校教育研究　第18号「分数の概念形成における系統性についての一考察」―「分数÷分数」における指導の困難性の解明と学習モデルの構築―　2016
・山本景一　藤田英治　プール学院大学研究紀要　第56号「社会的実践力を育む特別活動」―生活科や総合的な学習の時間との関連を図った特別活動のあり方―　2016
・藤田英治　大阪教育大学　実践学校教育研究　第17号「情意面を重視した問題解決的な学習と言語活動の活性化における考察」―数学的な考え方や数学的な表現・コミュニケーション力を育む学習モデルの構築―　2015
・藤田英治　実践学校教育専攻 修士論文集抄録 第7号「総合的な学習の時間における実践や研究が教師に与えた影響」―総合的な学習の時間の成果の検証と今後の方向性の探究―　2003
・藤田英治　日本数学教育学会誌　第7巻 第2号 算数教育 44-1「算数に感じる学習と評価」―自己評価力（メタ認知的技能）の育成とその評価―　1995
・HIDEHARU FUJITA, SHIGEKI YAMAMOTO　Psychology of Mathematics Education（PME XVII）（PME 国際会議）「THE STUDY OF UNDERSTANDING IN ARITHMETIC EDUCATION UNDERSTANDING PHASE AND LEANING PROCESS MODEL」 ―IN CASE OF AREA-LEANING FOURTH GRADERS―　pp.I-236〜I-243　1993
・山本滋基，藤田英治　第25回数学教育論文発表会論文集「理解の階層とその測定について」―面積学習（4年）を中心に―　pp.71〜76　1992

カスタマーレビュー募集

本書をお読みになった感想を下記サイトにお寄せください。レビューいただいた方には特典がございます。

https://www.toyokan.co.jp/products/5728

LINE 公式アカウント

LINE登録すると最新刊のご連絡を、さらにサイトと連携されるとお得な情報を定期的にご案内しています。

研究授業を成功させるための算数授業づくり

2025(令和7)年3月28日　初版第1刷発行

編 著 者：藤田英治
発 行 者：錦織圭之介
発 行 所：株式会社東洋館出版社
　　　　　〒101-0054 東京都千代田区神田錦町2丁目9番1号コンフォール安田ビル2階
　　　　　代　表　電話 03-6778-4343　FAX 03-5281-8091
　　　　　営業部　電話 03-6778-7278　FAX 03-5281-8092
　　　　　振　替　00180-7-96823
　　　　　Ｕ Ｒ Ｌ　https://www.toyokan.co.jp

印刷・製本：藤原印刷株式会社
　　 装丁：國枝達也

ISBN978-4-491-05728-6
Printed in Japan

JCOPY 〈(社)出版者著作権管理機構 委託出版物〉

本書の無断複写は著作権法上での例外を除き禁じられています。複写される場合は、そのつど事前に、(社)出版者著作権管理機構（電話 03-5244-5088　FAX 03-5244-5089　e-mail: info@jcopy.or.jp）の許諾を得てください。